本书由大连市人民政府资助出版

中小学校内涵发展督导评估体系

王晓妹◎著

The Supervision Evaluation System of the Primary and Secondary School Connotative Development

教育科学出版社
·北 京·

序

无论从教育目标实现的基本逻辑看，还是从中国文化的基本特征看，教育督导都对我国教育的健康运行和发展具有极其重要的作用。正因为如此，新中国成立后，特别是改革开放以来，党和政府一直十分重视教育督导工作的建设和发展。但也应看到，我国的教育督导工作也面临许多长期没有解决的难题，比如教育督导工作的独立性和权威性问题，教育督导工作如何紧跟时代的步伐，适时地将工作重心由关注硬件督导转向关注软件督导，等等。要想解决这些难题，不仅要有巨大的理论勇气和推进中国教育督导事业健康发展的强烈责任感，而且要有严谨的科学精神和脚踏实地的研究态度。令人高兴的是，王晓妹在攻读博士学位期间，毅然选择了“中小学校内涵发展督导评估体系研究”这一难题，并通过自身艰苦努力和持之以恒的探索，提出了一系列破解这一难题的研究成果。我想，本书就是对她前一阶段研究工作一个较为全面的总结。

本书的主要特点有：

第一，作者在系统分析大量相关概念的基础上，十分清晰地给出了学校内涵发展的概念。这不仅基本厘清了目前国内在这方面的纷杂状况，也为深入推进学校内涵发展的研究提供了重要前提与可供相互交流探讨的稳定范围和可靠平台。作者认为：“外延发展是指学校在发展规模、设施设备、办学条件等硬件方面的扩张，它是学校发展的一种显性的外在表现形式；内涵发展则是指学校在办学方向、过程管理、文化建设等软件方面的深化，它是学校发展的一种隐性的更能影响教育质量的内在表现形式。”

很显然，在这一清晰的概念体系下，我们更容易判断出新中国成立以来我国教育督导工作的发展特征、工作重心转移的基本轨迹和未来的发展方向。

第二，作者将理论的视角和实践的需要有机地结合起来，全面构建了一个由“学校内涵发展督导评估价值体系”“学校内涵发展督导评估指标体系”“学校内涵发展督导评估操作体系”和“学校内涵发展督导评估实施策略”共同构成的一个较为完整的学校内涵发展评估体系。敢于承担如此浩繁的研究工作，不仅要有较好的理论修养，还要有强烈的改善我国教育督导工作的责任心和丰富的教育督导的实践经验。

值得庆幸的是，王晓妹有长达十多年的从事教育督导工作的经验，在此期间她还参与承担了多项有关教育督导方面的省部级研究课题，同时在随我攻读教育硕士和教育学原理专业博士研究生期间打下了较为坚实的理论基础，这些经历使她有能力构建一个较为完整并具有相当可操作性的学校内涵发展督导评估体系。

将我国教育督导的重心由硬件设施转向内涵发展的想法已经提出十几年了，但至今仍无人拿出一个较为完整的可通达操作层面的评估体系。从这个意义上看，此书的出版对推进我国教育督导工作的改革和发展无疑具有十分重要的理论意义和实践价值。

第三，此书表现出强烈的实践性特征。作者在研究期间不仅脚踏实地地做了大量的调查研究，使研究成果具有较为坚实的现实依据，而且在评估指标体系和实施策略方面，为实践者提供了大量翔实的、可操作性的指标和实施指引。

切实地帮助实践者提高教育督导的水平并由此引导我国基础教育的健康发展，也许就是作者在这一领域持续探索的强大内心动力和撰写此书的初衷。

当然，作为一个探索者和开拓者，所走的路不可能平坦笔直，此项研究也难免有些不足和遗漏，期望作者能坚持“学校内涵发展督导评估体系”这一研究课题数年不动摇，并和全国的同行一道，推动中国教育督导事业走向健康发展的康庄大道。

傅维利

2016 年 3 月 1 日

目 录 | CONTENTS

前 言

随着社会经济的迅猛发展，教育资源及办学条件日益改善，越来越多的人对优质教育资源有所需求。在这种背景下，学校教育，尤其是中小学校的教育更应向保障社会教育公平、推进素质教育、提高教育质量这一目标迈进，教育的重点由外延型发展转向内涵式发展，才能满足社会对优质教育资源的需求。新形势下的教育发展态势必然对教育评估提出更高、更新的要求，教育督导的重心也要转移，那就是要顺应新形势下教育发展的要求，更好地肩负教育督导的新的历史使命，充分发挥教育督导的职能，建构科学有效的督导评估体系，更好地促进学校教育正态健康发展。

究其实质，教育督导评估属于教育学的范畴。对于它的研究需要基于多领域理论知识的综合思考，如社会学、经济学、教育统计学、教育测量学、教育管理学、人类学、心理学等，是一项复杂的系统工程。尤其是在社会转型期，建构促进学校内涵发展的督导评估体系有其重要的现实意义。结合自己二十多年来从事基础教育及教育督导评估的实践经验，笔者更加认为，探究学校内涵发展及其督导评估体系的理论与实践有其自身的社会价值。

一、从社会需要角度——主要是指教育的外部环境，基于社会转型期各方面对教育及教育督导发展的需要

当前，在世界范围内城市化是普遍现象，但中国的城市化进程发展迅猛。随着我国城市化进程的不断推进，每年有数以千万计的农村劳动力及其子女涌入城市，导致城市中的流动人口数量激增。无疑，这就使得城市中人口的社会结构状态也发生了很大的变化，由此必然引起社会的教育结构状态的变化，尤其是义务教育阶段的教育结构，发生的变化更大。因为，城市化发展不仅仅是指环境、硬件设施、社会保障等方面的提升，更重要的是居住在城市中的人的素质必须要与之相一致。也就是说，城市中人的群体素质必须提高，而城市人口素质的提高关键取决于教育。面对这一现状，一段时期内，中小学校的规模会不断地扩大，但由于当地资源有限，当学校规模发展到一定程度，地方政府就难以承受大量的外来务工随迁子女所带来的教育压力，必将面临城市中学校规模的停滞状态，不可避免地，就会出现教育发展与城市化进程不相协调的矛

盾，并随之产生教育资源分配的不均衡问题、优质的教育资源不能满足百姓的需求问题随之产生。

基础教育是影响我国未来的社会经济发展、城市化进程的重要因素。义务教育均衡发展是国家近年来提出的一项重要举措，也是教育更好地适应城市化发展的有效途径。而义务教育走内涵发展之路则是尊重教育发展规律的现实选择，是教育均衡发展的先决条件和有力抓手，是当前教育改革与发展的必然趋势与潮流，更是当前区域城市化、现代化进程中教育发展的基本特征。

“教育改革与发展的宗旨就是要以提高教育质量、促进学生的全面发展为根本。”（袁贵仁，2010）质量是《国家中长期教育改革和发展规划纲要（2010—2020年）》（简称《教育规划纲要》）的关键词之一。为此，尽力缩小城乡间、区域间和校际间的教育差距，提升每一所学校的教育质量，促进区域间教育的均衡发展，促进区域教育向更高、更好的标准迈进，成为我们追求的目标。近年来，通过“提高普九”“双高普九”“县域义务教育基本均衡发展县区评估认定”① 等诸多举措的牵动，全国的基础教育现已取得了初步均衡发展的阶段性成果，尤其是城乡间、区域间和校际间办学条件的差距在逐步缩小。随着国家教育资源的不断扩张，在硬件得以保障、日益均衡并进入高端化的基础上，在学校规模不断扩大、办学条件日益优化的前提下，政府及教育行政部门尤其要考虑我们所提供的教育是否达到与之相一致的标准，是否符合现今学校教育质量的基本要求。为了实现教育质量的全面提升，政府和学校就要将注意力转向学校内部，关注学校的内涵发展，努力缩小地域间、学校间的差距，对教育质量有一个基本科学的价值判断，需要将提高教育质量作为一个系统工程来抓，需要为教育系统提供一个全面的、可支持的管理框架及一套能够促进学校教育质量提升的督导评估体系。

---

① “提高普九”“双高普九”“县域义务教育基本均衡发展县区评估认定”等均是国家为了促进全国义务教育均衡发展所提出来的阶段性推进举措。在“标准化评估”之后，国家提出“提高普九”，即全面提高普及九年义务教育，如在我国的西部等一些教育欠发达地区，现仍在努力达到“提高普九”这一标准；“双高普九”则是高水平、高质量提高普及九年义务教育，一些教育发达地区提出要率先实现这一标准；在这一目标达成基础上，国家又提出县域义务教育均衡发展的举措及标准，提出小学、初中办学的基本标准，共有八大项指标，即生均教学及辅助用房面积、生均体育运动场馆面积、生均教学仪器设备值、每百名学生拥有计算机台数、生均图书册数、职生比、生均高于规定学历教师数、生均中级及以上专业技术职务教师数。针对这八项指标主要看县（区）域内中小学校达标比例及各校之间的差异系数，以此来评判县域义务教育均衡发展度。目前，浙江、江苏、辽宁等一些地区已通过国家关于此项工作的评估认定。

"进入新世纪，随着基础教育的普及化程度越来越高，素质教育现已引起社会越来越多人的关注，以此来促进学生的科学精神、人文素养的和谐养成，注意对学生的实践能力和创新精神的着实培养。也就是说，教育不仅要以规模来适应人民的需要，而且也要以高水平、高质量的人才培养来适应社会发展需要。"（李永生，2013）这一目标恰是全面落实科学发展观、办好让人民满意的教育的宗旨。

随着社会经济的转型、教育日新月异的发展，教育督导肩负着新的历史使命，必须顺应社会及教育发展的需要，做好转型。这就要求我们必须进一步优化教育督导方式，完善和创新教育督导评估体系，以此来提升义务教育的办学质量，科学有效地促进学校均衡发展、自主内涵发展，从而更好地满足社会对教育发展的新要求。

二、从教育发展角度——主要是指教育的内部环境，基于教育及教育督导自身改革与发展的需要

（一）基于中国教育改革与发展的需要

纵观中国近几十年来的教育改革与发展的历程，每一个历史时期都有着不同的价值追求，都有着为实现那一时期教育改革与发展的有机融合的新诉求。经过梳理，笔者认为中国的教育改革与发展还是有规律可循的，其特点还是较为鲜明的。教育在满足基本需求的情况下逐步向更高、更深的阶段发展，即由追求基本目标的达成过渡到追求高质、卓越的目标。具体来讲，中国的教育改革与发展目前及未来一段时间大体应经历以下三个阶段，即数量、规模满足阶段，公平、质量满足阶段，个性、特长满足阶段。并且，每一阶段教育发展的路径与特点决定了该阶段的教育将发生怎样的变化。实际上，督导评估是每一个教育发展阶段的重要路径之一。也就是说，它伴随着教育发展的始终，它导引着教育发展的方向，同时也肩负着教育发展过程的监督、指导、服务和评估的职能。下面就每一阶段做以简要分析：

第一阶段，数量、规模满足阶段（1986—2007 年）。

1985 年颁布的《中共中央关于教育体制改革的决定》提出："衡量任何学校工作的根本标准不是经济收益的多少，而是培养人才的数量和质量。"1991 年 5 月，国家教委关于印发《普通中小学校督导评估工作指导纲要》中指出："为使学校坚持社会主义的办学方向，把德育放在首位，全面贯彻教育方针，加强科学管理，引导学生在德、智、体诸方面生动、活泼、主动地得到发展，全面提高教育质量，必须建立健全教育督导评估制度，纠正当前存在的单纯以

升学率为标准评估学校教学水平的倾向，全面、科学地评价学校的办学水平和毕业生的素质。”1993年2月，国家颁布的《中国教育改革和发展纲要》中提出：“中小学要由‘应试教育’转向全面提高国民素质的轨道，面向全体学生，全面提高学生的思想道德、文化科技、劳动技能和身体心理素质，促进学生生动活泼地发展。”1998年，国务院批转教育部制定的《面向21世纪教育振兴行动计划》及1999年《中共中央国务院关于深化教育改革，全面推进素质教育的决定》，这两个战略性文件都明确把“素质教育”作为重要工程提出。2004年初，国务院批转教育部制定的《2003—2007年教育振兴行动计划》，在指导思想上进一步明确“坚持教育为人民服务的宗旨、办好让人民满意的教育”，努力构建现代化教育体系。(叶澜，2006)

通过对这一系列的纲领性文件深入研究分析后，我们不难发现：这一阶段的中国教育的重点主要是普及九年义务教育，是在追求规模上的扩增和数量上的扩大，以素质教育为主线，追求面向所有学校，追求面向全体学生及学生的全面发展，主要还是体现人人有学上的宗旨。督导评估主要经历了标准化评估、“提高普九”、“双高普九”、素质教育等方面的评估。

第二阶段，公平、质量满足阶段（2008—2020年）。

我国基础教育伴随着改革开放走过的30余年，基本上是走完了数量满足阶段，目前已开始迈向公平、质量满足阶段。这一阶段的中国教育是在追求教育资源的进一步优化，追求教育的均衡发展、内涵发展，不断提高教育质量，使更多的百姓能够享受到优质的教育资源。教育重心逐步由从追求数量、规模为中心转移到着重追求质量、效益为中心，主要体现是要让孩子们能够上好学，在学校能够公平地接受优质教育，也就是以优质教育资源得到最大化的满足为宗旨。

2010年颁布的《教育规划纲要》中明确提出：“把提高质量作为教育改革发展的核心任务。树立以提高质量为核心的教育发展观，注重教育内涵发展，鼓励学校办出特色、办出水平。”“改进教育教学评价。根据培养目标和人才理念，建立科学、多样的评价标准……探索促进学生发展的多种评价方式，鼓励学生乐观向上、自主自立、努力成才。”“构建政府、学校、社会之间新型关系。”“完善教育质量监测评估体系，定期发布测评结果等。”党的十八大提出，“要深化教育领域综合改革，着力提高教育质量”。十八届三中全会颁布的《中共中央关于全面深化改革若干重大问题的决定》对教育改革的进一步深化提出了新的目标和要求，那就是要大力提高教育质量，创新人才培养的模式，到2020年我们要进入创新型国家行列。创新型国家离不开创新型人才，而创新型人才的培养要依靠高质量的教育，高质量的教育则需要教育方式的切实转变，即由外延式发展向内涵式发展转变。不难看出，中国的教育经历一次次变革，不断前行、发展。

目前，学校内涵发展之所以受到如此重视，除了外部力量及其理论发展所致，更重要的是学校自身发展的实践产物，是现代学校教育改革与发展的必然趋势。正如我国著名教育学家顾明远所言："坚信人人都能成才，但才有不同，要为每个学生提供他最需要的，或者说最适合于他的教育，这才是真正的公平。"（顾明远，2007）学校就是要积极践行教育公平，不能用一把尺子、一个模子来衡量每一所学校、每一名教师和每一名学生，而是要积极寻求最为适合的教育来激发每一所学校、每一名教师和每一名学生的潜能，实现其最大化的发展。又如英国奇切斯特男子特色高中校长约翰·罗宾森（John Robinson）所说："每所学校都应该是独一无二的，成功的学校应该有学校的精神和特色。"（孙孔懿，2007）而"独一无二""学校的精神和特色"恰恰应是学校内涵发展的显著标志，也恰恰是这一阶段时代赋予学校教育所应追求的办学目标。那么，这一时期的学校督导评估也应立足于公平和质量，追求学校发展的特色和优质，以实施发展性评估、内涵发展评估等来满足这一时期教育发展的需求。中国教育的改革与发展现已步入新的阶段，必然要表现出新的特征，新特征必然要有新的评估体系与之相呼应。"按照一般规律，这种以增长为主要特征的发展模式往往在教育规模和供给总量达到一定程度以后，便会转变为以更加重视和强调教育资源与机会分配机制的合理性，更加强调教育公平为主要特征的全面发展模式。"（谢维和，2014）那么，基于公平前提下的促进学生全面发展的评估体系则应成为人们所追寻的目标。

第三阶段，个性、特长满足阶段（2020—2050 年）。

经历了以上两个阶段，中国教育的发展将呈现均衡化、优质化、特色化、国际化的特点。这一时期义务教育的均衡化，指的是由基本均衡化逐步迈向高位均衡化，即后均衡化时代，基本上实现了城乡间、区域间教育资源、教育质量的均衡程度最大化，为教育的日益成熟奠定良好的基础。这一时期义务教育的优质化，主要是指优质教育资源在不断扩增并得到优化整合；同时，也是指教育质量整体上不断提升，能够满足更多的百姓对优质教育资源的需求，那就意味着要让更多的孩子能够享受到优质教育。这一时期的特色化是指不同层次、不同类别的学校为了实现教育目标而采取的适合自我发展的路径，此时的学校教育特色可谓"百花齐放""百家争鸣"。这一时期的国际化则是指学生这一主体构成的国界无痕化及其学习方式的自主多元化、现代化。未来，教育将呈现多元化的发展态势。近年来，世界范围内留学人数逐年递增，跨国界交流、学习将极为普遍；互联网学习方式日益普及，如远程教育、慕课

(MOOC)、翻转课堂等网络化学习方式的推崇，搭建了一个个更加简便快捷的现代化、国际化学习平台，并将成为未来一段时期教育创新发展的趋势。

基于上述理由，我们不难推测：第三阶段的中国基础教育发展将步入一个更高的融合的国际化、现代化平台，应追求个别化、最优化、国际化的教育发展模式，应是满足学生的个性化学习及发展的快速平台，应追求学生人人不一样，并且具有现代化、国际化视野，世界性的教育资源可以共享与交流、具有国际标准的复合型人才培养应是这一阶段学校教育所应追求的目标。由此不难判断，第二阶段后期是内涵发展的初级阶段，可以称作前内涵发展阶段，第三阶段则是内涵发展的深入阶段，可以称作后内涵发展阶段。也就是说，这一时期我们培养的目标应是具有世界公民素养的复合型人才。与此同时，这一阶段的评估要与培养目标相一致，需要有多元化、个性化的评估体系做保障。

“纵观教育发展历程，从人类教育诞生以来，每经历一次变革，都伴随着一个由自发到自觉、由自在向自为的质变过程，其中的重要标志之一就是教育评价的不断演化和发展。”（侯光文，1996）目前，无论是宏观还是微观，都是在以提高质量、均衡发展、内涵发展为重点积极推进变革。从让每一个孩子都上得起学到享受公平的入学机会，从让每一个孩子能够享受到公平的入学机会再到都能得到个性的最大化发展，可以说，时代在不断地赋予义务教育发展新的内涵，这一新的内涵决定着教育发展新的价值取向，那就是要走能促进学校及学生最大化发展的内涵发展之路。那么，与教育发展相匹配的教育督导评估也必将演变、发展到具有能顺应这一时代教育发展的开放的、科学的新特征。

（二）基于教育督导评估自身发展的需要

教育督导就其性质而言，是代表政府对于教育政策执行进行监督和保障，具有其他教育部门难以取代的权威功能。它是优化教育管理过程、提高教育管理效能、促进教育质量提升的有效机制和重要途径。因此，近年来它越来越得到重视并被加以有效实施。

追溯教育督导的发展历史，它是伴随着学校教育产生而产生的，也是伴随着学校教育发展而发展的。历代统治者都比较重视教育督导制度的建立和完善，并确保在每个历史时期发挥它应有的作用。

中国古代就有教育督导，那时候，教育督导被称作教育视导。教育督导在每一个朝代都得到统治者的重视，成为统治者意愿的体现和控制教育的手段。伴随着西方学校制度的引进和视学制度的建立，中国近代的教育督导制度更加规范，尤其是民国时期，督导组织机构健全，督学职能明确，督学形式多样，督学工作很是规范。因此，这一时期的一些督导举措一直延续至今。新中国成立后，教育督导经历了由强到弱，再由弱到强的螺旋循环过程。改革开放后，教育督导制度进一步完善，各级教育督导机构建立，督导队伍的结构及专业化水平均有所改善，教育督导工作的地位和作用日益彰显，教育督导体系也日臻完善。

《教育规划纲要》明确提出要“树立以提高质量为核心的教育发展观……制定教育质量国家标准”，作为教育质量国家标准的核心构成，研制具有国际视野、符合我国实际的中小学校质量标准，既是落实《教育规划纲要》的重要举措，也是深化当前基础教育课程改革的基础性工程，具有至关重要的战略意义和价值。为了适应教育改革发展的新形势和新任务，推动义务教育阶段学校依法办学、科学管理，提高教育质量和办学水平，充分发挥教育督导的促进教育改进和发展的功能，学校督导评估就应与时俱进，基于新基础教育的发展特点及新时期学校教育发展的需求，制定符合新形势下学校教育发展的评估体系，而学校内涵发展督导评估体系的建构恰是教育质量标准的基础和实践途径。“基于标准的教育改革”是美国基础教育界近三十年来不变的话题。（周文叶，2012）笔者认为，这也将是我国未来三十年追求国际化教育的努力方向。

教育督导不同于其他工作，有其自身的复杂性和多面性，在督导过程中有些行为是很难直接判断对与错的。目前，学校督导评估面临诸多新问题，如价值主体与评价主体的分离；评价标准与评价情景分离；评价者与被评价者无权参与评价指标和标准的制定，标准的制定者不参与具体评估活动；评价中准评价、伪评价现象严重，评价中缺少“真”文化；为追求评价的客观性，复杂的教育活动被简单化、数字化等。（龚孝华，2007）尤其是，大多数地区的教育督导变成了行政权威的象征，未能从客观实际出发，从尊重学校发展出发进行科学有效的评估，而是通过“大一统”的标准来选拔“最好”的示范。可以说，很多督导部门使用现行的督导评估体系在实践中未能很好地发挥教育督导的职能，督导的效能也不高。由此，就需要我们依据科学发展观价值体系重新审视复杂的教育对象，督导部门应努力摒弃官本位思想，避免自上而下颐指气使的权威督导，必须重新定位教育督导理念，本着“为教育的发展而督”的理念，坚持依法督导、规范督导。在监督和评估的同时应坚守服务与指导的工作宗旨，采取民主、平等、协商、对话式的督导方式，切实指导和帮助被督对象解决好学校教育由外延发展向内涵发展过渡之间的矛盾。另外，还应坚持现代评估理念，创造性地构建与新基础教育相一致的教育督导评估机制和评估体系，努力实现评估主体的多元化、评估方式的多样化、评估手段的现代化、评估内容的合理化、评估标准的科学化、评估结果的透明化，以此引领教育督导工作的顺利转型，引领区域学校教育的自主内涵发展。尤其是，要重构科学的教育督导评估指标体系，即由过去的重视硬件建设或软、硬件的达标督导向淡化硬件建设，注重软、硬件在管理上的内部挖潜，引领学校在软、硬件方面努力向内涵式发展转化，逐步缩小城乡间、校际间的发展差距，促使不同层次的学校、不同层次的教师、不同层次的学生都能有所进步、有所发展。

总之，无论是从教育督导外在的环境驱动，如社会发展的大环境以及教育发展的新形势，还是教育督导内在的自我成熟发展状况等都要求教育督导机构或人员转变教育督导观念，立足于学生的全面发展、立足于学校自身发展基础的内涵提升，构建富有人本思想的、个性化的中小学校内涵发展督导评估体系；进一步提高教育督导主体的专业化水平，优化教育督导手段、技术，进而提高教育督导的效能。

本书旨在借助教育、教育督导理论分析与督导评估的实践研究，深入探究学校内涵发展的概念、特征，进一步完善学校内涵发展的理论体系；通过中小学校内涵发展督导评估体系的建构，创造性地开展学校内涵增值性评估，努力解释一种新的学校教育督导评估思想或理论体系；通过文献研究法、内涵分析法、群体经验判断法、特尔斐法等方法研究学校内涵发展督导评估体系的建构及实施，揭示学校内涵发展督导评估体系的理论实质及操作策略，丰富和完善学校内涵发展督导评估的理论体系及实践策略；通过中小学校内涵发展督导评估指标体系及相关标准的实践，尤其是内涵增值性评估的探索，调动不同层次学校的积极性，有力地推进教育公平和学校管理效能的提升，也为区域教育向更高水平发展提供科学的引领和有力的保障。

从本质上讲，本书的研究诞生于评估理论与实践相互支撑、相互融合、相互促进的过程中，但在结构的表达上还是力求逻辑结构的严谨性。首先，通过现状分析提出新的参照系，立足于解决现实问题而提出研究的重点内容和假设；其次，在基于现实思考、探讨的基础上进行理论重构；最后，提出内涵发展及其评估体系的理论及实践策略。总之，全书是按照由过去到现在、由一般到具体、由理论到实践的思路进行组织架构的。

第一章

我国学校督导评估体系的历史演进及发展趋势

本章概要

本章主要从我国教育督导评估的历史沿革、督导评估体系的发展历程、现存督导评估的时弊及其根源等几方面，阐述我国教育督导评估体系的特点及发展趋势。追溯教育督导发展历史，我国在古时候就很重视教育督导，每个历史时期它都发挥了应有的作用。深入研究我国学校督导评估体系的历史演进后就会发现，它在实施及不断的演进过程中仍存在诸多弊病。因此，基于社会转型期教育及教育督导发展的需要，构建系统的学校内涵发展督导评估体系应是我国学校督导评估体系发展的历史必然。

第一节　我国学校督导评估的历史演进

伴随着学校教育的产生，教育督导应运而生。同样，伴随着教育的改革与发展，教育督导也在不断创新与发展。梳理中国教育督导发展的历史，大体可分为古代、近代、现代三个发展阶段。回顾教育督导发展历程，应该说是一个螺旋的发展路径。分析教育督导发展的每个阶段特点后，不难看出，中国的历代统治者还是比较重视教育督导制度的建立和完善，并制定了相关的政策确保教育督导发挥它应有的作用。

一、中国古代教育视学

我国的教育督导早在夏、商、西周时期就有，那时候叫视学或视导。秦、汉、魏晋南北朝、隋、唐、宋、元、明、清，历代都有视学，也就是督导，说明在我国古代，督导就得到一定的重视。宋代以后，由于学校教育制度的逐渐完善，学校教育得到进一步发展，督导制度也相应地得到进一步规范。到了清朝，也有比较完善的教育视学制度，并成立专门的视导机构，配备专门的视导人员，制定了一系列规章制度。那时候的教育对于统治者来说是非常重要的，它和社会政治、道德生活密切联系在一起，教育视导更是统治者控制教育的有效手段。特别是隋唐以后，教育视导制度与科举制度紧密相连，更加体现统治者的意愿，主要是为统治阶级服务，帮助统治者“督率教官代导诸生”和监督弹劾科举考试中的一些营私舞弊行为，表现出极强的监督职能。应该说，古代的教育视导对现代教育督导的职能定位、督导机构的独立性、视导人员的专业化、规章制度的系列化等方面也是极具借鉴意义的。

二、中国近代教育视导

清朝末年，随着西方学校制度的引进，中国近代教育督导制度也随之诞生。这一阶段的教育是备受重视的，教育督导在学校和社会上极具影响力，并且对现代教育督导也具有一定的启发意义。1909 年颁布的《视学官章程》，是中国近代第一个关于教育视学的制度规范，它是中国近代视学制度建立的一个显著标志。《视学官章程》共分七章、三十三条，它包括视学区域、视学资格、视学任职、视学权限、视学日期、视学经费、视学考成等内容。民国时期的督学工作更为完善，建立了具有现代意义的视学制度，建立健全了从中央到地方的各级视导组织机构，建立不同层级的督学队伍，注重督学与教育行政部门之间的关系，推进督学工作的规范性，开展分区督学、驻区督学、集中督学、随机督学等多种形式的教育视导工作。督学制度的建设进一步增强了督学的职能，促进督学的任用、管理和工作的开展。1931 年，教育部先后颁布《教育部督学规程》及《教育部督学办事细则》，进一步明确督导制度及督学职能。这一时期的一些督导举措一直被延续至今。

三、中国现代教育督导

新中国成立后，教育督导发生了很大变化。梳理一下，大体经历以下四个阶段：

第一阶段，“文化大革命”前，主要是 1949—1966 年。这一阶段教育督导工作呈由强到弱的趋势。

1949 年 11 月 1 日，中央人民政府教育部成立，设一厅五司，一厅主要是指教育部办公厅，五司是指高等教育司、中等教育司、初等教育司、社会教育司和视导司。此时，教育部视导司的成立表明教育视导有一定的权威性。但由于视导司隶属教育部，其教育督导职能逐渐被削弱，督导机构和督导人员被取消，视导工作则由教育行政部门接管。

第二阶段，“文化大革命”期间，主要是 1966—1976 年。这一阶段各级教育督导部门均被取消，多是由各级教育行政部门承担教育督导的职能。因此，教育督导的发展处在滞停状态。

第三阶段，“文化大革命”后，主要是 1978—1999 年。这一时期我国教育督导制度得以不断恢复和改善，尤其是在改革开放后，我国教育督导工作日益得到重视，教育督导体系逐步完善。

说到教育督导制度得以恢复，不得不提到两个重要的人物，那就是邓小平同志和李铁映同志。1977 年，邓小平同志提出重建督导机构和督导制度，至此，教育督导工作才得以恢复。邓小平同志提出：“要健全教育部的机构。要找一些四十岁左右的人，天天到学校里去跑。搞四十个人，至少搞二十个人专门下去跑。要像下连队当兵一样，下去当‘学生’，到班里听听课，了解情况，监督计划、政策等的执行，然后回来报告。这样才能使情况反映得快，问题解决得快。可以首先跑重点大学，跑重点中学、小学。这些就是具体措施，不能只讲空话。”（邓小平，1993）应该说，他的讲话非常具体，对督导人员、督导机构的工作方法、督导工作任务要求都进一步明确。教育部也按照小平同志的指示选派一些人下基层去调研，及时获取基层的一些教育信息。这虽然是提出了恢复我国教育督导机构和教育督导制度的设想，但教育督导工作总体上看仍然是随机，不够系统。

1983年7月，何东昌部长在全国普教会上提出恢复我国教育督导制度的建议，明确指出："县以上教育行政部门都要设立督学机构。督学具有一定的权力，负责对中、小学教育进行检查、督促和指导。"教育部颁布建立普通教育督导制度的意见。该《意见》提出建立县级以上教育督导机构，并要求先试点，后逐步推广实行。

1984年8月，教育部正式成立视导室。1985年，教育部任命12位教育部视导员，负责巡视、检查和指导帮助全国各地的普教工作。1986年6月，"七五"计划报告中明确规定："要加强教育事业的管理，逐步建立系统的教育评价和监督制度。"至此，国家把建立教育督导制度作为一项重要的教育制度提出来，并通过立法将其列为"七五"计划的主要政策。与此同时，国务院批准建立国家教委督导司。1988年8月，时任国务委员、原国家教委主任李铁映同志批示：要加强执法监督，强化教育督导制度，不仅"督学"，而且要"督政"。同年10月，李铁映同志批示："要建立学校督导制度，建立督导条例。依法促教，依法办学。"由此，教育督导的职能得到更进一步的明确。

1991年4月26日，国家颁布了《教育督导暂行规定》，标志着我国当代教育督导制度的建立。该规定共分六章，二十三条。它包括教育督导的性质、督导的范围、督导机构的职责、督学的职权及条件、督导工作内容、违反督导规定的做法及其处罚规定等，但未对督导评估体系及标准做出任何要求。

直至1993年2月，国务院颁布《中国教育改革和发展纲要》，对教育督导明确提出要"建立各级各类教育的质量标准和指标体系。各地教育行政部门要把检查评估学校教育质量作为一项经常性任务。要加强督导队伍、完善督导制度，加强对中小学校工作和教育质量的检查和指导"。至此，中小学校督导评估才真正得到重视，各级各类学校督导评估指标体系及质量标准才得以明确提出。

1999年6月，《中共中央国务院关于深化教育改革，全面推进素质教育的决定》指出："全面推进素质教育是党和政府的重要职责，各级领导干部要转变观念，充分认识素质教育的重要性和紧迫性，把思想统一到中央的决定上来，认真贯彻落实。建立自上而下的素质教育评估检查体系，逐级考核省、市、县、乡各级党委和政府及其主要领导干部抓素质教育工作的情况。""进一步健全教育督导机构，完善教育督导制度，在继续进行'两基'督导检查的同时，把保障实施素质教育作为教育督导工作的重要任务。"

第四阶段，主要是2000年以后。这一时期，随着《教育规划》及《教育督导条例》的颁布，教育督导的体制、机制得到改善，督导的职能、地位和作用日益凸显。这一时期的教育督导工作创新发展的步伐得以加快。

《教育规划纲要》明确提出："改革教育质量评价和人才评价制度。改进教育教学评价。根据培养目标和人才理念，建立科学、多样的评价标准。开展由政府、学校、社会各方面共同参与的教育质量评价活动。""推进专业评价。鼓励专门机构和社会中介机构对高校学校学科、专业、课程等水平和质量进行评估。建立科学、规范的评估制度。探索与国际高水平教育评价机构合作，形成中国特色学校评价模式。""完善督导制度和监督问责机制。制定教育督导条例，进一步健全教育督导制度。探索建立相对独立的教育督导机构，独立行使督导职能。健全国家督学制度，建设专职督导队伍。坚持督政与督学并重、监督与指导并重。加强义务教育督导检查，开展学前教育和高中阶段教育督导检查。强化对政府落实教育法律法规和政策情况的督导检查。建立督导检查结果公告制度和限期整改制度。"《教育规划纲要》进一步明确教育质量评价观，强调教育督导机构的独立性、专业性以及如何履行好教育督导的职能，要科学建构评价标准，开展由多元主体参与的评价活动。

2012 年 8 月 29 日，国务院第 215 次常务会议通过《教育督导条例》。《教育督导条例》分总则、督学、督导的实施、法律责任、附则五章，进一步明确教育督导的内容、督导的原则、督学制度、督学的岗位条件、教育督导事项、督学责任区建立、督导要求、督与被督双方所应承担的法律责任等。

2012 年 9 月，教育部颁布的《关于进一步加强中小学校督导评估工作的意见》指出，一要提高认识，明确新时期学校督导评估的总体要求，主要是针对督导目的和原则；二是把握重点，突出学校科学管理和内涵发展的主要内容，主要强调规范办学、优化管理、学生发展、教育质量等内涵发展方面；三是改革创新，充分发挥督导评估的监督指导作用，主要包括严格督导评估程序、规范督导评估管理、完善结果报告制度、创新督导评估机制；四是加强领导，落实责任，提高督导评估工作水平，主要是强调督导规范，依据督导评估标准确保督导评估工作更加规范、科学。

这一阶段教育督导评估工作富有鲜明的时代特点：教育督导的体制、机制及方式进一步创新，如督学责任区制度的建立、督学选拔聘任机制等，强调加大中小学校责任督学挂牌督导工作力度，将综合督导与专项督导有机结合，将经常性督导与主题式督导、应邀式督导有机结合；基础教育督导评估得到进一步重视，评估主体更加多元化、评估指标体系更加科学化、评估方式更加灵活多样；评估重心更加聚焦内涵，评估内容关注资源的整合、学生的发展、文化的建构、质量的提升；提倡建立教育督导信息化平台，积极采用现代化评估技

术手段，提升教育督导评估的现代化水平。(黄崴，2011)[17-36]

总之，自 1985 年我国恢复教育督导评估制度以来，教育督导逐步得到重视。尤其是改革开放后，我国的教育督导制度逐步建立并得以完善。新时期教育督导又被赋予新的内涵，教育督导的职能更加明晰，使得它在整个教育体系中拥有了更加突出的地位。

第二节　学校督导评估体系的发展特点

随着教育督导制度的不断健全，教育督导的研究发展也很迅速。从理论层面看，为适应教育事业发展的需要，我国学者从译介国外教育评估著作、引进国外教育评价研究成果起步，结合我国教育改革和发展的实际开展研究，在短时间内取得了大量研究成果，初步构建了具有中国特色的教育评价知识体系，并根据形势发展的需要不断探索。(沈玉顺，2002)[1]从实践层面看，各地学校教育督导评估的改革中出现了诸多的创新做法，如标准化评估、基础性评估、表现性评估、发展性评估、“绿色评估”等，均有效地促进了我国教育督导事业的改革与发展。

纵观我国学校督导评估的发展历史，每一阶段的发展都是与时俱进的，与同时期教育发展的需求是相互一致的，其发展过程也是教育逐步改革与深化的过程。督导评估体系经历了从无到有、逐步完善的发展过程。并且，每一时期都具有鲜明的个性特征，评估的内容也是由单一的硬件达标到软硬件并举，由单纯的基础性达标到关注效能的增量达标。

下面就不同时期的几种类型评估来分析一下现代督导评估体系的发展特点。

一、关注硬件达标的评估——标准化评估

在 20 世纪七八十年代，我国的学校评估主要是自上而下的评估，主要是上一级政府对下一级政府的评估，也就是所谓的督政，大多是通过对学校的评估来反映政府的意愿和作为，大体聚焦在标准化评估。所谓标准化评估，主要是针对办学条件、经费投入以及学生入学情况是否达到标准的评估。其评估指标体系多是关注政府履责情况，强调硬件达标为主。学校评估指标多是关注学校是否正常办学，学生数多少，辍学率多少，学校是否有合格的办学条件及足够的办学经费，学校的设施设备状况如何，师资配备如何，等等。如全国的“两基”工作评估、各地开展的标准化评估等，实质上均属这种类型。这一时

期的评估，虽说是对学校的评估，但对学校的办学基础、自主办学、办学质量及发展水平情况的关注度比较小，对于学校的办学质量，主要考虑的就是学生的入学率高低。应该说，这一时期的学校评估还多是处于外围的、低层次的满足学校发展的办学条件的评估。

二、关注质量达标，但没有核心指标的评估——发展性评估

“发展性评估（expansibility-assessment）是80年代以后发展起来的一种教育评估的最新理念，它是通过系统的搜集评价信息、进行分析，对评估者和评估对象双方的教育活动进行价值判断，实现评估者和评估对象双方共同商定发展目标的过程。”（林少杰，2003）它是建立在学校主体性发展观和可持续发展观基础之上的。“它强调的是学校自评为主，外部他评为辅；注重的是学校的进步幅度和‘增值’大小，属个体内差异评估；关注的是学校的未来发展。它的要旨是：评估的权利在学校，评估的主体是学校，评估的内容是学校的发展状况，评估的目的是促进学校的发展。”（沈玉顺，2002）[164-166]概括起来，它的基本内涵特征主要体现在以下几个方面：一是评估的目的就是促进学校及学校中主体的发展。关注学校及师生在发展中的需要，突出评估的激励功能，激发学生、教师、学校的内在发展动力，促进其不断地进步，实现自身的价值。二是关注学校及其主体的可持续发展力。强调评估中的民主化、人性化，重视被评估者的主体性及评估对个体发展的建构作用。三是关注个体的差异性。采用分层次的评估标准，即满足于被评估者之间的差异性和发展的不同需求，以特色发展来促进其在原有水平上的独特性提高。四是关注过程评估。采用多样化的评估方式，即将量化评估与质性评估有机结合，将形成性评估与终结性评估有机结合，以追求评估的完整性、科学性和实效性。五是强调评估主体的多元化。即由单向转为多向，强调评估主体间的互动，强调被评估者成为评估主体中的一员，建立学生、教师、家长、社区和专家等共同参与的多主体交互作用的评估链条，多渠道获取信息，以促进被评估者的发展。在我国，一段时期内，在一些地区，如在浙江、上海、北京、山东、辽宁等地，发展性评估是极受推崇的，尤其是上海市的“学校发展性督导评估”走在前沿，极具特点，它共有18项办学质量指标。它不仅引领上海地区的教育及教育督导事业的快速发展，而且引领国内其他地区教育督导评估体系的日益完善。

综观各地的发展性评估，其发展性评估标准是直指组织自身，并注重基础性评估和自主发展性评估。因此，发展性评估指标体系包括基础性评估指标和自主性发展指标，基础性评估指标强调学校发展的规范性标准，而自主性发展指标则强调学校发展的个性化标准。实际上，它是在引领学校逐步走上一条自

主、规范加特色的发展之路。

另外，这一时期，在全国范围内开展的“提高普九”“双高普九”等举措对学校评估也起到了非常好的促进作用。在北京、辽宁等地开展的学校素质教育、课程改革等评估，内容繁多，也较为具体。但总体来说，这一时期的学校评估，虽然关注办学质量，指标体系也非常细致，但指标的方向性不够聚焦，缺少体现教育质量本质属性的核心指标，也缺少与这一指标体系相配套的价值体系和操作体系。

三、关注效能的学校评估——《香港学校表现指标 2008》

《香港学校表现指标 2008》（简称《指标 2008》）是香港学校表现指标，它是香港教育局继《香港学校表现指标 2002》（简称《指标 2002》）推出后进一步更新、修订后较为完善的学校发展性指标。《指标 2008》把《指标 2002》的 14 个指标范围精简和重组为 8 个，又把指标的数目由 29 个精简为 23 个，目的是要帮助学校更能有效、聚焦地检视学校的工作，以促进自评的效能。《指标 2008》是由三层组织架构组成，它包括范畴、范围及表现指标。范畴包括管理与组织、学与教、校风与学生支援、学生表现四个方面。管理与组织的范围包括学校管理与专业领导，其中学校管理的表现指标为策划、推行和评估，专业领导的表现指标为领导与监察、协作与支援、专业发展。学与教的范围包括课程和评估、学生学习和教学，其中课程和评估的表现指标为课程组织、课程实施、学习评估和课程评鉴，学生学习和教学的表现指标为学习过程、学习表现、教学组织、教学过程和回馈跟进。校风与学生支援的范围包括学生支援与学校伙伴，其中学生支援的表现指标为学生成长支援和学校气氛，学校伙伴的表现指标为家校合作和对外联系。学生表现的范围包括态度和行为、参与和成就，态度和行为的表现指标为情意发展和态度、群性发展，参与和成就的表现指标为学业表现及学业以外表现。应该说，《指标 2008》重在对学校管理效能的评价及对学校管理的进一步改善，但又极具表现性评价的特质，一段时间在世界范围内极受推崇。

四、关注质量达标，突出核心指标的评估——学业质量绿色评价

受国外第四代教育评价观的影响，我国的部分学者也开始在关注学校质量达标的同时，更为突出评估的核心指向。他们开始研究增值性评价等一些教育评价的新领域，借用教育评价的研究成果辐射到一些领域，并着手教育督导评估实践研究。如学业质量绿色评价指标（徐淀芳，2012），它是 2011 年上海市教委和教育部基础教育课程教材发展中心历经几年共同研究、提炼并构建的教

育质量评价体系，它是以关注学生健康成长为核心价值追求的绿色指标，简称绿色指标评价体系。绿色指标评价体系坚持全面学业质量观，在评价中变一维评价为多维评价。它将学业质量界定为学生学业成绩、身心健康和品德行为三个领域，分为学生学业水平、学习动力、学业负担、师生关系、教师教学方式、校长课程领导力、学生社会经济背景对学业成绩的影响、学生品德行为、身心健康和跨年度进步等十大方面。这一评价指标体系现已在上海试行，并取得了初步的成效，也引起全社会的广泛关注，更引起了学校、教师、学生的共鸣。学业质量绿色评价指标引导着教育系统乃至全社会树立全面的质量观，它探索以综合评价来改进自身的教育教学并提供证据支持。它关注增量的学业成就维度、关注有效的过程方法维度、关注品质的学习生活维度，这样的区域教育质量评价模式及信息化分析系统具有极高的专业水准。绿色指标评价，要求教育管理者不能仅仅依靠分数判定教学质量，必须用科学方法洞察教学质量的内涵；不能仅仅依靠经验做决策，必须具备更多基于实证的决策能力；不能过多干预教育教学的微观管理，必须对教育质量进行全面考量和发展性评价。(尹后庆，2012)

学业质量绿色评估的主要功能不是给学校排名，而是要正确引导、综合分析和科学改进学校管理工作，它坚持“关注学生全面发展”“不看成绩看成本”、关注学生去背景的学业提高程度的导向还是符合教育发展规律的。但同时，从严格意义上讲，我们应看到绿色指标评价体系在认识层面、机制层面以及技术层面上仍存在一定的探索空间，尤其是指标体系中的个别要素及个别指标的评估工具、评估方法尚需完善，对学生品德行为和心理健康测评工具的研发尚需突破。无论怎样，这一评价指标体系所带来的理念创新，对于我们开展学校督导评估、改进学校教育教学管理还是具有非常重要的指导意义。当然，我们不能单一地以学业质量评价完全代替学校督导评估，它只能是其中的一个点，对于学校的督导评估应是在这种先进的理念支配下由多个点组成的面上评估，应是在突出学生健康成长的核心价值前提下，坚持多主体、多角度、多维度的综合评估。

第三节 学校督导评估体系的时弊

近几十年来，无论国内还是国外，在有效实施学校教育督导评估工作时，为了更好地发挥教育督导职能，教育督导评估机构都在积极尝试构建有效的学校督导评估指标体系。但事实上，仍有部分地区简单、随意地设计教育督导评估指标体系，尤其是学校督导评估指标体系的简单化、随意化情形不乏存在，能够体现现代化、个性化的学校督导评估指标体系少之又少，能够将学校教育督导评估体系纳入科研领域进行深层次研究的更是凤毛麟角。目前，对于学校督导评估体系的研究应该说数量上还是很少的，尤其是学术性的研究就更少。仔细研究还会发现，关于"学校内涵发展督导评估体系"具有一定学术价值的博士论文、硕士论文或发表于核心期刊的高水准的学术论文尚不多见，这充分说明当前我们对于"学校内涵发展督导评估体系"的关注度还很不够，缺乏深度的研究和系统的思考。反观传统及当下的学校督导评估，在各方面都存在诸多弊端，导致"伪评估"现象时有发生。深入探究这些时弊的根本，则是政府主导过多，忽视了被督对象的自主发展，忽视了人的全面发展，忽视了主体间关系的和谐。也就是说，忽视了人的内在本质属性和发展特征。同时，不乏存在概念的窄化现象，多是以指标体系替代评估体系，评估中多是以一维指标来代替多维指标。

一、学校督导评估体系的时弊现象

综观国内关于学校教育督导评估体系的研究，主要存在以下几方面时弊。

（一）忽视了软件管理，限制了主体的自主能动性

以前，传统的"应试化评估"一度受宠，学校督导评估由于受评估功能及督导职能的限制，多是注重外在的评估，一段时期将学生或学校的考试成绩作为学校教育质量评估的唯一指标，有的学校干脆就被贴上永久的标签，无论怎样努力，都难以脱离落后的帽子。长此以往，这种"应试化评估"趋同会导致督导评估偏离人的自主、个性发展和全面发展的轨道。

另外，已有研究在指标体系的内容上更多关注的是硬件配备水平的基础达标，而忽视内部软件建设指标。在核心指标的方向引领上更多关注的是学校外延模式的不断扩张，而忽视内在品质的持续提升。指标体系的内容大多是管理的常规环节，而对能够体现学校内涵发展的核心指标，如办学理念、课程实施、师生发展、学校文化以及学校特色等方面指标的深层次思考不够。

（二）忽视了过程管理，限制了主体的自主效能提升

深入学校督导评估，挖掘其内部关系，仍存在终结性评估与发展性评估之间的矛盾、自评与他评之间的矛盾、水平发展与效能发展之间的矛盾；挖掘外部关系，仍存在主体间的对立、被督对象与评估主体之间的对立、标准定位与实际发展水平之间的对立。尚未完全脱离设定式评估，多数是将设定的发展目标完全定为评估标准，而不是视被督对象自身的发展情况而定。这样的评估势

必使评估内容窄化、评估方法单一、评估标准程式化，不可避免地忽视了督导评估的情境性、真实性和动态发展性。

目前，国内已有研究缺少对以校为本、关注学校或师生努力程度的增值性评估研究，从而造成在指标体系的质性分析上更多关注的是终结性评估，而忽视了过程性评估。现有的督导评估指标体系对于多数被督主体来说是被动的，基础薄弱的学校很难达到标准，而基础较好的学校不需要更多的努力就能轻易达到。评估的标准仍然存在“大一统”现象，并不是基于学校的办学基础而制定的，尚未起到真正调动每一个被督对象的主观能动性、自主发展的积极性的作用。

（三）忽视了多主体参与，限制了评估体系的科学定位

目前，国内已有研究显示，学校督导评估体系的参与制定者单一。一般来说，评估指标体系及标准的制定者大都是上级督导部门、行政部门或中介专业机构，即大多从评估者角度制定，而被评估者及第三者的参与就显得不够。这样一来，制定的评估指标体系及标准就可能脱离学校发展的实际，在实践操作过程中要么过高，要么过低，未能达到很好地促进学校的进步与发展的目的。

另外，学校督导评估体系的实施主体也有些单一。国内大多数评估主体是由政府部门或教育行政部门担任，国外的多是由专业的中介机构来完成，也有由评估者与被评估者民主协商，共同参与完成。无疑，国内由评估者、被评估者及第三方共同参与的评估模式应用尚显不足。

（四）忽视了专业引领，限制了评估体系的有效实施

目前，国内已有研究未能真正从学校内涵发展的要素及管理效能角度来确定评估指标体系；另外，对一些主指标的分解不够到位，无论是在其范畴、范围，还是在具体表现指标上，都缺少指标间逻辑关系的相互对应以及各项指标权重分配的深入研究。

国内已有研究显示，学校教育督导大多是由外行担任，督导队伍的专业化水平有限。因此，关于评估指标体系信息采集的实施过程不够合理、连贯，信息采集的方法、结果不够客观、透明，针对所采集信息开展分析判断的工具不够科学、系统，绝大多数地区的学校督导评估指标体系只是凭经验制定出来，并非是通过理性思考、专业研究出来的。同时，相关的评估操作系统还是显得有些过于简单、专业性不强，未能真正达到督导评估的目的，“伪评估”现象仍很突出。

二、学校督导评估体系的时弊根源

我国学校督导评估经历了不同寻常的发展历程，在发展演变的过程中，既有评估理论的自身完善，也有评估实践的现实验证；既有评估自身的支持条件，又有外部环境等支持条件；等等。无论怎样，这些条件都或多或少在不同程度上影响着督导评估，在其时弊的表象及根源方面起着一定的作用。

（一）时弊根源一：督导理念不够开放、先进，影响了督导的价值定位

在教育督导实践中，督导人员的评估理念潜移默化地影响着督导的价值定位、人们的思维方式、行为模式、主体间的关系和督导文化等。它以难以估计的评估力量影响着教育督导的过程实施和最终效果。从支持督导评估的内、外部支持系统分析，督导理念是对评估时弊进行分析的一个重要方面，因为它是具体表现在人们所达成共识的态度、价值观、行为方式以及督导过程中所形成的督与被督之间的相互交往、相互影响的关系。受中国几千年“官本位”思想及应试评估文化的影响，目前督导评估理念还很传统，固守着一直以来的评估宗旨，多是建立在“为了评估而评估”基础之上。因此，它在督导评估体系中的体现还是不够现代、开放，基于设定目标的评估过多，督导评估的目的更多的还是基于行政部门的需求，从评估主体、标准、工具等的选择上可以看出尚未真正意义上促进被督对象的发展，使其更好地释放自主发展的能量。

（二）时弊根源二：督导机制不够健全，影响了价值实现的过程和效果

在整个督导评估体系的运行中，评估还是重在选拔、比较其结果，虽然采取不同的途径和工具进行评估，但是仍存在机制不健全的问题。一是在建构督导评估体系时，对评估主体、客体以及价值客体的地位与发展的思考不够，缺少自我激励机制、自我反思机制、自我调控机制的保障。二是在实施督导评估体系时，多是终结性评估，注重最终结果，忽视在即时性评估过程中的监控机制。教育评估就是提供信息反馈并据此进行决策和监控的过程，正如斯塔弗尔比姆所言“教育评价不是为了证明，而是为了改善”。（张向众，2009）而在实际督导评估过程中，无论是形成性评估，还是终结性评估，大多忽视了过程监控、结果的增值情况以及与之相配套的保障机制。三是在实施督导评估体系时，缺少评估客体自我整改机制、评估主体的自主跟进机制和评估主体的再评估机制，使得评估结束后评估对象是否真正认识到自身的问题，明确解决对策

和有针对性地解决整改问题环节无法保证；同时，评估主体的职能作用发挥是否真正落实到位势必无人监督和评估。无疑，由于督导机制的不健全，导致无法保证实现教育督导效能的最大化。

（三）时弊根源三：督导体系不够完善，影响价值实现的过程

研究发现，在不同领域的教育督导实践中，多数督导评估体系呈现的具体形式就是评估指标体系及标准，大多数体现了督导评估目标，对目标也有具体分解，指标分解到末级指标，由几级分指标构成并赋予一定的权重，从而构成一个标准体系。至此，感觉督导评估体系就已完成。实际上，是忽视了与指标体系相对应的价值体系和操作体系。因为价值体系决定了指标体系建构的目标定位，在价值体系确定后指标体系的建构只是完成评估体系的第一个阶段，而与指标体系相一致的操作体系将为我们提供评估体系实际操作的程序、方法、工具以及效果的预设及保证。然而，在现实中谈评估体系多是将其窄化为评估指标体系。其实，评估价值体系决定整个评估体系的方向，评估操作体系更能彰显指标体系的可操作性，并在某种程度上反观评估指标体系的科学性，评估操作体系的欠缺必将影响评估指标体系的实施过程及实际操作效果。

（四）时弊根源四：督导工具不够现代，影响价值实现的效果

从教育督导发展史可以看出，教育督导与教育测量有着密切联系，它们在不断发展过程中分离出来，但在有些领域，要想获取较为真实、科学的评估信息，还是需要通过教育测量给出较为精确的数据。但是，纵观我国学校教育督导评估实践及发展历程，由于督导队伍的专业化水平有限，难以驾驭专业性较强的教育测量工具，多数地区还是固守着传统，保持着传统工具的应用，现代化工具的功能开发及技术实践应用并未引起督导实践者的重视，缺乏主体的热衷与关注，缺乏一种理性的选择和有效的应用，使得教育督导未能站在一个现代高起点上追求它的目标达成，使得整个督导评估指向性不够明确，评估过程冗长、烦琐，评估的效率不高。尤其是，无法应对增值性评估的实际操作，无法准确测出被督对象的努力程度，从而制约了督导评估的创新实践。

另外，随着时代的发展，高科技日新月异，建立及应用督导信息化平台则成为时代的必然选择。当然，信息化平台除了用于督导部门下达督导通知，被督对象上传信息，还可用于督导者与被督对象之间的相互交流；更为重要的是，借助信息化平台，我们可以即时快捷地获取信息，并可以科学高效地进行即时评估，一些评估分析工具则可以对所要达到的目标进行正确的价值判断和客观的理性分析。这就大大提高了督导的效能，更加有助于学校的发展，而这些恰是传统的督导工具所不具备的。

第四节　学校督导评估体系的发展趋势

目前，在世界范围内，整个社会对教育公平与质量的关注程度在不断提高，追求教育高质量的公平和高水平的管理效能应是我们努力的目标和方向。让每一所学校都能公平发展，让每一名学生都能公平地享受优质教育资源，让每一名学生都能得到很好的教育和发展，则是我们制定学校督导评估体系所应追求的一贯主旨。

近年来，国内外一些专家学者一直致力于中小学校督导评估研究，取得了一些有价值的研究成果，如增值性评估的理念及操作、卓越学校评估模式、学校发展性评估模式等，都对于中小学校内涵发展督导评估体系的构建与实施具有非常重要的借鉴意义。但是，从总体上来看，国内外学术界对于中小学校内涵发展督导评估体系的研究不够，尤其是对于学校内涵发展督导评估指标体系的建构研究仍然存在一些不足，对于督导评估指标体系的实施方式、方法的研究尚不够充分，对于学校内涵发展督导评估价值体系的研究更是欠缺，而这些不足之处恰是本研究的主攻方向和亟待深入的领域。也就是说，国内外已有研究为本研究提供了重要的参照系，而已有研究中的不足则是本研究新的生长点。基于一定的办学条件保障来思考符合教育规律的学校内涵发展，基于突出学生发展及学校内涵发展增值度的有效评估体系的建构应成为我们研究的核心课题。

通过研究国内现已实施的学校督导评估体系，不难发现：绝大多数的研究主体还是比较单一，多是从学校管理方面入手，如从师资队伍建设、学校德育工作、教学管理及教科研、后勤工作、特色发展等方面进行评估，指标体系的核心内容就是学校管理。其优点之处，一是注重学校管理环节的评估；二是关注弱势群体，如流动人口子女及贫困学生的教育；三是关注教育资源的合理整合与利用；四是在一定程度上关注学校的办学特色。但总体上来看，目前国内对学校内涵发展的评估内容大体上还是聚焦在对学校的办学条件、学校管理、学生就学情况、师资队伍建设等方面，尚未真正摆脱原有的办学水平督导评估指标体系的框框。国内一些地区提出的关于学校内涵发展的研究尚显稚嫩，其评估指标体系的特征不够鲜明，关于内涵发展这一核心要素的体现不够充分，尚处于起步阶段。主要表现在：关于学校内涵发展督导评估的研究内容、范畴及方法还不够全面深入，指标体系缺少体现学校内涵发展方向性的核心指标，学校内涵发展创新性的增值性指标体现不够。

现有国内关于学校督导评估指标体系具有以下发展趋势：一是主要针对学校各方面的综合评估。如将资源建设、学校管理、教育教学过程实施、课程建设、队伍建设、学生学业成就、社区资源挖掘及师生关系等作为考核维度。二是主要针对学校这一组织管理效能所进行的评估。主要考察学校这一组织的背景、运行机制、去办学基础的运行成效，而不只是针对组织管理或其中的主体。当然，对学校内部的主体，如领导、教职员工、学生发展等评估都是服务于学校评估的。三是指标体系的核心指标是动态的。指标体系的核心指标是随着社会经济、教育发展、社会对教育的关注度以及学校自身发展的目标变化而变化的。如过去对学校的评估主要看办学条件、办学经费、学校能否正常办学、学生能否正常入学（主要考察学校学生的入学率、辍学率）等指标。现在，在办学条件和办学经费均得到基本保证的前提下，关注学生入学机会公平、提高教育教学质量则成为督导评估追求的重点。因此，公平及质量就成为当前评估重要的核心指标。随着公平、质量的基本保证，学校教育资源的效益以及学校管理的效能，甚至包括质量的问责等都将成为新一轮学校督导评估的重要指标。

第一章

国外学校督导评估体系的考察

本章概要

本章主要针对国外基础教育学校督导评估的发展现状、特点以及评估体系的发展演变做简要分析，阐述新时期学校督导评估的发展走势。

通过对国外相关研究成果的梳理，如对学校教育督导评估的发展特点、几种核心评估、学校督导评估指标体系的发展历程及研究现状进行探究，笔者发现：在某种程度上，国外学校督导评估经历了一个逐步完善的过程，并且逐步得到政府及被督单位的重视；学校教育督导评估呈现评估体制行政化、评估队伍专业化、评估组织模式多元化、评估内容及标准多样化的鲜明特点；评估的导向逐步由硬件达标转向软件管理绩效、评估的内容逐步由专项转向综合、评估的重心逐步由学生学业成就转向追求内涵、追求卓越。基于公平与质量高位融合的学校内涵发展督导评估体系也是国外学校督导评估发展的趋势。

第一节　国外学校督导评估的特点

随着教育在社会发展中的作用和地位的不断提高，西方教育制度不断完善，教育督导制度也在不断地发展。应该说，西方一些国家教育督导的发展是优于我国的，所表现出来的教育督导机构及体制的独立性、教育督导队伍的专业化水平、教育督导评估组织的多元化、教育督导评估内容及标准的多样化、教育督导结果的公开化、教育督导的效能化等特点还是十分鲜明的。

一、学校督导评估体制行政化

现代学校督导评估起始于20世纪八九十年代，在国外一些发达国家，教育督导的机构相对独立，教育督导的体制、机制也比较健全，并且大多与各国的教育质量密切相关。整体上看，美国的教育督导现已形成自己的特点，它既没有全国统一的教育制度，也没有统一的教育督导制度。但一些教育督导中介机构填补此项空白，他们在评价方面既权威又前沿，发挥了比较好的作用。如国家教育进步评估（the National Assessment of Educational Progress）、国际教育评价协会（International Association for Educational Assessment）、全美教育评价标准与考试研究中心（the National Center for Research on Evaluation Standards and Student Testing，NCRESST）、全国评价管理委员会（the National Assessment of Educational Governing Board，NAGB）等。（黄崴，2011）[48]1982年，美国教育部提出并建立的“蓝带学校项目”（The Blue Ribbon Schools Program）主要是受全美优质教育委员会发表的《国家处于危险之中》（A Nation at Risk）报告的影响而提出的，主要目的是为了从联邦政府的角度奖励在办学方面成绩突出的公立、私立中小学校，同时也为各学校自我评估提供综合的指标参照。虽然后来有些内容做了调整，但政府对教育方向的引导以及有针对性地促进学校发展的目的始终没有改变。（王璐，1999）这一时期，英国政府解散了成立一个多世纪的皇家督学团，于1992年主要针对教育督导制度改革颁布了《1992年（学校）教育法》，成为皇家督学团变革为教育标准局的重要法律依据。随之，成立了非政府部门的、独立于教育就业部，并对教育大臣和议会直接负责的英国国家教育标准署（Office for Standards in Education，OFSTED），取代了原来的皇家督学团，其主要任务就是对英国的学校进行评估。这一变革既强化了国家政府对学校督导的权威性，又有力地推动了学校管理的自我发展。（苏君阳 等，2012）它的教育督导机构——国家教育标准局独立于教育与科学部，应该说是基本实现了教育督导的独立性。但由于它建立了系列的督导法规，又保证了坚持依法督导。又如法国，其教育督导制度在1804年法兰西帝国建立时就已确立并推行，《国家教育总法》明确国家设立国民教育督导总署，负责对初等、中等教育的学校管理和教学进行监督，应该说它是最早建立教育督导制度的国家。20世纪80年代，颁布的一系列教育督导法规对教育督导机构的设置、人员配备、职责等方面进一步法制化。法国教育督导机构受命于国民教育部或各级教育部门，但超脱于一般的行政领导和具体的教育管理事务，教育督导机构相对独立。（李凌艳 等，2010）目前，教育督导已成为法国教育行政管理的重要支柱之一。俄罗斯的教育督导源于沙皇时代。随着行政改革的不断深入，其教育督导制度也发生了很大变化。根据《俄罗斯联邦教育法》等有关法律和政策，建立了俄罗斯联邦普通教育质量管理体系。在基本教育大纲内容必须达到的最低标准、学生学习负担最高限量、毕业生培养水平要求等方面，国家都有具体的标准。同时，有教育督察指标体系来有效控制学校教育质量。尤其是它的体制与教育行政体制相配套，机构完整，要求明确，如学生培养内容、质量及学生学习负担方面的要求很有特点。

综观上述国家早期的基础教育阶段的学校督导评估，大多是强调政府对学校的督导功能，学校督导评估的内涵更多地体现在对学校教育的监督和问责上。也就是说，更多的是强调通过政府督导问责这一途径，实现同一个目的，那就是提升学校的办学质量，促进学校的良性发展。

二、学校督导评估队伍专业化

随着现代学校督导评估的兴起，政府在学校督导评估中的问责功能逐步弱化，而指导、服务的功能逐步得到强化。于是，从这一时期开始，学校评估的内涵开始越来越多地向学校发展效益的评定上转化，强调通过学校评估帮助学校诊断其发展过程中的“投入”与“产出”效益，以每一所学校为样本，通过评估促进发展，关注所有学校的发展已经成为学校评估的重要战略任务。这不仅体现在通过评估帮助学校诊断问题，从而有的放矢地改善质量，也体现在通过对优质学校的典范树立来分享经验，同时通过以评估促改进来加强对薄弱学校的管理。（于慧，2009）这无疑对教育督导评估工作提出很高的专业要求，同时，它需要教育督导人员的专业化水平与之相一致，能够胜任指导与服务的职能。

发达国家非常重视教育督导人员的选拔和发展，因此，在这些国家中，对于督学的专业化要求很高。在资格、学历、品行甚至性格方面都有十分严格的要求，正是这些严格要求保证了督导人员较高的专业素养，进而保证了督导工作的效率和效果。(Wiles etal，1986) 在西方，英国、美国、法国是较早建立教育督导制度的国家，发展至今，他们的教育督导制度及运行机制都比较成熟，督学的专业化水平相当高，督导机构相对独立，大多以督学为主，运行机制比较健全，督导比较权威、公开、公正，其独立性、权威性、公开性、合法化、数字化也处于世界领先水平。如英国，督导人员的任职条件是高层次性的，教育督学种类多，专业化程度高，重视学校督导和对地方教育局的督导；运用招标等市场机制把督导项目转包给专业的督导评估机构，开展具体的督导工作，提高了教育督导的客观性、效率和专业性。总之，英国的教育督导历史悠久，督学专业化素质高，督导评估体系目前来说是较完善的，尤其是专业评估机构的介入，评价指标体系及标准应该说是科学合理的。再如美国，教育督导人员一般具有博士学位，并有多年的教育实践经验。(黄崴，2011)[8] 最初，督导的重心摇摆不定，主要集中在以教师本位和以管理者本位二者之间徘徊。到了 20 世纪 80 年代，督导的重心明显转向了管理者本位。另外，督导方式种类若干，内容大多是教学督导——对教师教学、对学生学业方面的督导，重视督导与评估、咨询、指导的相互结合；对学校的督导评估也是多种评估并存，如增值性评估、表现性评估、校长领导力评估等，如果督学没有很高的专业化水平是很难胜任的。又如，法国的督学选拔要求也很高，所有的督学都是要经过一定的法律程序选拔出来的，除了需要具备一定领域的专家资格，还必须接受两年的督学岗前专业培训方可上岗。由于法国的教育督导机构多，督导领域较为宽泛，因此，督学的整体专业化素质也很高。

总之，上述国家的教育督导评估人员的专业化水平高，督导结果还是比较权威的。虽然在不同的国家，督导的主体不同，但是由于其督导评估组织机构在开展评估工作时具有一定的独立性，加上其评估工具及技术的专业化，其评估的过程及结果必然是真实、科学、客观的。这也将是当今国际上教育督导专业化的发展趋势。

三、学校督导评估组织模式多元化

由于国情和文化传统的差异，各国的学校评估可以根据评估主体的不同分为以下三类：第一类是政府督导评估，以俄罗斯、新加坡等国为代表，其评估由政府相关职能机构组织，强调评估的绩效问责；第二类是学校自我评估，以德国、芬兰等国家为代表，其充分尊重学校发展的自主性，由学校自行组织学科测试等方式掌握学校教育质量情况；第三类是社会中介机构评估，如在美国、加拿大广泛盛行的教育评估机构。实际上，以政府督导评估的国家在进行教育督导评估时大都是以学校自评为前提，在学校自评工作基础上进行校外评估。主张校内自我评估的国家，如芬兰在 2003 年设立国家教育评估委员会（the Finnish Education Evaluation Council），其主要职能包括设计并实施国家各种教育评估项目（包括系统评估、环境评估、专题评估等）、组织国内外相关专家形成评估网络、开展评估方法学和理论方面的研究、向学校的自评活动提供支持并整合地方评估结果为国家所用、发布评估信息、报告结果并为被评估者提供反馈等。（侯立华，2006）目前，国际上越来越多的国家在进行学校督导评估时将政府督导与学校自评有机结合起来，为了确保评估过程和结果的真实、科学、公正，有的还请第三者参与，甚至请具有相当高水平的专业机构来负责组织开展此项评估工作。通过对一些国家的学校督导评估情况分析可以看出，越来越多的国家将政府督导评估和学校自我评估有机结合起来。可以说，将三者有机整合起来构成“三位一体”的学校督导评估组织体系，是教育督导发展的趋势之一。

四、学校督导评估的内容及标准多样化

随着教育督导评估自身的发展，督导评估的目的、职能及内涵等方面都发生很大变化，尤其是学校督导评估的内容更加丰富完善，不仅有对学校硬件的评估，而且更加关注对学校软件管理方面的评估。

正像上面所提到的那样，早期的学校督导评估是政府在主导，因此，它的目的及功能多体现在对学校的问责上。如 1965 年美国国会通过的《中小学教育法案》（The Elementary and Secondary Education Act of 1965，ESEA），它既是美国现代教育问责制的起点，也是美国早期学校评估的要义。（李凌艳 等，2010）[11-13]但进入八九十年代，学校评估的目的逐步转向促进学校发展的导向上。其内涵越来越转向学校发展效益的评定上，于是学校评估的内容就产生变化，督学内容更加关注过程与结果的一致性，关注投入与产出的正比性。如一些国家的学校表现评估、美国的增值性评估等重心侧重在学校自选动作和自我提升上，无疑，这对学校自我发展起到了有效的引导，从而激发了学校自我发展的内部潜能。

新西兰的教育督导被称为教育检查（Education Review）。主要分为学校教育检查、家庭教育检查和幼儿教育检查三个方面。它的评估包括四大指标：学生学业成绩，学生学习参与度，学校管理，知识、技能和价值观。最核心的指标是学生学业成绩。教育检查的过程是民主、公开、公正的，具有一定的实效性，对我国的教育督导具有一定的借鉴意义。

与此同时，关于学校督导的评估标准也发生很大变化，将国家统一的标准和地方的标准有机结合，将地方的标准与学校自主实践的标准有机结合。早些时候，由于督导是强调国家的监督作用，因此，一直以来都是从国家的教育目的以及教育自身发展的需要出发，来制定统一的学校督导评估标准，并以此标准来规范学校的办学。新加坡的“卓越学校模式”（The School Excellent Model）、日本的“义务教育学校评价指南”（The Guide of School-based Assessment in Compulsory Education）、美国的“蓝带学校项目”（The Blue Ribbon Schools Program）、英国的“中小学校教育督导评价细则”（The Evaluation Schedule for Schools）等都表明，明确国家对地方的规范要求，同时要进一步激励地方积极开展督导评估的自主性，还要兼顾学校的发展基础，立足于此基础之上的增值性评估已成为督导评估工作发展较早的国家所追求的目标。但是这些极具创新性的评估并非是对一个学校管理内涵的综合评估，而是就某一个方面或重点领域展开的专项评估。诚然，这已成为现代学校督导评估的一个很重要的创新标志。

第二节　国外学校督导评估的核心范例分析

一、以努力程度为核心指标的评价——增值性评价

增值性评价（Value-added Assessment）源于詹姆斯·科尔曼（James Coleman）1966年向美国国会提交的《关于教育机会平等性的报告》，简称《科尔曼报告》（Coleman Report）。其实，增值性评价就是关于学校效能的增值评价，它能够科学合理地反映每一所学校的工作业绩，反映出他们的努力程度。它的提出掀起一场世界性的关于学校增值性评价的革命，并不断地发展起来。20世纪90年代，在英国、美国的部分地区开始推广实施增值性评价。英国积极倡导学校增值性评价，将增值性评价指标作为现有评价指标体系中的重要的创新性指标，实施此评价有效地激励了落后学校的发展。美国，随着联邦教育法《不让一个孩子掉队》的出台，增值性评价也备受关注，在20多个州数百个学区开展此种学校评价方法。（马晓强，2012）

增值性评价的主要内容是以学生的学业成就作为评价依据，通过相关的统计分析技术，将学校对学生发展的影响从诸多相关因素中分解出来，特别是强调控制生源因素对学生最终学习质量的影响，从而实现对学校教育教学效果“净”影响的评价。（马晓强，2006）它的目的在于有效地引导学校从重投入

到重过程、从重生源到重培养、从单纯注重结果到关注教育全过程的评价。（庞威，2009）

增值性评价的主要特点：一是面向所有学校、所有学生。它既可以面向群体，也可以面向个体，可以是对一个学校的总体增值情况进行评价，也可以是对一个学校内部不同学科或个人不同学科的增值情况进行评价，从而更有效地引导学校多元发展、均衡发展、特色发展。二是关注效能评价。增值性评价强调的是学校的效能，它是以学校效能提升为目标，以学校在学生的进步过程中所起的作用为核心，突出强调学校在办学质量提升中的主导地位。

总之，增值性评价是一种科学的评价，也是一种创新的激励学校发展的评价。

二、以促进发展为核心指标的评价——发展性评价

20 世纪 80 年代，在西方兴起了以促进学校改进和发展的第四代发展评价观，英国、美国、芬兰、挪威、澳大利亚等一些发达国家开始掀起发展性评价。（卢立涛，2008）发展性评价（Expansibility-Assessment）是由英国开放大学教育学院纳托尔（Latoner）和克里夫特（Crift）提出的，它是以建构主义哲学观为理论基础的。它是以教育的发展为评价对象，又是以教育的发展为目标的评价。其基本特点在于以“协商”为基础，评价者与评价对象共同建构评价过程，为发展而评价，以评价促发展。它有别于原有的选拔性评价和水平性评价，是在发展的整个过程中进行的，旨在促进被评价者不断发展。（史晓燕，2003）

发展性教育评价思想的提出使学校评价的价值取向发生了较大的转变。在评价的目的上，由侧重鉴别和选拔转向侧重发展，从关注结果的评价转向关注诊断性评价和过程性评价；在评价的内容上，注重全面质量管理，从办学的理念与目标、办学条件、领导与管理、课程与教学、教师队伍建设、学校办学效益等多个方面进行全面、综合的评价；在评价方法上，强调多样化，注重把质性评价与量化评价结合起来；在评价主体上，强调评价主体的多元化，重视自评和互评的作用，强调评价对象的参与性，改变过去那种自上而下、评价对象被动接受结果的状态等。（卢立涛，2007）

发展性评价的主要内容有以下几种。

（一）欧洲学校教育质量评价试点计划 SEP

1997 年欧洲“学校教育的质量评价：欧洲试点计划”为参与评价的各国学校制定了通用的学校自我评价框架（Self-Evaluation Profile，SEP），它包括 4

个领域、12 个方面。一是输出层面：学术成就、个人和社会发展、学生流向；二是课堂层面：学习时间、学习和教学的质量、学习困境的支持；三是学校层面：作为学习场所的学校、作为社会场所的学校、作为专业场所的学校；四是环境层面：学校和家庭、学校和社区、学校和工作。（MacBeath et al，2000）学校可以根据上述的自我评价框架，结合自身情况进行全面的自我剖析，也就是找出自身的优势和不足，确定自我评价的内容及需要重点改善的地方，以促进学校更好地发展。

（二）经济合作与发展组织的发展性学校评价指标框架

这一指标框架是经济合作与发展组织（The Organization for Economic Co-operation and Development，OECD）的教育专家们于 1996 年提出的，它主要是针对影响学校发展主要要素的发展性学校评价体系。该评价指标体系包括 18 个一级指标，44 个相对应的二级指标。主要强调学校愿景、团队的团结协作、家校合作，鼓励家长参与学校管理与评价，注重学校的管理过程及效率、学生进步及高期望的成绩反馈等（详见表 2-1）。

表 2-1　OECD 的学校评价指标框架

一级指标	二级指标
学校的专业领导能力	1）领导班子团结、坚强有力；2）权职分工明确；3）专业能力强
学校教职员有共同的看法和目标	1）目的的一贯性；2）实践的连贯性和一致性；3）权力分享和一致态度
学校是一个有效的学习环境	1）井然有序的氛围；2）有吸引力的工作、学习环境
教与学是学校过程的中心	1）最大限度地提高学习的时间；2）以学术性为重点；3）以成绩为中心
有目的的教学	1）有效的教育组织；2）教学目的明确；3）上课条理清楚、了解学生的差异
高期望	1）清楚和公正的纪律；2）反馈
积极期望	1）清楚和公正的纪律；2）反馈
监测学生的进步	1）检测学生的表现；2）评估学校的表现
学校的权力和责任	1）增强学生的自尊；2）对自己学习负责的态度；3）支配自己的学习
家庭与学校有效的伙伴关系	家长参与孩子的学习

续表

一级指标	二级指标
学习型组织	校本教职员发展
学校教职员的稳定性	现任的教师和校长与5年前就在学校的任教比
教育领导与管理能力	1）校长用于管理活动（非教学活动）的时间；2）校长用于教学活动的时间
教职工的合作	1）非正式会议的频次；2）全体教学人员会议频次；3）教师在教学上的合作
评估实践	1）监测学生的进步；2）评估的频次、方法（标准化测试和自评等）与种类（教师评语和成绩报告单）
区别对待	1）教学适应各个学生的具体需要；2）能力为本的小组学习；3）多年级的班级；4）班级内的分组；5）增加班级的教学人员（如小组教学）
成绩取向	1）注重成绩和对学生表现的高期望；2）成绩纪录的使用（比较不同学校学生达到的标准，比较学生的成绩）；3）有无明确的成绩标准（学生成绩标准和学校成绩）；4）对优异表现的奖励
家长参与	1）学校鼓励家长参与学校事务的积极措施；2）家长积极参与学校各项活动的百分比

资料来源：OECD. Center for Educational Research and Innovation CERI -Schooling for Tomorrow [EB/OL].（1998-04-06）[2015-8-31]. http://www. oecd. org/dataoecd/41/58/35393911. pdf.

（三）萨蒙斯的高效能发展性学校评价指标

高效能发展性学校评价指标是英国伦敦大学教育学院的萨蒙斯（P. Sammons）在其新著《学校效能：在21世纪走向成熟》（School Effectiveness Coming of Age in the Twenty-First Century）中提出来的，它概括了高效能发展性学校的11项指标及对应的27项评估要素。它强调的是领导的专业化水平，围绕共同目标，营造学习环境，开展有效的教学活动，强调过程监督，突出发展性及效能（详见表2-2）。

表2-2　高效能发展性学校的11项指标

序号	指　标	评价要素
1	专业化的领导	坚定的信念；参与的方法；专业化的领导
2	共享的目标	统一的目的；前后一贯的实践；分权与合作
3	学习环境	井然有序的氛围；富有吸引力的学习环境

续表

序号	指　标	评价要素
4	专注于教与学	学习时间的最大化；强调学术性；关注成绩
5	有目的的教学	有效的组织；清晰的目标；结构化的课程；应用型实践
6	高期望	高期望；沟通的期望；提供智力挑战
7	积极强化	严明的纪律；强化
8	监督过程	监督受教育者绩效；评估学校绩效
9	受教育者的权利与义务	受教育者的自尊；义务；工作控制
10	家校合作	家长参与子女的教育
11	学习型组织	校本员工发展

资料来源：Sammons. P. School Effectiveness：Coming of Age in the Twenty-First Century［M］. Lisse：The Netherlands Swets & Zeitlinger，1999：195.

综上所述，国外的发展性学校评价主要集中于校本领导力，教与学活动过程，学校的高效能、高期望、高反馈和学校的自我评价，研究的重点逐步由浅入深，即由最初对发展性学校评价的目的和意义的研究转移到探讨影响发展性学校评价实施效果的因素及解决策略上来。研究方法以个案研究为主，又关注它的实施过程。尤其是评价的理念比较先进，更多强调的是相互理解、相互信任、相互促进，而不是机械、生硬的价值判断。比较而言，我国大部分地区关于发展性评价的研究仍显滞后，主要表现在：缺少对被督对象复杂性的思考及将应然的指标架构付诸实践的研究，缺少立足于本土实际建构的校本发展性评价，以及从复杂的区域本土实践中分析影响发展性学校评价实施的因素和解决对策。

三、以追求卓越为核心的校本评价——新加坡的卓越学校评价（SEM 评价模型）

2000 年以来，新加坡的学校评价变化很大，主要表现在评价方式上变化重大。这是因为所有的学校都被要求应用 SEM 评价模型（the School Excellence Model）（宋晓云 等，2004）来进行评价。SEM 旨在提供一套确定和衡量改善学校实力和范围的客观方法。它允许学校之间进行基准测试，激发那些能够对整个学校的质量带来积极影响并最终能够提高整个教育体系质量的活动。SEM 认识到了超越学术成就范围的可持续发展方向。在 SEM 模型中，优秀学校不仅仅具有学术上的优秀表现，还提供了素质教育和整体教育，持续多年达到目标并表现出良好的发展趋势。

SEM 整体框架包括两个部分——方法和结果。方法部分包括文化、过程以及资源部分，它主要关心结果是怎么产生的。结果部分主要关心学校已经完成了什么以及正在实现什么。SEM 评价模型包括了学校可以用来进行评价的 9 个质量标准，即领导层、战略计划、职员管理、资源、以学生为重点的流程、管理和运作的结果、职工结果、合作关系和社会结果、主要的表现结果等 9 个维度的质量标准。SEM 总分 1000 分，从学校的治校措施和收效两大方面来考核学校。治校措施观察管理层，包括校长、副校长、部门主任、科主任、级主任等的领导手法（100 分）、教职员管理（90 分）、策略规划（70 分）、资源利用（115 分）和以学生为中心的教学法（125 分）。收效方面，主要看在上述措施下，教师与学生的关系（80 分），行政与运作的成效（60 分），学校与校长、社区的关系（60 分），连续 3 年学生课程辅助活动与社区服务等全面的成绩（300 分）。

SEM 不仅仅可以用来衡量学校做得怎样，还为学校提供了从事能力构建活动方面的一个框架。它帮助学校时刻自我评估，思考和了解需要改善与提升的方面，并可以决定学校进行创新的力度。SEM 更多体现的是一个自我评估的过程。通过自我评估的方法不断地改良以求达到理想成果，同时激发学校有更多富有创意和高效的教学法来达到教育目的。学校在接受外界机构评估的同时，也在不断地改进自身的自我评估测试系统。可以说，它是将校内与校外评估、过程与结果评估有机结合。

但由于它的理论基础来源于企业管理模式，所制定的标准又缺乏较为翔实的指标支撑，这对于学校的自我评估来说就难以把握其操作性，尤其是学生在自我评估中的主体地位不够突出。

第三节 学校督导评估体系的发展演变

在国外，学校督导评估的发展是不均衡的。一些发达国家的教育督导制度建立较早，学校督导的规范化、专业化水平相对较高，学校督导评估指标体系的发展现状也比较先进；而在一些发展中国家，学校督导评估的发展较为落后，评估指标体系的发展水平不高。通过研究发现，近年来国外的学校督导评估体系发展态势具有以下特点。

一、评估的导向逐步由硬件达标转向软件管理绩效

随着社会经济发展水平的提升，教育投入带来的办学条件的改善，国外的学校督导评估指标逐步突出学校的办学绩效。在20世纪七八十年代，大多数发展中国家的学校评估基本集中在办学条件达标上，这一时期在讨论办学条件时，主要还是以学校的入学率作为教育质量考核指标。到了80年代后期和90年代初，一些发达国家对教育质量的讨论才将焦点关注到学生学到了什么，并就此为学生规定学习标准。如英国对学校的评估在20世纪80年代时还强调教育资源的提供，考察学校是否有足够的教学仪器和图书等，从90年代以后，学校评估指标已转向对资源利用效率的考察和评估。（王璐，2010）在1992年伴随着教育法案的颁布才有了全国统一的标准。英国的国家督导评估标准主要是将学校督导框架分为督导要求（inspection requirements）和督导计划（inspection schedule）两个部分。这套国家标准是指办学质量指标体系，共有33个质量指标，内容涵盖课程、成绩、学与教、给学生的支持、校风、资源以及领导、管理和质量保证七大领域。（苏君阳 等，2012）[47]以英国小学督导评估指标体系为例，评估指标体系包括三个方面：一是对学生学习和发展状况的评估；二是对学校教育质量状况的评估；三是对学校与管理状况的评估。（刘永和，2009）苏格兰教育督导指标体系——新教育质量指标包括七个方面的重要问题，分别是课程、学生达到的成就、学生学习和教师的教学、对学生的支持程度、校风、教育资源以及管理、领导关系和教育质量保障。它适用的范围较广，可以用在小学、中学、特殊教育、新的社区学校和这些部门内的群体。（马晓强，2012）英国最新的《中小学校教育督导评价细则》强调对学校的整体效能、学生的全方位发展、学校改进及管理情况的关注。英国教育督导机构对中小学校的督导评估主要有以下四项内容：一是教学质量；二是学生的学习质量，三是财政管理情况；四是学生的社会能力。各级教育督导局又依据这四个方面制定了七十多项细则，对中小学校的办学目标、董事会建设、校风学风、教师队伍、校长领导、课程设置与管理、学生关注、因材施教、教与学的成绩、家校沟通等方面进行全面督查。（孙和川 等，2009）综合上述，英国中小学校的督导评估指标体系多是强调质量指标，注重学校的软件管理效能，将教学质量、学生的学习质量和社会能力等方面作为核心指标。

二、评估的内容逐步由专项转向综合

随着学校评估理论的进步与发展，学校的评估指标逐步由对学校某一个方

面的描述转向更加系统化的价值综合判断。例如，19 世纪中期英国学校督导评估内容也是从督导教育经费开始的，随后陆续开展了对教师、办学条件等专项督导；在 20 世纪 90 年代以前，英国的学校评估已进入全面督导时期，包括学校生活、学校管理、校舍和资源利用、课程、教师、学校组织、特殊教育、学校评估等共 12 类，57 项指标。(钱一呈，2008)[77]美国在学校督导方面的评估较为深入，大多由资深的专业机构或大学来做，它们实施的评估是多元化的，如增值性评估，斯坦福大学评估、学习和公平中心致力研究的学生表现评估、教师课堂表现评估、领导力发展与评估等。由于不是教育行政部门统揽，对学校的督导评估也只是就某一个核心方面较为细致的督评，大多是对教师发展或学生学业成绩方面进行督评，所构建的指标体系不是针对学校管理而建构的一套综合的指标体系，但是就某一个方面的指标体系的建构及操作技术还是非常专业的，尤其是学科评估指标最为科学。近年来，美国的学校督导评估也逐步走向团体化、系统化、综合化。

除此，还有一些国家的学校评估模式多样化，但从根本上是越来越关注各指标间的逻辑关系，基本上是属于 CIPP 模式，即背景—投入—过程—产出(Context-Input-Process-Product)。例如，加拿大的学校督导评估指标体系，为了确保学校教育质量的稳定和发展，加拿大各省教育部和教育机构主要是通过制定各项教育法律、法规、政策，规范来控制学校教育的发展方向和办学水平。一些教育标准，如学校安全、学校行为标准、学校校历、班额、学校设备标准、室内空气质量标准等，都以教育法规的形式做出了明确的规定。当然，各省还制定了对学校进行督导检查的各种综合指标和单项指标。如学校质量综合指标，就是由学校和教育部共同制定的。该指标主要用于过程监督，它督导的重点主要是计划的执行和发展情况。学校质量综合指标分为学校目标、管理标准、教职员工、课程与教学和设备及服务五个部分，涉及学校管理工作的方方面面。学生成就与教育质量指标，一方面是学生成绩鉴定，它是要举办统一考试，全面实施学生成绩鉴定；另一方面是教育质量指标，这一体系包括学生成就的情境因素、输入因素、过程因素及输出因素。另外，所有的教育质量指标框架的测量方法每年都被更新。应该说，加拿大的督导评估指标体系的可操作性强，并且督导评估程序规范、动态管理，在提高学校管理水平、教师专业化水平、学生成就和教育质量方面起到很大的推动作用。尤其是，在督导实施过程中被督主体的积极参与，学生及家长的参与以及督导工作的透明度很值得我们借鉴。(钱一呈，2008)[260-269]

三、评估的重心由学生学业成就转向促进内涵发展、追求卓越

一段时期内，国外的学校评估将学生学业成就作为核心指标。在强调提升办学质量、促进学生全面发展的目标时，许多国家把学生学业成就作为衡量办学质量指标，并通过改革学生学业成就测评模式，更多地关注学生的问题解决能力和学习素养，并注重在测评项目中投射学生的情感、态度等非智力因素来反映学生的发展质量。可以说，国外的教育质量评价就是基于一整套学生学业测评体系基础上建立和发展起来的。（马晓强，2012）[13]它主要是看督评对象的努力程度，将对学生学业发展的净增值度作为评估指标。

随着社会经济的发展和文明进步程度的提升，体现公平和质量的评估的要求日渐彰显。近年来学校评估指标体系的变革深刻地反映了这一现实要求。如美国的监带学校评估就是兼顾公平和质量的理念，评估出最成功的学校。再如，新加坡的卓越学校项目等，都是建立在公平与质量基础之上的关注学校效能以及内涵发展的评估方式。又如教育督导非常成熟的英国，2010 年 4 月，英国国家教育标准署（Ofsted）颁布一套最新的学校督导评估指标，① 即《学校督导评估指标——英国学校督导指南和等级分类说明》（The Evaluation Schedule For Schools-Guidance and Grade Descriptors Inspecting Schools in England，简称《学校督导评估指标》），以 追求卓越，追求高质量的教育公平为目标。该督导评估指标针对普通中小学校共有 3 项一级指标，19 项二级指标，39 项三级指标。一级指标包括学生的成果、学校教育效能、学校领导与管理的效能，在此基础上衍生出二级指标和三级指标。其特点：一是关注三种效能（学生的学习效能、学校的教育效能、学校领导的管理效能），尤其关注学校的整体效能；二是关注学生成就，关注学生全方位成长，关注学生是否具备未来生存和经济无忧的技能；三是评价的价值取向和国家发展目标定位决定教育评价标准和评价内容。（孙河川 等，2011）[9]关注学校效能，关注学生的发展，关注评估的价值引领，使得督导的监督、检查、指导等职能得以有效发挥，使得国家的教育目标与社会对教育的需求有机契合。

另外，笔者查阅国外的一些资料，如《欧洲学校教育质量指标》，《联合国教科文组织亚太地区全民教育中期评估指标》，联合国教育、科学和文化组织的教育指标，经济合作与发展组织的教育指标，印度、瑞典等国的学校评估指标体系发现，国外学校督导评估指标体系内容虽然比较简练，但具有很强的针对性、政策性、前瞻性，在价值取向、研究范围、分析模式和表现形式上具

---

① 有关英国标准署的具体信息详见：http：//www. Ofsted. gov. uk/2010-04。

有鲜明的个性化特征，同时强调过程的动态性。但笔者也发现，评估标准要么是对学校的软硬件全面督导评估，重点不够突出，要么缺少对学校内涵发展的评估要素，如理念、课程、文化等要素的综合深入研究和分析。如增值性评估在一些国家备受关注并得到一定的实践，其操作系统及操作办法也非常科学，但在一些领域仍有一定的局限性。整体上看，这种评估基于学校教师和学生单方面的评估多些，缺少对学校整体的综合评估和学校管理方面的核心方向引领，尤其是基于对学校内涵发展而制定的督导评估指标体系尚显不足。

第二章

学校内涵发展的理论界说

本章概要

本章主要对内涵发展、学校内涵发展及内涵发展增值度等几个相关概念进行研究和理论界定；对与本研究相关的理论基础，如复杂理论、管理效能理论、增值性评价理论、人本主义理论及系统理论等进行简要阐述；从学校内涵发展的表征和结构等方面进行深入探讨。学校内涵发展的理想状态应具有序列化、可赏化、灵性化和卓越化的特点。学校内涵发展是以办学方向为统领，以师资队伍为保障，以课程实施、办学特色、学校文化为媒介，以学生全面、健康、个性发展为宗旨。

第一节 相关概念的界定

教育督导评估自问世以来，无论是在国内还是在国外，都已引起很多专家学者及教育督导实践者的关注和更深层次的思考与研究。应该说，其理论及实践都有了长足的发展，它在教育改革与实践中的地位和作用也愈加鲜明。在我国，尤其是近年来，随着教育改革与发展的需要，教育督导的理论与实践也得到空前的发展和进步，学校督导评估体系日益科学成熟。关于学校内涵发展督导评估指标体系这一领域也引起了一些探究，但只是初见端倪，其研究成果以及实践操作尚处于初级阶段，主要是因为其基本理论问题尚未解决，没有一个完整的清晰概念，导致实践层面的问题难以解决。只有先弄清楚基本理论问题，实践层面的问题才能最大限度地得以解决。学校内涵发展督导评估体系的研究也是如此。首先，需要厘清“学校内涵发展的概念及本质特征”等基本理论问题脉络，即应该先弄清楚到底什么是内涵发展，内涵发展的实质是什么；其次，要研究它与外延发展之间有着怎样的内在联系；然后，后续的“评估指标体系及其操作体系”的研究才会顺利完成。本章主要介绍笔者经过多年理论思考与实践探究所提炼出的相关概念及其原理。

一、内涵发展

内涵发展是近年来教育领域提出的一个重要举措。虽然有些学者已经有所研究，但是到目前尚未有一个统一的概念和理论体系。为此，笔者认为要建构一套内涵发展理论体系，就必须从内涵与外延二者之间的区别及内在联系的角度出发进行梳理。

（一）内涵与外延

说到内涵，就必须提到外延。实际上，内涵与外延同属于逻辑学上的概念，是同一范畴的两个方面。任何事物的发展均以内涵为核心和方向，外延为前提和保障。那么，内涵到底指的是什么呢？从哲学角度讲，内涵是指事物所反映的本质属性，是事物的质的方面，它回答该事物“是什么”或“什么样”的问题，表示内容和实质。外延是指事物所反映的对象或对象范围，是事物的量的方面，它回答对象“有哪些”或“是哪些”，表示数量和形式。对一个组织来说，内涵和外延都是它存在的特征，都需要发展，但是在不同的历史时期，可能有不同的侧重。(李永生，2008）究其根本，内涵是指人或事物质的东西，它是无形不可计量、内在不可替代的；而外延则是包裹在内涵之外的东西，是外部的条件和基础，有实实在在的表现形式，它具有不断向外扩张的特质。也就是说，内涵强调的是事物的内在本质，外延强调的是事物量的积累及外在扩张表现形式。

（二）内涵发展与外延发展

内涵发展与外延发展之间既有区别又相互联系。两者的内核是相同的，都围绕发展这个中心点，但两种发展模式还是有相当大的差异的。对于一个组织来说，外延和内涵都是不可分割的重要组成部分，都需要发展，只是不同时期发展的重点各有侧重。外延发展是作为内涵发展的对应概念，是以事物的外部因素作为动力和资源的发展模式，一般指事物外部的延伸，如规模的扩大、数量的增长等，外延发展是内涵发展的前提基础和保障条件，为内涵发展提供更为广阔的发展空间和外力支持；内涵发展不同于外延的规模扩张，而是注重主体通过内在的自我努力而带来的自我提升，为外延发展的再发展提供内在的支持条件。就学校这一组织而言，外延发展是指学校在发展规模、设施设备、办学条件等硬件方面的扩张，它是学校发展的一种显性的外在表现形式；内涵发展则是指学校在办学方向、过程管理及管理成效等软件方面的深化，它是学校发展的一种隐性的内在表现形式。

究其实质，内涵发展就应是指抓住事物的内在本质属性及发展规律，科学引发积极的内在驱动力，使其自主个性化内在品质提升的发展过程；外延发展是指抓住事物的外在表征，不断促进外在条件发展和完善的过程，即外在条件规模不断扩张、数量不断扩大的发展过程。

（三）内涵发展概念的提出

20 世纪 80 年代以来，人们对社会经济发展方式问题进行过探索，大致有以下三种不同的观点：第一种是横向扩展发展观念，如法国社会学家佩鲁(Peru）在 1983 年提出的“整体的、综合的”发展观；第二种是纵向扩展发展观念，如 1980 年国际自然保护联盟提出的“可持续发展”概念和 1987 午世界环境与发展委员会提出的“可持续发展战略”；第三种是内涵发展观念，如 20 世纪 90 年代以来联合国开发署以及斯蒂格利茨（Stiglitz)、阿玛蒂亚·森(Amartya Sen）等人提出的人类自身的发展观、实现社会转型的发展观以及作为自由、人权发展的发展观等。由此可见，内涵发展观是一个上位的概念，它是基于人性最本质的发展，并有助于促进其可持续发展的根本所在。诚然，原先在外围上、形式上的学校发展多是由客观条件制约而成的，而现在追求的内涵发展则是教育发展到一定阶段的自然的、必然的成熟产物。

对于内涵发展这一概念，不同的人会有不同的定义。

陈永明等人在《当代校长读本》这本书中阐述：内涵发展是发展结构模式的一种类型，是以事物的内部因素作为动力和资源的发展模式，表现为事物内在属性的发展，如结构协调、要素质量优化、素质水平提高、综合实力增强等。

陶西平先生认为，内涵发展是指把握事物的本质属性，推动事物朝着健康、高效、有序的方向发展。（祝宪丁，2008）

杨启亮教授曾这样诠释内涵发展：内涵发展是一种由外向内寻求目标的过程，把一些外在的东西都淡化之后，才是真正的内涵，它们是学校内看不见摸不着，但沉淀在每个人心底的东西。学校内涵发展的行动是硬的，但发展的目标是软的，因此，内涵发展需要多用“心”，去养育人对教育的感悟、理解和情怀。（吴晓铃，2012b）

综上所述，内涵发展就是人或事物内在本质属性高效、有序的发展，是建立在以人为本基础之上的基于教育资源合理配置前提下的追求学校教育质量的健康发展模式。

而本书要界定的内涵发展就是在规模不再扩张的前提下，内在品质仍然不断优化、自主提升的过程。内涵发展应是指人或事物内在品质的自我提升，指一个人或事物在两个不同时间段所发生的内在品质的增值变化。内涵发展就是依据人或事物的本质属性或发展规律，促进其内在品质不断积淀、自主提升、自主发展的过程。简单地说，内涵发展就是人或事物内部挖潜的最优化扩张模式，是在现有教育资源配置前提下的追求学校发展目标的效能化。

一、学校内涵发展

关于学校内涵发展的概念，到目前为止，还没有人能够给出明确的解释。因为，它是社会转型期伴随着社会及教育发展的需要提出来的，是时代与教育发展的产物，大家对它尚有一个认识和研究的过程。从学校督导发展历史来看，很长一段时间，学校督导评估比较注重硬件建设，如学校的办学条件、设施设备、规模的扩张等，对学校教育内在本质的关注不够，因此，学校教育形式化的东西较多，缺少丰厚的内涵底蕴做支撑，学校教育显得单薄，不够厚重。而今，一下子让大家从内涵发展角度思考，恐怕一时间还是有些困难。事实上，关于学校内涵发展这一概念不同的人会有不同的定义，不同的人会有不同意义上的理解。为使本研究能够站在一个理性的角度去思考，使得本研究的基础能够立足于一个明确的逻辑起点，本节专门讨论“学校内涵发展”这一概念的内涵，借以将日常经验中的种种误解正本清源。以此理论作为逻辑起点探究科学的评估指标体系及操作体系，探究整个评估体系的内在逻辑。在此，不妨就此概念进行讨论，进一步加以梳理。

郑金洲（2007）教授认为：“学校内涵发展这一概念至少应该有这样几方面的含义：一是相对于规模发展的质量发展。与外延发展过多关注学校规模的不断扩大不同，内涵发展是一种追求质量的发展。它强调提升学校的办学质量，也就是提升学校的‘软实力’，把注意力集中在办学水平的不断提高上，使得规模与质量、效益达到有机的协调统一。二是相对于粗放发展的精细发展。发展有粗放和精细之分。粗放型的发展主要把关注点汇集在标志性成果上，汇集在外在物体形态的改变上，汇集在最终目标的达成上；精细型发展秉承‘天下大事，必做于细’的原则，将学校中教学、德育、教师素质提高等作为学校改革与发展的关注重点，在事关学校发展的每项工作上都力求精雕细琢。三是相对于同质发展的特色发展。内涵发展也是一种特色发展。学校管理者和教师应树立起特色立校的基本理念，将办学特色放在学校改革与发展的突出地位，在特色的形成和品牌的培育中使学校上升到一个新的更高的水平。四是相对于模仿发展的创新发展。内涵发展不是靠外力推动的，而是源于内部变革力量推动的一种发展，因而也就有了更多的创新的动力。正确地处理继承与创新的关系、创新与务实的关系，积极挖掘、利用、整合学校资源，将学校导入一种新的发展境地，是学校内涵发展的必然要求。

以上四个方面的含义，是学校内涵发展的基本内容和指向。学校内涵发展，在很大程度上是科学发展观在学校里的具体体现，只有软硬兼备、外力与内源并重、传统与变革并举、做大与做强并行，学校才能真正纳入可持续发展的轨道！

李永生（2008）认为，基础教育内涵发展是指基础教育在资源投入一定的境况下，坚持以人为本，通过创新制度、改善管理、优化教育结构、调整学校布局、完善课程设置、改革教育方法、开发和利用教育要素的潜在优势、提高教育资源配置的合理性以及共享率和使用率，从而增强学校效能、提高教育质量。他认为基础教育内涵发展可以表现为以下五个方面：人本发展、全面发展、特色发展、和谐发展、效能发展。

综合以上几位专家观点，共同之处在于学校内涵发展必须是在一定的办学基础前提下，注重软硬并举，追求办学质量和特色发展。专家学者对学校内涵发展给出不同的定义，那么，作为实践层面的学校校长、教师们又是怎样的观点呢？

笔者就此利用两个月的时间就不同群体进行开放性问卷调查。对 102 名校长、2008 名教师进行开放性问卷调查，得出结论如下，主要有以下六种观点。

观点一：23.5%的校长认为，内涵发展应突出强调的是它的本质属性，那就是在原有基础上的“发展”二字，而且是自主优质发展模式，是相对于办学条件规模基础之上的质量发展、规范管理基础之上的精细发展和特色发展。

观点二：21.3%的校长认为，内涵发展分为宏观和微观两个层面。宏观层面的内涵发展即学校发展的宏观定位，即顶层设计，包括学校的发展愿景、办学理念以及办学特色；而微观层面的内涵发展就是指学校的教师队伍、家长队伍、学生队伍、环境文化等一系列不同层面的发展。

观点三：19.7%的校长认为，内涵发展指的是内容上、实质上的发展。学校内涵发展就应是指文化品质的提升、队伍的建设、制度的完善、人才培养模式的改善、特色的创建与品牌的形成。

观点四：13.4%的校长认为，内涵发展就是以质量为追求目标的发展。基于此，学校内涵发展就应该是以追求办学质量为宗旨，不断地提升学校的“软实力”，把学校的发展与办学规模及质量提升有效统一。

观点五：13.5%的校长认为，内涵发展是指事物的内在本质的发展。学校内涵发展就是指学校在先进的办学理念的指导下遵循教育规律的最大化发展。

观点六：8.6%的校长认为，学校内涵发展就应是指学校在长期办学的过程中，形成的适合自身特点的稳定的办学理念和校园文化等，它应是体现引领学校未来的可持续发展的优势。

关于此概念，教师们又是怎样理解的呢？下面来看看教师们的问卷调查结果。对于学校的内涵发展，大家的理解各不相同，但还是有比较认同的方面。大家的理解整理如下（其中，有的答案有多项）：5.71%的教师认为学校内涵发展就是相对于规模的“硬实力”发展而为内在的“软实力”水平的发展；15.71%的教师认为学校内涵发展的关键是学校的办学理念，它应是在正确的、科学的办学理念统领下的关注办学质量的发展模式；22.86%的教师认为学校内涵发展就是看学校的办学质量及办学水平，应是办学硬件设施设备在管理上的物化，也就是管理的效益及办学特色的体现；33.33%的教师认为学校内涵发展就是指学校的办学特色及组织内涵文化；41.43%的教师认为学校内涵发展就应是指教师素质与专业化不断得到发展的结果，并且拥有较高的职业幸福感；42.56%的教师认为学校内涵发展就是指学生能够得到更好的、全面的、健康的发展；10.21%的教师认为学校内涵发展就是指学校管理的一种创新模式；另有 2.86%的教师认为学校内涵发展就是指教师的师德、师生自我价值的实现、学校德育工作等方面能够得到健康有效的发展（详见表 3-1）。

表 3-1　关于学校内涵发展的教师问卷调查汇总

项目	符合目前理解的答案	办学理念	办学质量办学水平	办学特色	教师素质与专业发展	学生全面健康发展	学校创新	其他
人数	20	55	80	100	145	167	35	10
所占比例（%）	5.71	15.71	22.86	33.33	41.43	42.56	10.21	2.86

注：其他答案包括教师的师德、自我价值的实现、德育工作等。

上述专家、校长、教师们关于学校内涵发展的概念众说纷纭，从各自不同的角度进行定义，观点上存在很大的差异。深入剖析，多是集中在“发展”二字上，而且是组织的优质发展；同时，突出强调的是组织中的主体发展，包括教师和学生。另外，多数人的观点较为单一，主要从自我认同的某一个方面定义，如，有的过于强调教学质量，有的过于强调精细化管理，有的过于强调特色化发展，有的过于强调学校的创新发展模式，等等。凡此种种，脱离了内涵的本质概念。

基于上述研究，笔者认为，学校内涵发展就是指学校在现有硬件条件不变的情况下，深入挖掘有利于自身发展的各种优势资源，寻求自我内在品质提升的发展模式。简单而言，就是建立在以人为本基础上的去办学条件的追求学校高品质办学的发展模式，就是寻求内在品质持续提升的最大发展可能性。具体来讲，学校内涵发展应是学校的自主发展、动态发展、效能发展、创新发展、特色发展的去单纯硬件的一种软文化综合体。从哲学角度讲，追求学校内涵发展是因，提升学校教育质量是果。从层次论角度讲，也就是说，通过夯实学校管理工作过程，由浅层次→中层次→深层次，由表及里的发展过程，追求学生发展、教师发展、学校发展这一实际效果，从而实现由量变到质变的教育目标。从经济学角度讲，由过去的非理性的经费投入到理性的经费投入，由理性投入转向着眼于绩效的回报，突出投入与产出的回报比，尤其是以现有的教育设施设备等办学条件的最大化使用率为根本，从而达到有效促进不同层次的人的发展的目的。从教育学角度讲，相对于以往的学校教育在人才观、教学观、质量观、评价观、教师观、学生观等方面都发生很大变化，将以往的片面人才观转变为全面发展的人才观，将以往关注单一的升学率的质量观转变为学生综合素质提升的质量观，将以往关注自上而下的一锤定音式的师生评价观转变为关注师生基于基础之上努力程度提升的多元评价观。由此，教育的本质是以人的培养为直接目标的社会实践活动，质量是教育的永恒主题和追求目标。当然，在学校内涵发展的过程中要正确处理好规模发展与效能发展、同质发展与自主发展、模仿发展与创新发展、规范发展与特色发展、静态发展与动态发展、粗放型发展与集约型发展这六对矛盾之间的关系。

三、内涵（发展）增值度

内涵（发展）增值度是指在现有的客观条件下，主体的主观因素在不同时间段，针对内涵提升所引发积极影响的差异度。它可应用于多领域，如社会学领域、经济学领域、管理学领域，等等。同时，它的主体可以是个人，也可以是组织。概括而言，它可以是个人或组织所表现出来的积极影响或内在正向能量的积淀。

学校内涵发展增值度就是指在现有特定的教育资源条件下，经过主体努力发挥个人的主观能动性，使个体潜在能量全部发挥出来而取得的真实进步成绩。在此主要是指学校教育的自我发展或自我贡献程度，也可以是指在一定阶段内学校办学的进步幅度，还可以指学校教育对教师、学生成长所带来的积极影响或发展性变化，即教师、学生自我发展的提高度或净效应。在指标体系中的体现就是各级指标或分指标增值度的综合，即平均增长度或发展度。它属于指标体系操作层面的东西。从根本上讲，对学校内涵发展增值度的评估是在尊重学校差异基础上的一种有效的激励方式，是学校内涵发展督导评估指标体系的创新载体。

在学校内涵发展督导评估实践中，将内涵发展增值度作为一个重要的考核指标，就是要引领评估主体正视评估对象的办学基础，要重视评估对象自身的进步幅度。尤其是，它的实施必须要有一个固定的评估周期方可运行，需要经过两个或两个以上时间段的测评才能得出学校内涵发展的增值幅度，因此，它就显得更为客观、科学、可信，为督与被督双方搭建一个客观公正、有效沟通和相互促进的共赢平台。

第二节　相关理论基础分析

一、复杂理论

（一）复杂理论的主要观点

复杂理论（Complexity Theory）是20世纪后期新兴的一门学科。“它顺应时代潮流并符合科学发展趋势，所以在短时间内就波及了政治、经济、文化与科技各个领域，成为当代最活跃、最具发展潜力的领先学科之一。”（孙晓丛，

2011）“复杂科学理论主要包括了20世纪40年代以来形成的控制论、信息论、系统论（简称老三论）和耗散结构论、协同论 、突变论（简称新三论）以及相变论、混沌论 、超循环论等，主要研究和揭示复杂系统的有关特性 。”（杨新颖，2006）这一理论在一段时期极受推崇，主要是因为它是一门超前的科学理论，它引导人们思维方式和问题解决方法的转变。

西方多个学者提出复杂理论，有埃德加·莫兰（Edgar Morin）、G. 尼科里斯（G. Nicolis）、I. 普利高津（I. Prigogine）、冯·诺依曼（John Von Nouma）、阿特朗（H. Atlan）、赛利尔斯（Huseyin Celil）等人。复杂理论发展的三个主要阶段是指：埃德加·莫兰的学说、I. 普利高津的布鲁塞尔（Brusseles）学派、圣塔菲研究所（Santa Fe Institute）的理论。

但笔者认为，莫兰应是其中最具代表性的。因为莫兰的复杂理论作为新兴的复杂性研究思潮的先锋具有它自己的特色。莫兰的科学实践首先致力于用复杂性的方式建立全面整体的人类学，以后涉猎物理学、生物学等科学领域，进展到探讨一般性研究的复杂性方法。可以说，他是从多领域阐述复杂理论，系统阐释了复杂性的多方面性内涵，因此，他的复杂理论涉及具有普遍意义的哲学的认识论和方法论。（埃德加·莫兰，2008）[1]

莫兰的多本专著系统阐述了复杂性问题，既包括现实的复杂性，又包括认识方法的复杂性，应该说他的阐述是多维的、系统的。复杂性思想、复杂性方法、复杂性范式是莫兰的复杂理论的核心部分。其复杂理论中的三个原则（莫兰，2008）[74-76]极具代表性，可以帮助我们来理解复杂性。一是两重性逻辑（dialogique）原则，即看到对立的原理或概念又是相互补充的。可以从两重性逻辑角度来认识有序性和无序性，两重性逻辑的原则使我们能够在统一性的内部保持二元性。二是组织循环原则：“这是这样一个过程，在其中结果或产物同时又是这一过程本身中的原因和生产者，最终状态对于初始状态的产生又是必要的。”循环的观念因此是一个与原因—结果、产物—产生者、结构—上层结构的线性相决裂的观念，既然所有被产生的东西通过一个自我构建的、自我组织的和自我产生的圆环又回到了产生它们的东西身上。三是全息原则：“整体以某种方式被包含（被刻印）在部分中，而这个部分又被包含在整体中。”“不仅部分存在于整体中，而且整体也存在于部分中。”（莫兰，2008）[75-76]由此可见，复杂理论揭示的是一个复杂系统中各事物之间存在的关系，一事物中有另一事物，另一事物中又有一事物，两事物又构成一个共同体，而这一共同体又是另一个事物的一部分。也就是说，在一个大系统中有无数个大大小小的系统组成，这些大大小小的系统之间的关系又是错综复杂、相互包含的。

“由于莫兰思想的核心是复杂性思维方式，可以说他的理论体系的主轴是认识论哲学，他研究科学的认识论、方法论。但是莫兰的复杂理论不仅研究了认识的复杂性，而且探讨了现实的复杂性，如他运用复杂性的方法研究自然界、社会、政治、伦理，从而得出自然的复杂性、社会的复杂性、政治的复杂性、伦理的复杂性，因而我们可以说莫兰的哲学也含有自然哲学、社会哲学、政治哲学、道德哲学的方面。复杂性原则的精神指示人们现实不能被完全包含在任何理性体系之中，因此无所不包、解释一切的思想体系并不是他追求的目标。因此莫兰建立的思想体系是开放的，亦即未完成的和可变动的。”（陈一壮，2007）这也恰恰为我们的研究提供了很好的认识及实践的理论基础，那就是要用复杂性的思想去认识学校内涵发展评估体系的动态性，同时也要看到任何一项研究都不是万能的，它不能包罗一切，也不能永远是适合的，只是适合某一个阶段、某一特定人群或组织。

（二）复杂理论视域下的学校内涵发展督导评估

复杂理论使我们不得不再认识学校督导评估。学校督导评估工作涉及学校管理的方方面面，它需要包括行政部门、学校自身等各个子系统积极参与其中，才能够获取较为全面的可信信息。教育的复杂性决定了教育督导的复杂性。“评价是一个设法理解复杂问题的复杂过程，是一个表现发现过程的结果，再通过分析结果收集其他信息，得到更多研究结果和应对更多复杂情况的持续的过程。”（顾志跃，2005）

教育督导是一项复杂的系统工程，学校督导也不例外。学校内涵发展就是要解决人或组织的内在品质提升问题。首先，人是教育中最复杂的因素，加上其内在品质的提升及评估也是难以把握的。其次，学校内涵发展的目的是促进人的发展，结果和产物也是人的发展，这恰好与复杂理论的组织循环原则不谋而合。学校内涵发展督导评估指标体系需要评估者与被评估者共同参与制定并实施，而且要达到互促共赢的目的。这恰恰符合它的两重性逻辑原则，在一个评估系统中保持督与被督的二元性。学校内涵发展督导评估指标体系是由三级指标分支系统构成，将每一个一级指标分解为二级指标，而二级指标的集合又构成一级指标；二级指标分解为诸多个三级指标，三级指标集合又支持二级指标。同时，同系列的一级指标间也存在这样的情况，如课程实施中有师资队伍与学生发展，学生发展中有课程实施，师资队伍决定课程实施的高度，也决定学生发展的水平，这三者还可以共同融入学校文化中。这一逻辑关系可以用全息原则来解释。由此可见，复杂理论的三个原则可以说是与本研究最为契合的。

基于复杂理论的三个原则的思考，督导的内容主要应是学校管理的各环节，被督对象就是指学校教师、学生。在整个教育督导评估指标体系中，被督对象就应是多面的有机体，增值性评估与标准性评估间的关系体现了第一个原则中的二元性。根据组织循环原则，在学校内涵发展督导评估体系中，人的发展既是制定指标体系的缘起，又是内涵发展评估指标体系实施的目的和宗旨。依据复杂理论的全息原则，部分包含在整体中，整体又包含在部分中，在指标体系中深入研究指标间的逻辑关系，即将指标体系视作一个完整的系统，将它分解为若干个子项指标，如二级指标、三级指标、评估标准及评估方式，由各个指标要素组合构成一个立体的评估指标体系，这一系统各指标间是相互依存、相互支持的。同时，基于评估指标体系的这种复杂性，就要构建与这一复杂性相一致的评估操作体系，这才算得上是一个完整的循环系统。由此，面对学校内涵发展督导评估，就是要面对复杂的教育对象，运用复杂理论来解决督导实际中的问题。

埃德加·莫兰提出："复杂的统一体如同人类和社会都是多维度的……恰切的认识应该看到多维度性，应该正视复杂性……因此，教育应该促进适于参照复杂性、背景，以多维度的方式和在总体的视域中进行认识的'一般智能'（intelligence general）。"（莫兰，2006）由于社会及人的复杂性，我们绝不能忽视教育的复杂性，因为人是教育的基本要素之一。我们应清晰地判断教育的根本问题的性质及其根源，才能找到解决这一复杂问题的根本对策。其实，教育的根本问题就是人的问题，学校内涵发展的根本对策就是要解决人的问题，解决公平和质量的问题就是解决社会与人之间矛盾的问题，解决基于社会环境中的人的教育问题。那么，"教育督导就必须从不同角度——教育学、心理学、社会学、统计学、人类学、经济学等方面做出不同的价值判断，也就是说站在旁观者的角度看教育可能就比较客观、公平公正"（陈一壮，2007）。

被督主体及对象的复杂性决定了学校内涵发展及其评估体系的复杂性，它需要多种因素作用而成。因此，督导组织必须具备正确的督导理念和督导文化，同时引导学校拥有正确的办学理念和积极向上的学校文化。在实施过程中，评估主体要多元化，评估手段要多元化，评估内容及标准更要科学化，督学们需要针对评估中的不确定性采取非线性的、开放的思维方式，进行分析、判断，将静态评估与动态评估相结合，将质性评估与量化评估相结合，将过程评估与结果评估有机结合。也就是说，只有全方位、多角度地将诸多影响评估的因素考虑在内，督导的主体才能做出正确的价值判断和方向引领；同理，学校要想达到内涵发展这一目标，也需要充分发挥学校发展这一主体作用，进行自我认同、自我判断，方可达到更好的效果。

二、管理效能理论

（一）管理效能理论的主要观点

管理效能理论（Management Efficiency）是由现代管理学之父彼得·德鲁克（Peter Drucker）提出的。他认为，效能是指选择适当的目标并实现目标的能力，或者说组织效能是组织实现其目标的程度。按照德鲁克的说法，就是去做（并完成）正确的事情的能力。它包括两个方面的内容：一是所设定目标必须适当。二是目标必须达成。（Drucker，1966）从某种意义上说，目标管理是德鲁克所发明的最重要、最有影响力的概念，并且已经成为现代管理学理论体系的重要组成部分。效能的高低完全取决于目标管理的好坏。关于目标管理的概念，德鲁克是这样解释的："所谓目标管理，就是管理目标，也就是依据目标进行的管理。"也就是说，管理者和员工们都必须有共同的奋斗目标，并为了共同的目标做出自己应有的最大的贡献。当然，这其中需要大家共同的责任感和合作精神作保证。按照德鲁克的观点，目标管理一方面强调管理的目标导向，另一方面强调内部控制，即管理方面的员工自我控制。同时，德鲁克还强调，效能是知识工作者，包括管理者的一种特殊技术，他们只有对组织真正有所贡献，才算是卓有成效。德鲁克的重要观点是，管理学追求的目标应当是对科学、效率的追求和对人性的追求，二者不可偏废。同时，德鲁克指出了现代组织不同于过去组织的最大差异，是过去重在面向内部，是内部现实决定管理质量，而从现在开始，管理成果、管理成败的动因来自外部，因此要基于外部的变化来开放内部，控制内部，并相信人人都有"做正确的事情"的能力。（顾志跃，2005）

（二）管理效能理论给本研究带来的启示

德鲁克提出管理效能理论，注重目标的确定及实现目标的能力，以及教育投入与产出的合理性与有效性，这一理论要求我们无论是在学校管理方面，还是督导方面都应时刻关注它的科学性、实效性，但同时还应关注人性，即以人为本。以现代管理理论审视学校教育，必须注重资源投入与产出的效益问题。有限的学校教育资源，应通过管理活动来加以整合，以达到最佳的使用效果，最终以学生的充分发展来证明资源配置的有效性。因此，投入与产出的合理性与有效性应成为评价指标体系的主线。（杜鹏程 等，2009）内涵发展评估指标体系就应引导学校校长时常关注管理过程的效益，关注现有教育资源的有效利用及资源的有益投入，将对学校管理的一系列投入与管理效益相联系，并一一对应。内涵发展应关注学校效能的发展，因此，督导评估学校时更要看学校是否制定恰切的目标，这目标是正确的办学方向，即是否在正确的办学方向引领下，积蓄可能的能量，学校要按教育发展及人的发展规律办事，科学正确地管理学校；同时，还要注重督导评估自身的工作效能，因为学校的内涵发展督导评估无论是在内容、工具、方法上都较以往有所进步，有一定的高度，对督学提出了更高的要求，要注重督导队伍的专业化培训和自主提升，科学制定督导评估指标及标准，熟练掌握和运用督导评估标准，最大化地引领学校内涵发展。

另外，对人性的尊重为本研究确定了核心理念，更为管理者提供了一个更加广阔的视野和多元化的思维方式。我们在制定督导评估指标体系及督导评估时，应以人为本，多渠道了解被督对象的需求，全方位提升学校工作的效能应是督导的目的。正如德鲁克所说的那样，知识员工不能靠别人来激励，而只能自己激励自己；不能由别人来指挥，而只能自己指挥自己；更重要的是，他们不能由别人来监督，只能由自己来保证自己的标准、绩效和目标的实现。在学校内涵发展中，教师是学校这一组织中的核心资产、现实的生产力，也是现代学校管理的核心、学校间的核心竞争力，更是学校效能得以实现的保证，因此，要努力调动广大教师的积极性。学生则是学校教育的实施对象，学校内涵发展就应是基于尊重基础上的学生发展观，这一点十分重要。在本评估指标体系中，首先应是基于学生、教师的发展，来思考学校的办学方向、课程实施、特色建设及学校文化，这些是促进或影响他们发展的重要途径。其次，这几个方面都要立足校本，基于学校自我发展的宗旨，如办学理念的确定，共同愿景的定位及是否达成员工共识，课程的自我开发，学生发展中的个性发展，自我人生规划，特色建设中的定位及特色教师队伍打造、学校文化中的精神文化体现等，由此，对学校的督导应立足于校长的自我规划、自我管理、自我发展，校长对教师的管理也应立足于教师的自我规划、自我管理、自我发展，学校应帮助教师制定自我职业规划，明确自我人生发展目标，并制定实现人生目标的策略，过程中引导其自我提升，自主实现每一阶段目标，进而达到最终目标。

三、增值性评价理论

（一）增值性评价理论的主要观点

增值性评价是近四五十年来国际上最为前沿的教育评价方式。在教育评价领域中，增值性评价是指通过追踪研究设计，收集学生在一段时间内不同时间点上的标准化测验成绩；基于学生自身测验成绩的纵向比较，并考虑其他不受学校或教师控制的因素对学生成绩的影响（如学生的原有成绩水平、人口学因素、家庭背景信息以及学校周围地区的经济发展水平等）。（萨丽，2005）增值性评价的统计模型主要有：概要统计分析、多元线性回归分析、多水平分析等模型。（Tekwe et al，2004）使用多水平模型对数据进行统计分析，可以将上述因素对学生成绩的影响与学校或教师对学生成绩的效应分离开来，追踪学生在一段时间内学业上的变化，考察学校或教师对学生学业成绩影响的净效应，进而实现对学校或教师效能较为科学、客观的评价。一段时间，在世界范围内学校效能评价引起关注，其核心就是以学生的进步幅度作为评价学校绩效的核心测量指标，进而推进了教育公平，提升了教育质量。一般来讲，学校效能是指学校发挥作用的能力和其产生的结果。这一概念的内涵有两点：一是学校发挥的作用是指作为一个组织体的学校本身所发挥的作用，这就要求在考察学校效能时，必须将学校之外的因素摒弃在外；二是学校达到其目标的程度，这种程度必须是已经实现和实际存在的成效。（马晓强，2012）

（二）增值性评价理论给本研究带来的思考

在学校内涵发展的督导评估中，实际上，增值性评价就是考察学校或教师对学生发展影响的净效应，尽力排除掉学校及师生的一些基础性或背景性因素，不以发展基础的好坏作为评价的决定性因素，是对学校的一种较为科学、客观的评价。而学校管理效能、学校的办学公平和质量效益就应是学校内涵发展所应追求的核心目标。增值性评价的科学性、客观性，恰好与学校内涵发展评估追求公平、科学的目标吻合。因此，在实施学校教育督导评估时，确保学校内涵发展评估标准的科学性、有效性就必须采用增值性评价。学校内涵发展中所呈现的增值性评价就是要立足学校及学生发展的起点，关注学校及学生发展的过程，着眼于学校及学生发展的幅度，促使督导者公平地对待学校的差异性，鼓励不同层次的学校开展积极的良性竞争，不比基础比进步。

诚然，增值性评价有其自身的优势。它能有效地引导学校从注重教育的“硬件”投入到注重教育的“软件”管理、从注重生源的层层选拔到注重对学生的全面培养、从注重教育结果到注重教育全过程。但也有其自身的弊端，如对学生学业成绩的过程统计及分析比较庞大、繁杂，不够简约；另外，难以解决部分教育领域的难题，如对学生艺术、体育等方面的跟踪测试欠缺，加之对一些测试领域的问题缺乏分析，很难全面把握。为了较为科学、全面地评估学校，在学校内涵发展评估指标体系的建构时，我们要取其长避其短。对学校的评估应是全方位的综合评估，只是选取个别性指标做增值性评价，有的是利用软件系统进行细致的量化评估，有的则是将量化和质性评价有机结合。如教师发展、学生发展指标中的学业成绩、个性发展等个别指标可采取软件系统进行量化评价和分析，而在现代化教学设施的管理与使用、课程的实施等方面则可采取表现性评估，关于办学声誉、精神文化等增值性指标只能是增值性评价思想的体现，需要通过量化和表现性评估两种方式完成才行。

四、人本主义理论

（一）人本主义理论的主要观点

人本主义理论（Humanistic Theory）是美国当代心理学主要流派之一，它是由美国心理学家马斯洛（A. H. Maslow）创立的，现在的代表人物有罗杰斯（C. R. Rogers）。人本主义理论于20世纪五六十年代在美国兴起，七八十年代迅速发展，被称之为心理学的第三种运动。人本主义学派强调人的尊严、价值、创造力和自我实现，把人的本性的自我实现归结为潜能的发挥，而潜能是一种类似本能的性质。

马斯洛的主要观点：对人类的基本需要进行了研究和分类，提出人的需要是分层次发展的，即基本需求层次理论，共分为生理需求（physiological needs）、安全需求（safety needs）、爱和归属感（love and belonging，亦称为社交需求）、尊重（esteem）和自我实现（self-actualization）五类；他按照追求目标和满足对象的不同，把人的各种需要从低到高安排在一个层次序列的系统中，最低级的需要是生理的需要，这是人所感到要优先满足的需要。他充分肯定人的尊严和价值，积极倡导人的潜能的实现。

罗杰斯的主要观点：在心理治疗实践和心理学理论研究中发展出人格的自我理论，并倡导了患者中心疗法的心理治疗方法。人类有一种天生的自我实现的动机，即一个人发展、扩充和成熟的趋力，它是一个人最大限度地实现自身各种潜能的趋向。强调人的自我表现、情感与主体性接纳。他认为教育的目标是要培养健全的人格，必须创造出一个积极的成长环境。

人本主义理论强调自我实现观、有意义的学习观、以人为中心的观念，它把人的本性和价值放在首位，突出人的动机与需要之间的内在联系，提出主客观有机结合的新构想、促进以人为本的组织管理与管理组织中人的最优化发展。

（二）人本主义理论给本研究带来的启示

人本主义理论强调人的自我表现、自我创造性、自主性、责任心等心理品质和自我人格的培育，对现代教育及教育改革产生了深远的影响。人本主义的核心价值是人的发展，突出强调人的尊严和价值，我们应充分挖掘人的情性因素和潜能，调动人的积极性和主动性。人本主义的教学观、课程观、价值观对我们有很大的启发。

分析学校内涵发展的主体性作用、学校内涵发展督导评估的主客体及其发展媒介，不难发现，人与组织的主观努力及情性因素的挖掘在学校内涵发展及其督导评估中十分重要。本评估指标体系将学校的努力程度作为重要的增值性评估指标，实际上是对人的发展基础的尊重，也是在积极倡导人的价值发展的最大可能性。关注师生发展的幸福指数，这也是肯定人的尊严。总之，上述分析就是确定这一理论依据的缘由。

基于人本主义理论的思考，笔者认为学校内涵发展的督导评估应是基于学校或学校中的主体发展性评估基础之上的一种上位评估，强调一种理念的创新和文化的引领，还要遵循人或事物发展的规律，立足于学校自身潜能的最大化发展。另有几点需要注意：一是要重视学校这一组织中主体的自我需要权、自我发展权、自我评估权，督导评估时应对被督主体的基础予以充分尊重，应给予学校及师生一定的话语权；二是要重视自我评估标准及其技术操作系统的研发，使被督主体能够适时进行自我诊断，自我做出纵向比较，评估结果达到最大化的公平；三是要以学生发展为核心，重视和促进学生的自主、和谐、全面发展，通过课堂教学、课程的实施与研发、物质文化与精神文化的有机融合来实现这一价值目标。

总之，关于学校内涵发展的理论探讨就应围绕人本主义理念，将学生发展作为核心指标，也是学校内涵发展的主要成果指标。

五、系统理论

（一）系统理论的主要观点

系统理论（System Theory）诞生于20世纪40年代，分为系统工程和一般系统论两个部分。系统工程是由美国的工程师泰勒（Taylor）首创。系统工程的应用领域广泛，它的研究思路是把系统各个组成部分（要素）加以综合考虑，研究它们之间的相互联系，研究各个局部对于整体的影响，同时把这个系统作为更大系统的一个局部，从整个社会的各个角度进行考察，规划和设计大系统，使整个工程达到综合平衡。目前系统工程的应用已远远超过了传统工程观念的局限，进入了经济和社会的各个领域，并向动态系统工程、大系统理论等方向发展。一般系统论是美籍奥地利生物学家贝塔朗菲（Bertalanffy）创立。他把整体大于各孤立部分之和作为组成系统基本定律之一，并用完整性、集中性、等级结构、终极性，逻辑同构等概念，寻找到适用于一切综合系统和子系统的模式、原则和规律，后又发展成为试图包括控制论、信息论、集合论和逻辑理论等大统一的理论和方法，现统称为系统论。它是建立在现代科学技术基础之上的综合性跨学科性的科学理论。(苗东升，1998)[26-30]

1. 系统的基本概念

关于系统的定义，不同的学科由于研究范围和重点的不同，往往给出不同的答案。在基础科学层次上，通常采用贝塔朗菲（Bertalanffy）的定义：系统是相互联系、相互作用的诸元素的综合体。这个定义强调的是元素之间的相互作用以及系统对元素的整（综）合作用。

贝塔朗菲的表述可以这样理解：如果对象集 S 满足以下两个条件：(1) S 中至少包含两个不同对象；(2) S 中的对象按一定方式相互联系在一起。则称 S 为一个系统，称 S 中的对象为系统的元素。简言之，两个或两个以上的元素相互作用而形成的统一整体，就是系统。

元素是构成系统的最小部分或基本单元，即不可再划分的单元，基本特征是具有基元性。所谓元素的不可分性，是相对于它所属系统而言的；离开这个系统，元素本身又成为由更小单元构成的系统。(苗东升，1998)[26-27]

2. 系统的原理

(1) 整体突现性原理。

若干事物按某种方式相互联系而形成一个系统，就会产生它的组分和组分的总和所没有的新性质，叫作系统质或整体质。这种性质只能在系统整体中表现出来，一旦把系统分解为它的组成部分，便不复存在。这就是系统的整体突现性原理，又称非加和性原理或非还原性原理。通俗地讲，整体多于部分之和，这是全部系统科学的理论基石。整体突现性是系统最重要的特性，即整体具有部分或部分总和没有的性质，或高层次具有低层次没有的性质。所谓用系统观点看问题，中心之点是考察系统的整体突现性，即不能还原为部分去认识、只能从整体上加以把握的性质。只要是系统，就具有整体突现性，不同系统具有不同的整体突现性。(苗东升，1998)[34]

(2) 系统的开放性原理。

系统的开放性是指系统与环境发生交换关系的属性，亦即系统具有从环境输入物质、能量与信息的属性，也具有向环境输出物质、能量与信息的属性。开放性是系统的主要特征之一。系统的开放性由输入、输出、反馈三个环节构成。其中，输入与输出是系统开放的两个主要方面或主要环节，没有输入与输出，系统的开放性也就不存在了。但反馈也是系统开放的重要方面或重要环节。所谓反馈，是指系统的输出通过一定的通道反送到输入端，从而对系统的输入和再输出施加影响和控制，以达到系统生存与发展要求的过程。反馈是输入与输出的相互作用，是输入与输出的特定表现形式。(曾广容，2005)

(3) 等级层次原理。

系统的整体质是由元素相互作用而产生的质的飞跃，但在复杂巨系统中，从元素质到系统质的根本飞跃不是一次完成的，而是经过一系列部分质变实现的，每发生一次部分质变，就形成一个中间层次。或者说，每出现一个新的层次，就有一次新质的提升，一直到完成根本质变，形成系统的整体层次。因此，层次是从元素质到系统整体质的根本质变过程中呈现出来的部分质变序列中的各个阶梯，是一定的部分质变所对应的组织形态。不同层次之间有高低、上下、深浅、内外、里表的区别。高层次包含低层次，低层次隶属于高层次；或者高层次支配低层次，低层次服从、支撑高层次。了解不同层次之间这种不对称关系，对于把握系统结构是重要的。(苗东升，1998)[36]

(4) 系统的动态演化性原理。

不论何种系统，存续能力都是有限的，不可能永远保持其基本结构、特性、行为不变。动态演化性是系统的另一基本原理。系统演化的终极动因在于相互作用。首先是系统内部元素之间、子系统之间、层次之间的相互作用，包括吸引与排斥、合作与竞争等，这是系统演化的内部动因。其次是系统与环境之间的相互作用，这是系统演化的外部动因。总的来说，系统是朝着增加复杂性方向演化的。(苗东升，1998)[48-49]

(二) 系统理论给本研究带来的启示

1. 系统理论为本研究提供科学的方法基础

从系统论观点看，教育既是社会体系中的一个子系统，同时自身又是复杂的开放系统，这为教育评价的分析提供了前提和思路。(张向众，2009) 教育自身是一个复杂的开放系统，以教育为对象的教育督导也必定是一个动态的系统工程，对学校的督导评估应是教育督导评估的核心工作。它包含了若干个子系统，通过对各子系统运作状况进行总体判断得出评估结论，整个系统运作良好，督导评估的效能就高，学校内涵发展效果就好。同时，学校内涵发展评估体系也是一个动态的系统，它的整体性和最优化就是它的特点。整体性就是把学校内涵发展评估体系作为一个整体，是一个大系统，指标体系、操作体系等就是它的部分子系统。同时，在这些子系统中又可分出若干个次子系统。督导评估就是要在整体与部分的内在关系中揭示学校内涵发展的本质属性，通过对各要素间的内在逻辑结构加以综合分析判断，找出整体发展的规律以及在整体发展中各指标要素所发挥的作用，以达到最大化的发展。如，开放性原理启发我们要重视教育督导系统自身具有开放性，评估过程中要调动一切积极因素获取较为全面的信息，信息的获得需要系统内部与外部环境的交流与合作，只有双方积极参与配合，才能实现互助共赢。动态演化性原理启发我们，整个内涵发展督导评估体系是动态变化的，而非静止不动的，随着社会的需求及教育的发展，督导的主体及对象都会有所变化，因此，教育督导活动也要随之变化，要根据社会经济、教育发展及学校发展等实际情况，及时调整督导评估的导向、内容、重点、指标以及实践评估的操作方法，从而更好地适应新的“生态环境”发展的需要。

总之，系统理论启发我们将学校内涵发展评估体系视为一个完整的系统，在这个完整的系统中既要深入分析内部诸要素及其相互间的作用，又要充分关注系统与外部环境之间的关系，这样才能系统地、全面地建构具有发展性和时代性的评估体系，并理性地应用于督导评估实践。

2. 系统理论为本研究提供一定的实践指导

系统理论告诉我们，在深入分析系统内部诸要素的基础上，还要关注系统与外部环境之间的关系，进一步考察有哪些有利条件和不利条件。（岳建军，2012）在整个评估体系这个大系统中，内外部环境之间是相互作用的，内部各要素之间也是相互作用、相互支持的，这为本研究探究学校内涵发展的特征、学校内涵发展评估的指标体系、操作体系及支持系统等方面提供了借鉴。在我国，关于学校内涵发展的研究才刚刚起步，对此项工作的督导评估也尚在初步探索中。虽然学校内涵发展的根本是要学校自身充分发挥作用，但政府、社会、家长等教育之外的力量所起的作用仍不容忽视。

教育督导评估系统其实是可以为人所左右的系统，它的整个指标系统及操作系统应以目的及功能要求为核心，将系统中的各要素有机整合，在实践中正确处理好各系统、各指标要素间的关系，协调操作，内化整合，才能充分发挥它的功能，达到它所应达到的目的。正如叶澜老师所说：“人为事物只要存在，就必有功能、目的的定向……功能和目的发展了，结构也必须随之改变。在人为系统的发展中，新的目的和功能要求的提出具有重要的先导作用和推动作用。”（叶澜，1999）因此，只有学校内涵发展督导评估体系这个大系统中所有的构成要素都科学合理，各构成要素间的逻辑关系也较为稳定合理，整个督导评估体系这个大系统才能够得以稳定协调，才能够在督导评估实践中得以高效运转。

第三节　学校内涵发展的表征及结构

一、学校内涵发展的表征

学校内涵发展是建立在学校外延发展基础之上的可持续发展模式。虽然学校内涵发展直指教育质量，但“国家、地方、家庭追求的教育质量并不同，国家强调的是社会需求同构的群体教育质量，老百姓追求的是个体的、与别人竞争中处于优势地位的质量，地方管理者追求的是能够体现短期执政绩效的质量，难有交集的质量追求背后是国家、地方、千万家庭的利益博弈。利益博弈最终集结于学校，使得学校工作常处于两难境地”（王一军，2011）。因此，综合各方利益，国家及地方政府就应该提供能够保障群体质量的公平的政策支持，办学者应从全面、公平的立场出发，努力打造适合学生群体全面发展的教育生态环境，从而促进每一个学生都能健康发展，达到老百姓满意的目的。

另外，学校内涵发展的实质还应源于教育的本质，既要求大同，还要求个性。求大同是尊重教育的本源及规律，以校为本，寻求符合教育规律的发展模式；求个性则是追求教育的实质及特色，以校为本，寻求适合自身发展的创新模式。

通过本研究，尤其是对内涵发展与外延发展之间内在联系的研究，揭示出学校内涵发展的真正特质，如同一个洋葱的解剖图，最外面的是它的外在表征——表皮，往内是它的浅表皮，再往内是它的深表皮，一直往内到达真皮组织，越往内就越透视出它的内涵所在。学校内涵发展就应是层层深入、步步逼近核心的。本研究实现了由组织的内涵发展到人的内涵发展，实现了由硬件的发展向软件发展的转化，进一步丰富学校内涵发展理论。由此，学校内涵发展所指的“软实力”，就应该是指在硬实力保持一定规模和水平上的机制创新、管理改善、资源的自我更新、整合和使用，泛指学校挖掘自身潜能、自主提升内在品质的过程或模式，是一种追求自身发展正能量的价值追求。

（一）外在表征——序列化和可赏化

1. 外在表征之一：序列化

莫兰的复杂理论曾强调事物的发展是有序性和无序性的统一，二者占有同样根本的本体论地位，具有双义性的作用。（莫兰，2008）[4-5]根据这一理论，笔者认为，有序性的积极作用是促进学校内涵发展持久性特征的存在，而其消极作用则是抵制各种不利持久性事物特征产生的干扰因素；而无序性的消极作用则是促进各种不利事物解体重构，其积极作用是它在打破既有事物秩序的时候重构新秩序。学校内涵发展就是要将有序性和无序性有机地统一起来。

莫兰提出了人类行为遵循的两种方法——程序和策略。程序是应用在完全由有序性统治的稳定环境中的方法，它由一个固定的行为序列构成。策略是应用在有序性、无序性共同支配的变动环境中的行为方法，它既包含一些程序化的片段，也包含许多随机应变的修改措施来抵消在行为中途发生的不利事变造成的影响和捕捉有利事变提供的机会。无序性常常表现为干扰、破坏主体的行动计划的因素，但它有时也向主体提供有力的行为机遇。……能动的主体在自己的行为中不仅应该知道利用规律，而且也应该知道利用有利的事件。策略显然是能够发挥主体能动性的方法。（莫兰，2008）[6-7]也就是说，学校内涵发展不单单是一种有序性统治下的程序，更是一种在有效策略调控下的序列化。由此，“学校内涵发展的序列化就应是模式化的行动流程和有效的调控策略，以提高效能为目标的价值取向的控制文化作用在学校发展主体上的行动逻辑”(吴晓玲，2012a)。它应该是一个程式化的东西，不应以任何人的意志去改变，也不能以任何人的概念去接受或拒绝。所以，学校内涵发展会经历这样一个序列化过程，即现有状态的无序性→通过采取有效的策略调整→达到有序性状态→有序性状态发展到一定阶段，产生了新的无序性→再通过更为有效的策略调整→最终形成新的有序性状态。这个流程是循环往复的，这一固定的循环流程就是学校内涵发展这一事物的序列化特点。而这一序列化特点恰恰揭示了学校从无序性到有序性的正态发展过程。当然，序列化需要以正确的办学方向为统领，以健全的教育教学机制及高素质的教师队伍为保障。

2. 外在表征之二：可赏化

可赏化是学校内涵发展的另一外在表征，它应具有可视性和观赏性二者融合的特点。可视性主要是指学校的管理效能以及内涵发展增值度可以用数据来具体描述或用数据描述的图形方式呈现，使人们可以一目了然地通过数据或数据描述的图形方式了解复杂的信息，从而可以有效地对数据有所理解并成功地洞察其中的复杂性，使得信息交流和沟通更加高效，使得学校内涵发展状态更加清晰可见。观赏性主要是指学校这一育人环境所呈现出来的特色文化，它可以是静态的，也可以是动态的；可以是物质的，也可以是精神的。学校内涵发展的上位概念是学校文化的建构及其影响力，学校文化是最能影响其中主体发展的有利因素。文化要体现它的教育性和艺术性，学校教育也要体现自身文化独有的教育性和艺术性，学校内涵发展更应体现二者结合的教育价值。因为，它是学校对教育发展及学校现实需求的一贯尊重，是学校长期形成的管理模式、价值追求及内在文化的自然呈现，是对多样化利益诉求的深层次理解与抉择。它更应是学校长期实践所形成的一种历史传统与现实生态共生的逻辑组合。

学校内涵发展的表现形式一般靠文化来传播，表现的是不同形式、不同层次的文化，它必须具有能够面对不同受众群体的观赏、宣传、传播的价值。从学校管理角度来看，可赏化其实就是学校管理的最终效果，它可以通过学校的办学特色和学校文化表现出来。

（二）内在表征——灵性化和卓越化

1. 内在表征之一：灵性化

灵性化是基于人本思想，关注人或组织自身悟化的过程。记得印度有位哲人克里希那穆提曾说："教育就是解放心灵。"教育就是人与人之间心灵的沟通与交流，触及人心灵的教育才是最好的教育。"教育必须帮助学生和教师自然地绽放。绽放是很重要的。""这种绽放是我们的理智、情感和健全的身体的全面发展和培养，也就是活在完全和谐中，没有对立或矛盾。""当理智、情感和身体三者处于完全的和谐时，心灵的绽放就会自然地、不费力地、完美地到来。"（克里希那穆提，2010）当然，这种"自然地绽放"是指在和谐的文化环境中所开展的自由活动。只有在一种宽松、和谐的文化氛围中才能引发主体心灵的自主绽放，才能获取教育的最大化价值，这恰是学校内涵发展所应追寻的。

学校内涵发展是在外延发展达到一定水平做保障的前提下，学校这一组织内在本质的发展或是主体自身内在质的变化。它是要引导学校不要追求硬件设施的完备、奢华，而更多关注自身内在的教育底蕴及优质内涵，努力以先进的办学理念来激发学校中的教育主体及教育对象的灵性绽放，充分挖掘自身的优势，采取恰当的策略，以最大化地实现办学的共同愿景。当然，在这一过程中，无论是对于学校中的每个个体还是对于学校组织本身而言，主体性是最为关键的，这就要求学校不断地激发和提升其主体的积极作用。在学校内涵发展过程中，这一特点主要体现在学校中教师这一主体的作用发挥及变化。内涵发展的理想方向是引发教育对象的变化，可以是基于办学基础之上的师生心灵的共同成长，尤其是学生积极主动的发展。

2. 内在表征之二：卓越化

卓越化是追求学校发展的目标高度和思维深度，它应是由外向内的拓宽和深化，应是一种视角的开阔、思维的深度和发展的制高点，更应是学校发展的一种高品位、高水平、高境界目标。学校内涵发展要追求这种境界，要超越外在的感知而关注内在的悟化，应是一种文化素养的不断积淀与丰富，一种教育情愫的自然流淌与灵动。正如德国哲学家叔本华所说："记录在纸上的思想就如同某人留在沙上的脚印，我们也许能看到他走过的路径，但若知道他在路上看见了什么，就必须用自己的眼睛。"学校内涵发展应重在不断提高学校影响力的过程中，同时将此作为形成可持续发展的文化机制和不断增强的核心竞争力的过程。

要想真正理解学校内涵发展的真谛，就必须剥开它的表层进行深入细致的研究。无论学校的基础条件如何，只要呈现一定的正向发展态势就好。要重点关注组织是否在教师、学生、课程、特色、文化等各要素的相互协调健康发展中不断地发展、变化，这一组织中的主体是否得到最大可能的发展，即师生的最大化发展、学校的最优化持续发展。从根本上讲，学校内涵发展的实质应具有积极发展、科学发展、协调发展、张力发展、质性发展、优质发展的特点。它是在正确的办学方向统领下，通过课程实施，师资队伍、办学特色、学校文化的精心打造，层层逼近教育的本质及目标，从而促进学生身心全面健康发展的过程。

学校内涵发展是学校管理的一种高品位、高境界发展模式，它要求学校发展的每项工作得到最大化发展；学校内涵发展是一种追求质量的发展，它强调提升学校的教育质量，也就是提升学校的"软实力"；学校内涵发展是源于内部变革力量推动的一种正态发展，因而具有更多的创新动力；学校内涵发展实际上就是在构建符合学生身心发展规律，立足人本思想，直逼教育的本质属性，突出个性发展的一种健康的教育价值取向；学校内涵发展应当成为中小学校办学的共同价值追求，成为社会及教育行政部门在推进教育公平的过程中追求教育本真的一种有效载体。诚然，它必须通过学校的自身努力，科学定位办学理念，精心打造办学特色和学校文化，让特色和文化根植于学校中的每一名师生员工的内心；督导者通过建立科学的督导理念、完善的评估内容及创新的督导方式来保障更多的学校实现自我改进和完善这一目标。

究其根本，学校内涵发展应朝着卓越化方向努力，其理想状态具备以下几个特征。

（1）以正确的办学方向为统领，学校有阶段性中长期发展规划和共同的发展愿景。

（2）以高素质的教师团队做保证，教师团队具有较强的可持续发展力，全体教职员工积极参与学校管理。

（3）以系统、有序的课程体系为载体，以科学的师生评价为手段，教师的课程意识及能力强，课程实施过程扎实，并与学校的办学理念、办学特色有机结合，课程实施效果好。

（4）以民主、和谐、积极向上的学校文化为途径，有能影响全体教职员工积极向上的、有品位的校园文化，如物质文化——有教育意义的标志性建筑物、教育性与艺术性有机融合的校园环境，制度文化——有系列化的校本制度并已悟化为教师群体的自觉行为，精神文化——有团队的合作文化、系列的课程文化、有效的课堂文化、卓越的教师文化等。

（5）以提升学生发展、提升学校管理效能为目标，具有一定影响力的办学声誉，如一块块承载着办学荣誉的牌匾和模式化的教学、德育、艺术等实践策略和活动载体。

（6）以打造具有一定影响力的独特的办学特色为手段，并为教师、学生、家长及社会所广泛认可。

（7）所有的教师、学生在学校有生命的尊严，并能得到最大化的尊重和发展，幸福与成功的指数高；所有师生都能得到很好的关心与帮助，尤其是家庭及学习上有困难的学生在学校能够及时得到他人的关心和帮助。

（8）学校及学校中的主体自我内涵发展得到重视，学生的学习效能、学校的管理及教育效能高，内涵发展增值度稳步提升。

（9）学校在发展过程中能够经常得到督导者一定的服务与指导。

二、学校内涵发展的结构

任何一种事物都有自身的结构，都可以分解成众多的组成部分，这些组成部分按照一定的规则或秩序组合在一起。事物的结构就是指事物的组成方式。结构的稳定性、科学性决定着事物的功能发挥。有什么样的结构就有什么样的功能作用。诚然，事物的结构是通过要素的不断重构而优化和发展的，它要经历一个由低级到高级的发展过程。探讨学校内涵发展的结构，对其更进一步认识，旨在深化对学校内涵发展中组织内部各个组成部分及其相互间逻辑关系的认识，为建构学校内涵发展评估体系提供必要的前提依据。

研究学校内涵发展的结构，需要采取逻辑分析的方法。从系统论角度，将学校内涵发展看作一个完整的系统，将这一整体分解成部分要素进行研究。从整体看全貌，从部分来深刻理解事物的全貌。从分解的各要素来看，采用逻辑分析法和目标分解法更为科学。首先，将能够促进学校内涵发展的所有可能的要素全部排列；其次，按照一定的逻辑关系对所有要素逐一进行判断、比较和筛选，留下最本质属性的，去掉非本质属性的要素；再次，将留下的要素在整个系统中的功能及相互间的关系进行甄别，然后召集评估的主体进行讨论；最后，综合大家的意见，做好所有要素的归类和排序，就形成学校内涵发展结构模型图。该结构模型应是一个闭合的、循环的系统。它是由办学方向统领，在学校、家长、社会、行政部门、业务部门的共同努力下，以高素质的师资队伍做保障，以高水平的课程体系实施为载体，以独具个性的办学特色为引领，以高品位的校园文化为氛围，四条主线共同发展、共同作用，才能最终实现了学生健康发展这一目标，进而才能实现学校内涵的最大化发展。其实，在这一发展框架体系中，内涵发展既是过程，又是绝对指标（详见图 3-1）。

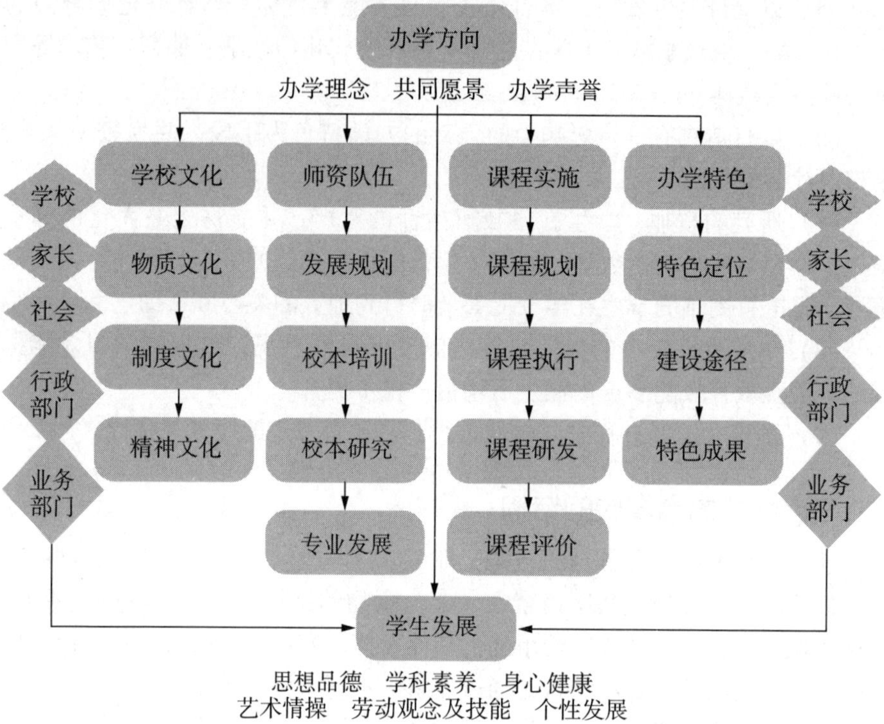

图 3-1　学校内涵发展结构模型

学校内涵发展结构模型图说明：学校的内涵发展是以办学方向为统领，以师资队伍为保障，以课程实施、办学特色、学校文化为媒介，以学生全面个件发展为宗旨。办学方向是学校内涵发展的灵魂，它体现一种价值追求，它应该是校长及全体师生员工共同的奋斗目标。师资队伍、课程实施、办学特色、学校文化是学校内涵发展的载体和表现形式，四个载体如同一个目标下的四条主线在协同发展，最后达成学生发展这一目标。实际上，学生发展既是学校内涵发展的上位目标，又是学校内涵发展的归宿和结果。

如果按照教育要素、教育功能及教育目标来划分，还可将学校内涵发展结构划分为三大系统、十大要素。三大系统主要指教育活动系统、教育支撑系统和教育效能系统。教育活动系统主要是由教师、学生、课程及教学方式四大要素组成，其中教师、学生是两大主体，课程是两大主体间相互作用、相互影响和相互促进的主阵地，教学方式则是教师在对学生实施课程活动时的有效载体和抓手。教育支撑系统主要是由教育经费、教育资源及教育环境三大要素组成：教育经费为学校提供自主管理、自主发展的保障；教育资源是支持学校内涵发展的前提基础，指学校教育资源、家庭教育资源和社会教育资源，也是课程完整实施的保障；教育环境主要是指物质环境和意识形态环境，在学校内涵发展中具有显性功能和隐性功能。教育效能系统由办学方向、办学质量及办学特色三大要素组成：办学方向是指正确价值观念引领，办学质量主要是指在原有基础上的办学效益，办学特色是指科学定位的具有一定影响的个性化发展模式。总之，学校的内涵发展是以办学方向为统领，以教育经费、教育资源、教育环境为支撑，借助教学方式这一媒介，在师生间深入开展以课程实施为中心的多层面的教育教学活动，它促进学生全面健康个性化发展，进而提升学校的办学质量和办学特色。应该说，学校内涵发展其实就是教育要素在校内的最优化组合和相互和谐作用的结果，是基于学校办学条件基础之上的效能化发展，更是学校这一主体内在的自我激励和自主增值性发展。

第四章

学校内涵发展督导评估的特征及主客体分析

本章概要

在本章中，笔者主要就学校督导评估、学校内涵发展督导评估的基本特征等方面展开细致分析，并就学校内涵发展督导评估的主客体及其发展媒介等方面进行深入探讨。

基于复杂理论，学校督导评估是一项复杂的社会活动，根据督导评估的目标、主体、内容、功能来划分，可将其分为以下不同类型。按照督导评估目的来划分，即为诊断性督导评估和发展性督导评估；按照督导评估主体来划分，即为自我督导评估和他人督导评估；按照督导评估内容来划分，即为专项督导评估和综合督导评估；按照评估功能来划分，即为鉴定性督导评估和指导性督导评估。另外，学校内涵发展督导评估具有多方面的属性特征，具有目的性、动态性、主体性、增值性、连续性、开放性等特点。对于学校内涵发展的督导评估，首先，应明确主体与客体的目标定位；其次，应建立在主客体彼此的价值需求上；再次，应建立在主客体间可持续发展基础之上。

第一节　学校内涵发展督导评估的特征

一、学校督导评估的内涵

学校督导评估是教育督导评估的一个重要组成部分。简单来说，就是督学，即督导评估学校。要想弄明白它的真正内涵，就要搞清楚督导与视导、评估与评价、教育督导评估与教育评价之间的区别，进而厘清它的真正要义和特征。

（一）督导与视导

追溯教育督导的发展历史，其前身就是教育视导。因此，至今仍有很多人将教育视导误认为是教育督导，也就是将视导等同于督导。应该说，教育督导是在教育视导发展到一定阶段积淀而成的产物。视导主要是指教育行政部门或业务部门有目的地对学校进行诊察和指导，多是摸清视导对象的底数，了解学校发展的优势所在及制约学校发展的真实问题，并就一些问题进行现场指导，但不需要对所查内容做出价值判断；所撰写的视导报告要作为教育行政、业务部门进行决策调整的依据。督导主要是指教育督导部门有计划、有目的地按照一定的方案要求对学校管理进行监督和指导，在摸清被督对象管理底数的同时，按照一定标准对被督对象所查内容做出一定的价值判断，客观评估学校发展的优势及制约学校发展的问题，并就一些问题进行现场指导，提出整改建议，有时还需要跟踪，限期整改并问责；所撰写的督导报告要作为政府及教育行政部门进行教育决策的客观依据。

（二）评估与评价

由于评估与评价有着相同的属性，都是按照一定的标准对被评对象的一种判断，因此，人们通常将评价等同于评估。但实际上，评估与评价二者还是有些区别的。那么，评估与评价之间到底有什么区别呢？评估的英文是"evaluation"，"value"（价值）是它的词根，它涉及基于评判或评定价值，或者两者兼有，它关注的是通过测量或其他非量化方式得出的判断结果，含有评价、估量的意思。也就是说，当价值判断被应用到评价结果中，并有效地促进被督对象的改进时，就产生了评估。当然，评估之后还是需要做出决策的，所以说，评估就应是"评价—评估—做决策"这三个环节中的中间一环。而评价一词的英文是“assessment”，它是指教师在课堂上搜集信息的所有系统方法的总和。它涉及教师用于收集数据以做出教育决策的所有方法，包括纸笔测验、对作品和作品集的评价、对个人表现的系统评价以及正式和非正式的观察和访谈。(汉纳等，2008）评价是一个运用标准（criteria）对人的表现或事物的准确性、实效性等诸方面进行评判的过程。评价的过程就是评价者依据评价标准对评价对象的方方面面进行测量得出可靠结论的过程。

总之，二者是相互联系、密不可分的。评价是评估的一个组成部分，是按照一定标准精准做出的一种判断。评估的范畴相对宽泛些，有些价值判断是精准做出来的，有些价值判断是模糊地估量出来的。评价具有导向、诊断、激励、判定的功能，而督导评估具有导向、监督、激励、调控、指导、评价的功能。一般情况下，评价的主体也被称为评估的主体，发挥着相同的主观能动性。但到底如何区分，则完全取决于它的定义范畴。

（三）教育督导评估与教育评价

一段时间，人们对教育评价的界定说法不一，如以教育目标为中心的行为模式学说，以教育决策服务作为其本质的学说，以突出对教育现象的价值观察判断的学说，等等。这些界定在不同程度上使人们模糊了教育督导的概念，常常将教育督导评估与教育评价两者混淆。督导评估对象所涉及的因素较多，复杂程度较高，因此，教育督导评估是不同于教育评价的。教育评价是对教育活动满足社会与个体需要的程度做出判断的活动，是对教育活动现实的或潜在的价值做出判断，以期达到教育增值的过程。而教育评估则是对教育机构、行政部门和教育方案等的评价，难以按照严格、精确的方法进行。（陈玉琨，2005）教育督导在评估的同时还要履行监督和指导的职能。当然，大数据时代也带来教育督导的转型。随着督导人员专业化水平的提升，教育督导评估也在借鉴教育评价的优势，逐步趋向严格、精确，利用个别指标突出测量以及大数据的分析优势做出精准的判断。在此，笔者认为，教育督导评估有其自身的特征，不能简单地用教育评价来代替。

以学校为对象的教育评价及教育督导评估也是有区别的。学校中的教育评价，如课堂教学评价、学生学业质量评价等都是通过较为严格的观察、统计等方法进行准确的判断。评价的过程就是一个按照标准对评价对象观察、咨询、测量、综合分析判断的过程。本质上讲，它应是一个信息搜集、信息处理及分析判断的过程。由此可见，教育评价是一个非常复杂的过程，它可用于对单一的个体，也可用于相对整体的组织，还可用于学科或项目等方面。教育评价的程序一般分为：确立评价标准、明确评价内容和情境、选择评价方式和技术、合理利用评价结果。而教育督导评估多是针对一个组织或一个项目。教育督导评估一般都要有严格的程序，分为督导前、督导中、督导后。一般来说，督导评估的程序为：制定评估计划、确定评估方案、建构评估指标体系、明确评估内容和范围、选择评估方式和技术、组织上报评估材料、进行实地评估验证、科学评定结果、下发反馈意见、督促整改、撰写督导评估报告。

（四）学校督导评估

学校督导评估属于教育督导评估范畴。那么，对于学校督导评估的界定就应该是：督导主体依据评估目的及评估指标体系采取科学合理的方式方法，并依据一定的评估目的对被督对象从各个教育评估指标要素出发进行的价值判断的活动。针对这一定义，学校督导评估包括以下几方面：评估的目的、评估的对象、评估的依据、评估的过程、评估的结果。评估的目的主要是促进学校工作的改进与发展；评估的对象是学校，具体来讲，学校中的领导、教师、学生、教育目标、教育过程、教育方法、教育环境、教育条件、办学特色、学校文化等都是评估的对象；评估的依据是国家的教育方针、法规政策以及完善的评估指标体系、标准；评估的过程是根据评估标准和评估指标体系，运用定量的和定性的、分析的和综合的、历史的和比较的方法等对督导对象的教育过程及教育结果进行全面的、系统的、科学的评估，形成有效的结论性意见。（黄崴，2001）[185-186]评估的结果是评估结论的再现形式，关于结果是否得到合理使用也是十分重要的。现代的学校督导评估应有所改善，摒弃过多的模糊判断，在一些重要指标的评估实施中采用教育测量、现代信息技术等统计工具，进行科学的信息处理和增值量化，将量化和质性评估有机结合，尽力做到让数据说话，使学校督导评估更为精确、公平、公正。

根据督导评估的目标、主体、内容、功能来划分，可以将学校督导评估分为以下不同类型：按照评估目的来划分，可将学校督导评估划分为诊断性督导评估和发展性督导评估；按照评估主体来划分，可将学校督导评估划分为自我督导评估与他人督导评估；按照评估内容来划分，可将学校督导评估划分为专项督导评估和综合督导评估；按照评估功能来划分，可将学校督导评估划分为鉴定性督导评估和指导性督导评估。以上各种督导评估类型各具特点，在实际学校督导评估实施过程中，可以综合选择，将几种督导评估类型有机整合起来，才能全面提升督导评估的效力。

基于上述分析，学校督导评估就是以“督”与“导”为客观依据，通过对学校的“督”与“导”，促进学校教育教学质量的提升，促进教师、学生的不断发展，并为政府及教育行政部门决策提供可靠的、科学的依据。学校督导评估是指围绕着教育目标和教育法规政策，制定并遵照科学的学校评估指标体系，运用有效的评估手段，对学校的教育教学活动及其成效进行分析、判断，给出被督学校的评估结论，指出其成绩与不足，为其提出整改意见与建议，并责令其限期整改。学校督导评估肩负着监督、指导、服务、评价、问责及跟踪改进的职能。

二、学校内涵发展督导评估的特征

教育督导评估是一项复杂的社会活动，具有多方面的属性特征，学校内涵发展督导评估是教育督导评估中较高层次的活动，由于它关注的是人的发展，因此在理论及实践方面所涉及的价值判断更为复杂。它具有目的性、动态性、主体性、增值性、连续性、开放性等特征。

（一）目的性

美国著名教育评价学家布卢姆认为："评价是确定目标达成度的过程，也是确保目标达成过程有效性的持续改进或及时变革过程。"（布卢姆 等，1987）现代教育评价主张："教育评价应以教育活动满足社会与个体需要的程度作为价值判断的准则，教育评价的最终目的是达到教育价值增值。"（沈玉顺，2002）[3]因此，教育督导评估不仅要关注评价目标是否达成，更要关注评估对象在实现目标过程中的有效行为及不断改进中的努力程度。也就是说，教育督导评估的目的性直接决定教育管理及教育督导的效能，引领教育督导的发展方向，对于教育及教育督导健康发展具有重大的意义。学校内涵发展督导评估就是通过分析确定教育内涵发展目标，采取督导评估这一手段追求这一目标实现的过程，所以强调学校督导评估的目的性，就是强调教育督导的导向功能及服务意识，更好地促进教育向更高层次迈进，更快地实现办好让人民满意教育事业的宗旨。

（二）动态性

"本来，教育面对的是成长中的人的生命，人的生命的复杂性赋予了教育复杂和动态生成的本质。"（孙孔懿，2007）近年来，西方的埃德加·莫兰、I. 普利高津等学者的复杂理论引起国内一些学者的关注。从复杂理论角度重新审视教育及教育督导，就会产生一系列新的思想认识。教育的对象是复杂多样的，对象间的关系也必然是复杂多样的，这就决定了教育及教育督导的方式也应有所改变，要创造性地去应对这种复杂性。理论上讲，学校督导评估是对学校管理及其成效的客观的价值判断活动，但应明确这种价值判断活动并非单一活动，也不是简单地对事物进行"好与坏"的定论，而应是在一定的价值引领下，对某一个特定的教育现象进行复杂化、系统化的价值评判过程。评估活动不单是一次性的活动，而是一个具有连续性、适时变化的判断过程，在任何时候都必须包括一种以上的评估，因为要了解是否有变化、有改善，就必须要在前期做一次基础评估，再在后期做几次参照评估，这样才有可能确定发生了怎样的变化。教育督导评估是对教育现象及其发展变化具有重要影响的持续的价值判断，学校内涵发展督导评估就是这样的一个动态的评判过程，必须将专项督导评估与综合督导评估有机结合，将过程性督导评估与终结性督导评估有机结合，将水平性督导评估与增值性督导评估有机结合。

（三）主体性

主体性是指主体所具有的特性，包括自觉性、主动性、积极性、创造性等。（沈玉顺，2002）[5-6]教育督导的主体多元化，学校内涵发展督导评估的主体更是如此。学校、教师、学生、社区、社会、督学、行政部门、专业机构等都可以成为教育督导的主体，因为内涵发展的教育督导是立体多维的。在一定意义上，我们可以说，“教育活动满足社会群体或个体需要的程度就是教育的价值”（陈玉琨，2005）。教育督导的价值就应该力求满足不同层次主体的需求，将多者有机结合起来，并充分调动其积极性、主动性，达到双赢或多赢的目的。

（四）增值性

所谓增值，即一定时期的学校教育对学生成长发展所带来的积极影响。通过增值来评估和判定学校教育管理或教育活动的绩效，是一种不同于传统的新的教育评估方法。学校内涵发展评估绝非一次性的价值判断，因此，对于它的评估就应采用增值评价理念，尤其要将增值性评价有机渗透其中，综合几次评估活动结果得出的结论才算科学有效。评估时要特别关注学校教育对学生发展变化的净影响、净效应，也就是其在发展过程中的纯提升幅度，并以此鼓励学校或教师积极提高自身对学生成长发展的积极影响，鼓励其在发展过程中不断努力和进步。无疑，这对于学校发展，尤其是发展基础相对薄弱的学校具有重要的公平意义和激励作用。

（五）连续性

由于学校内涵发展关注的是被督对象的内涵发展增值度，而对于内涵发展增值度的界定不能仅靠一次性测评即告完成，并得出结论，它必须依据周期性的过程监控，至少在两年以上，经历 2—3 次测评比较方可得出结论。因此，学校内涵发展的督导评估其实就是经过多次比较、分析、综合评判结果的活动。具体来讲，将学校的内涵发展增值度作为评价标准，主要是将某一阶段学校或学生取得的成绩与其以前的成绩相比，衡量进步大小，关注被督对象过程中的动态变化，下一次评价再将本次成绩作为基础标准或基础起点。也就是说，评估要根据多个成绩点来裁定，可以是多个增值点的平均值。这样，由于始终将内涵发展增值度作为评价标准，那么基础标准则始终处于变化之中，就可能出现日渐增高的可能性。以内涵发展增值度作为评价标准，其强调评估对象及其所在环境的影响因素，能鼓励学校及其成员努力发挥潜力、取得新进步。它虽然对于评估的范围没有约束，而且对于评估技术上的要求还很高，但它更需要有个连续性的过程做参考，这个过程周期最佳是三年。

（六）开放性

20世纪90年代以来，国内外的教育督导已发生很大变化，不同时期教育督导的重心及任务是不同的。无论是在理论建构上，还是在实践操作上；无论是在督导的模式上，还是在方式方法上都有很大的发展。随着我国教育督导体制的建立，教育发展的重心转移，教育内涵发展更加关注教育公平、关注教育质量、关注受教育者的自主改变。尤其是，针对学校内涵发展督导评估，应科学定位开放的督导评估理念，使督导的内容更加开放，督导的手段更加开放，督导的系统更加开放，督导的结果更加开放。尤其是评估的主体应更加开放，吸引一些非专业督学积极参与到教育督导中来，如家长、社区人员或其他社会监督人员，使督导能从不同的、多维的视角来发现教育发展中的现实问题，有效地实现教育督导的客观公正性，有效地落实问责机制及职能，从而进一步扩大教育督导的公信度和公效度。

第二节 | 学校内涵发展督导评估的主客体及其发展媒介

任何一项活动都包含活动主体和活动客体，以及使主体与客体之间发生内在联系的媒介，学校督导评估也不例外。作为一种教育实践活动，它包括督导评估的主体、督导评估的客体以及使督导评估主客体存在并相互作用的媒介。随着基础教育高水平、高质量的发展，教育督导也应满足新时期教育的发展需求，就是要为教育高水平、高质量的发展提供服务与支持。因此，就学校内涵发展督导评估而言，就是要通过教育督导这一指挥棒，有效地促进学校更加优质均衡、特色发展，教师更加高水平地实施教育教学活动，学生更加全面、个性化发展。

一、学校内涵发展督导评估的主体

就其本质来讲，评估是一种主体性活动，它应与主体的需要及自身的价值取向相联系。评估主体必须是在不断自我更新、自我成长的基础上深入研究自身新的需求，重构评估新的主体结构。对于同一个被督评的对象，不同的主体会做出不同的价值判断，也就会有不同的评估结论。这就要求评估的主体是多元的，它包括教育督导机构、督学、社会、家长、学生、社区人员等的共同参与。同时，在进行教育督导评估时，要有基本趋向一致的价值观，要客观公正地进行评估。这样，才能达到真正意义上的教育督导评估目的，也才能准确无误地为政府及教育行政部门进行教育决策提供可供借鉴的信息。

（一）主体之一：教育督导机构及教育督导人员

教育督导作为一项重要的专门的教育管理活动，需要有专门的教育督导机构和教育督导人员。教育督导机构和教育督导人员就是教育督导的主体。（黄崴，2011）[1]虽然二者性质不同，前者是组织，后者是人，但其行使的职责大体相同，并且在行使职责时具有一定的行政权威和专业化特点。

一般来讲，教育督导机构具有组织的特点，它代表组织开展教育督导工作。因此，它既要有组织的体制、职能，还要有人员构成及其相应职责。目前，在世界范围内，督导组织可分为政府性质的和非政府性质的。二者皆有的国家则说明其教育督导组织体系比较健全。我国自 1986 年教育部成立教育督导机构以来，也是在逐步建立健全从中央到地方的教育督导组织体系，并代表各级组织行使教育督导职责，扎实有效地开展教育督导工作。美国虽没有中央级的教育督导组织机构，但一些非政府性质的教育机构专业化水平很高，能够很好地履行教育督导职责。法国、日本、英国等一些国家教育督导组织体系也是十分健全的。对于学校内涵发展督导评估而言，两种形式的督导组织机构都是可以胜任的。

“教育督导人员有广义和狭义之分。狭义上的教育督导人员是指取得了相应法定资格的，承担相应的督导权力与职责的人员，即督学。广义上的教育督导人员泛指参与教育督导过程，并承担一定教育督导职责的所有人员，除督学外，还包括家长代表与社区代表等相关利益群体。”本督导评估体系具有一定的开放性，因此评估主体也是开放的。为此，在对学校实施内涵发展督导评估的过程中，不仅在制定指标体系时要有各方利益的群体代表，在过程中也要调动一切积极因素，如问卷调查、访谈等环节都需要他们介入。其中，督学是指专职督学和兼职督学，其他人员是外行督学。“英国在 1992 年《（学校）教育法》颁布后开始实行外行督学制度。这种制度要求在教育督导活动中，每一个督学小组必须有一名‘非教育专业人员’的外行督学，其目的在于进一步扩大社会公众的教育督导参与权及监督权，并从多角度来发现教育发展中存在的问题，提高教育督导结论的客观性与公正性。”（苏君阳 等，2012）[112-114]目前，我国尚无此制度。但随着教育督导事业的发展需要，尤其是它的透明度和公开性将决定我国未来教育督导制度可能会有此突破。

（二）主体之二：相关的利益群体——家长、学生及社区代表

自20世纪90年代以来，教育督导无论是在理论上，还是在实践上，都有突破性发展。随着一些新的教育督导模式的诞生，如绿色评估、发展性评估、情境性评估、学生学业评估等模式应运而生，教育督导的主体结构也发生了一些变化，除督导人员外还应包括一些相关的利益群体代表。一是家长。目前，在国外很多国家都已以法律形式保障家长有效地参与和监督学校管理。在我国，家长是以家长委员会的形式参与学校的管理，但实质上是受学校的调控大些，因为家长委员会并没有像国外那样具有一定的合法性。学校内涵发展的核心指标是学生发展，在学校里学生是否得到一定程度上的发展需要家长有一定的监督权和知情权，在学校管理方面家长应有一定的话语权。二是学生。以往的督导评估，学生的话语权常常被忽视，而在学校内涵发展督导评估中学生被放在非常重要的地位，因为学生的发展既是学校发展的目标，同时，学校内涵发展的程度如何也可以直接通过学生的发展来检验。可以说，学生在学校内涵发展中是最大的利益主体，它在主客体之间起着中枢纽带作用。因此，一方面要激励学生的自主发展，另一方面要充分尊重学生的话语权，通过学生的访谈或问卷等方式反馈学校的管理成效。三是社区工作人员代表。在城市化、现代化的进程中，社区在学校发展中起着不可忽视的作用，学校可以借助社区资源开发校本课程或将社区教育作为德育、家庭教育等方面的延伸途径，学校的优质资源也可用于社区的文化发展和辖区居民素质的提升。应该说，二者是相互需求、相互促进的关系。新时期教育督导体制与机制的创新，必须充分调动社区的力量，鼓励社区优质教育资源延伸辐射到学校，发动一些社区代表积极参与到教育督导过程中来，帮助督学了解学校的管理现状，发现学校现存的问题，更好地监督学校的管理，促进学校的健康发展。

二、学校内涵发展督导评估的客体

被评估者是学校内涵发展的客体。教育评估的标准不能从教育本身产生，而是从它对社会和人的发展所起的作用中产生。教育督导评估的目的就是促进被评估者的发展。“教育促进人的发展的价值，是由教育的本体功能所决定的，可分为三个层次，即发展人的自然属性、社会属性和文化属性，以促进人的自然适应性、社会适应性和创造性。”（侯光文，1996）[55]因此，教育的本体功

能就恰恰决定了学校督导评估的主旨，学校内涵发展督导评估就应是关注客体的发展，不仅仅关注学校的发展，还要关注学校中的教师、学生的共同发展。

（一）客体之一：学校

在督导评估中，要正确处理好督与被督间的关系，实际上就是要处理好督导人员与学校之间的关系。在整个督导评估体系中，督导人员起着主导作用，处于主体地位，而学校则是被督对象，相对于主体而言，自然成为体系中的客体。因为，在督导评估过程中，督导人员需要对一些指标要素准确理解和表述，并依据标准对学校的管理行为进行评判，从这一点上看，学校自然就是评估系统中的被评判对象。

在教育督导评估改革与实践中，学校肩负着复杂的价值关系，它更多地要敬畏人的生命，不断追求人的生命尊严，促进学生自觉和谐发展。这一客体一方面要自觉接受评判，另一方面还要客观认识自己，不断地反思和成长以争取最大化的发展。当然，学校中的人则是学校自主内涵发展的主体。

（二）客体之二：教师、学生

督导评估是为了促进学校的发展。实际上，究其根本是要促进这一组织中人的发展，即教师及学生的发展。相对于督导工作人员来讲，学校中的教师、学生就是评估体系中的客体。

在学校内涵发展中，高素质的教师是关键，师资水平的高低直接决定学校内涵发展的深度。不仅办学方向需要教师的认同，课程实施也需要教师积极参与，提升校园文化的高度更需要高素质教师队伍做保障，为此，教师队伍是学校内涵发展的最重要因素。这其中也包含学校发展的领头人——校长，因为校长是学校内涵发展的总设计师。

学生也是学校内涵发展督导评估的客体。学生发展是素质教育的根本宗旨，更是学校内涵发展督导评估的核心指标。学生就是学校发展好坏的一面镜子，它能直接影射其管理成效。学校内涵发展的各项督导评估指标的落实离不开学生的积极参与，就是要通过评估引发学生作为自然人和社会人的核心创造力，全面提升其核心素养，因此，学生客体在整个过程中应有其话语权。

在教育督导评估这一系统中，教育督导人员是真正的主体，学校是真正的客体，而家长、社区代表肩负着双重责任，是中枢纽带，教师、学生既是学校内涵发展中的主体，又是督导评估中的客体。由此可看出，在学校内涵发展中最根本的属性是人的发展，只有多主体共同作用才能更好地实现学校的内涵发展。学校督导评估中，我们要充分处理好这几者之间的关系，使督导中的主客体在系统中充分发挥作用，努力实现相互促进、共同发展的目的。

三、学校内涵发展督导评估中主客体发展的媒介

学校内涵发展需要主体及客体之间相互作用、相互支持、相互影响，同样学校内涵发展督导评估也是如此。当然，主体及客体之间的相互沟通、健康发展离不开多元的媒介作用。

主要的发展媒介有三方面：一是价值导向。价值导向就是要充分体现督导评估中主体的价值观，具体体现在评估方案中。价值观是指实施学校管理，开展教育教学活动的主流思想或理念。评估的真实性及有效性离不开正确的价值观引领。只有在正确的价值观引领下，才能如实反映被督对象的真实价值，也才能使主体做出正确的判断，更好地促进教育综合价值的体现，即它的政治价值、经济价值、社会价值、文化价值、生态价值以及人的发展价值。由此，价值导向应是学校内涵发展重要的媒介，它决定着督导评估的重点内容。在整个督导评估体系中，价值定位决定着整个体系的价值导向。二是督导评估指标体系。督导评估的有效性要求具备一整套科学的教育督导评估指标体系做保障。近年来，我国教育督导评估的标准大都是通过指标体系来加以实现的。无论是教育评估理论工作者，还是在教育第一线的管理工作者，这些年都投入了大量的人力、物力和精力，积极实践研究制定出各种评估指标体系。“这些指标体系就是教育评价标准的具体化表现形式，是实际评价中的操作性标尺。虽然近来有人提出突破原有既定的评价模式，改变这种只要提评价就必有指标体系的单一做法，但它仍是我国从事教育评价活动的最主要形式，特别是对部门、学校等单位的一些评价中更是如此。”（侯光文，1996）[121]督导评估指标体系是督导评估标准的载体及具体表现形式，它是开展学校内涵发展督导评估的前提基础，是整个督导评估活动的核心保障。为此，在学校内涵发展督导评估中督导评估指标体系的构建尤为重要。三是科学的督导评估方式方法。学校督导评估的创新性、科学性以及实效性离不开现代的学校督导评估技术和方式方法。在学校督导评估中，价值判断的准确性除了取决于督导者的价值观、判断力，更主要取决于学校督导评估的方式方法，尤其是先进的信息技术在学校督导评估中充分发挥着媒介作用，它不仅决定评估指标体系及标准制定的导向性、系统性，而且决定评估过程中信息的捕捉及筛选的即时性、科学性，更决定督导评估结果的可信性和效能性。否则，再好的督导评估指标体系只是纸上谈兵，无实践价值可言。

综上所述，学校内涵发展督导评估实施的关键是评估主体要有正确的价值取向。不同的价值取向，就会形成不同的评估目的、评估标准和评估方法，而选择不同的评估目的、评估标准和评估方法，其最终的评估效果是大不一样

的。不难看出，教育的价值观、督导评估的主客体之间存在着辩证统一关系。因此，能够满足不同价值观及主客体发展需要的教育才是健康、有价值的教育。学校内涵发展督导评估所反映的应是评估主体与客体需要之间的一种价值关系，是在一定价值观引导下主客体相互作用的结果和产物。所以，在督导评估过程中，正确处理好主客体关系是十分必要的。越是深入、细致、全面地评估事物，越对现实有积极的指导意义，对未来有积极的导向性，进而言之，就越是需要我们把握好主客体的特点，抓住其发展的媒介及本质规律，以促其更好地向前发展。

第三节　应处理好的几种关系

学校内涵发展督导评估是建立在主客体可持续发展基础之上的增值性评估，是督与被督主客体共同参与的评估。主体发展是指督导主体依法督导，寻求最大效能化的评估过程；客体发展指被督对象的依法自主办学、寻求自主提升的过程。可持续发展指被督对象通过自身的努力使学校可以更加长久正态发展的模式。因此，在督导评估时，学校内涵发展始终要突出上述几个特点，同时要正确处理好以下几种关系问题。

一、正确处理好自评与他评间的关系

毫无疑问，学校评估的主体是多元的，在对学校内涵发展督导评估时应将自评与他评有机统一，坚持自评为主，他评为辅。学校是内涵发展的真正主体，必须依靠自身的力量寻求学校更好的发展，而非借助外力来确定自身的主体地位。如果政府和行政部门给予学校更多的自主权，而学校自身不够强大，不具备自主发展的能力，那么，它的可持续发展也不会顺畅。因此，学校在享有一定自主权的同时，应积极主动地自我评估、自我反思、自我激励、自我矫正、自我挖潜。在实施学校内涵发展督导评估时督导部门应突出学校的自我评估，充分发挥学校发展的自主能动性，在学校自我评估的基础上，施以恰切、公正的他评，才能达到评估的真正目的。

二、正确处理好纵向与横向比较间的关系

学校内涵发展督导评估是在总结发展性评估基础之上的评估，它的根本目的是基于现在，全方位激发被督对象的潜能，实现学校的可持续发展。也就是说，它始终关注的是学校的内在潜力及可持续发展的空间。因此，学校内涵发

展督导评估是基于学校发展基础之上的重在学校各项工作努力度或增值度的评估。那么，单纯以某次成绩进行横向或纵向的比较并不足以反映出学校发展的努力度或增值度，它还应是排除自身内部差异所进行的各校之间的横向、纵向综合比较。由此看来，督导评估时，纵向上就是自己跟自己比，基于过去与现在看提高幅度，同时要着眼于未来，关注学校的可持续发展力；横向上就是跟同一类型学校比，还可以跟一定区域内所有学校的平均值比；复杂一点的，可以将纵向和横向综合起来比，可以将本校连续几年各项工作的净增值度平均值与同一类型学校的平均值比。这样，才能更好地照应学校内涵发展督导评估的复杂性和多变性。

三、正确处理好评估过程与评估结果间的关系

学校内涵发展的评估较以往的评估更难，因为它的价值标准、评估过程及评估结果都更具针对性、复杂性，尤其是它强调个性化、效能化。因此，我们在督导评估时要慎之又慎，将评估过程与评估结果的关系平衡好，做到科学、准确、公平。那么，关于评估过程，我们要关注它的连续性，需要经过多次评估行为累计出来一系列数据，形成一个动态的评估数据包；关于评估结果，一定是多次评估数据累计出来的结果，我们更要关注它的客观性、科学性，评估结果令人信服并且可以公开。这就要求评估者不仅要有较高的教育及教育督导理论素养，更要有丰富的教育管理及教育督导实践经验，还要熟练掌握现代督导评估技术。总之，学校内涵发展督导评估不能单单是结果性评估或过程性评估，而应是通过现代化的评估技术将二者有机结合起来。

四、正确处理好专项督导评估与综合督导评估间的关系

以往的督导评估实践，大多数是将综合督导与专项督导分开，必然的联系不大。由于学校内涵发展督导评估强调学校最大化的可持续发展，而各校的发展是动态的、不均衡的，加之一些评估指标不能单凭一次评估就能够给出定论，因此，督导部门应在三年一轮的前提下将总指标体系分解为各年度的评估指标进行多次的主题式专项督导评估，然后再在最后一年进行一次综合督导评估，这样将专项督导评估与综合督导评估的结论综合分析评判，才能给出较为科学、可信的定论。

第五章

学校内涵发展督导评估体系的理论架构

本章概要

在本章中，笔者深入分析了学校内涵发展督导评估体系的基本结构、主要特点及支持系统，为其价值体系、指标体系、操作体系的建构与实施做了铺垫。

学校内涵发展督导评估体系的基本结构可以分为两个层面，即宏观层面与微观层面。具体来讲，宏观层面主要指的是评估价值体系，微观层面主要指的是评估指标体系及评估操作体系。在确定督导评估的价值导向后，才能着手研究评估指标体系及评估操作体系。评估指标体系是内涵发展督导评估体系的核心部分，评估操作体系多是指评估指标体系的实施、评估结果的确定及反馈整改，它决定着评估体系的过程、手段、方法与结果。

依据内涵发展的本质属性，学校内涵发展督导评估体系的建构以及实施过程始终要突出两个重点，那就是内涵与发展。通过将内涵发展评估体系与其他几种评估体系就价值性、科学性、指向性、操作性、可赏性等几个维度进行比较，可发现学校内涵发展督导评估体系有其自身的复杂性和优势特征，因此，它的实施应寻求最大化的内外部支持系统。学校内涵发展督导评估体系自身的个性特点迎合了社会转型期教育及教育督导发展的需要，故这一体系在现阶段具有很强的现实意义和实践价值。

第一节 基本结构

督导评估体系的建构与设计不仅是一个逻辑实证过程，也是一个哲学思辨的过程。评估体系的设计不仅是一组组指标的逻辑构成或是一排排操作系统的数据呈现，也是一种价值追求和人文关怀。研究学校内涵发展督导评估体系，需要解决两个层面的问题：一是宏观层面，也就是决策者层面。主要是指评估价值体系范畴，它主宰着整个体系的价值管理，主要解决价值定位、组织机构及制度管理方面等问题。二是微观层面，也就是执行者层面。主要是指评估指标体系和操作体系范畴，它主宰着整个体系的过程管理，主要解决评估内容、评估标准、评估工具、操作策略及反馈调整等方面问题。

一、宏观层面

具体来说，宏观层面的评估体系主要体现决策者开展督导评估的意愿，它反映的是内涵发展督导评估的价值导向。它应包括评估体系的价值、评估体系的组织、评估体系的保障。这个层面所表现出来的特征基本上是行政统领的，就是决策者层面，对于被督对象来说没有更多话语权。因为它的内容主要包括评估体系如何定位，对被督对象起什么样的导向引领，评估组织由哪些方面人员构成，被督方面有哪些对象参与，评估、反馈的程序及过程如何安排，每一个阶段性的目标和任务如何制定，建立健全哪些保障机制，督评的结果如何反馈和有效使用，等等。这一层面是不容忽视的，因为它是决定整个评估体系核心价值的关键层面，它直接决定了督导评估的目标、过程和效果。实际上，很长一段时期，大家都忽视了这个问题，认为第二个层面更为重要。其实，对于评估价值体系的思考属于评估体系的上位概念，即顶层设计，为了什么目的而评估、通过评估能够改变什么、能够给督与被督双方带来什么样的改变，这就是评估的价值，这决定了微观层面的指标体系及操作体系的定位、实施、反馈与整改的效果，也就是说，只有评估价值定位准确、过程组织科学、结构保障合理，微观层面的指标建构及实践操作才能得以有效开展。

（一）评估体系的价值

何谓价值？一些学者认为："价值是客体对主体需要的满足。"有的学者则认为："价值是主体的需要在客体功能属性上的对象化反映。"系统价值论学者认为，"价值是符合系统目的、有助于实现系统目的的东西。价值的主体不限于人，而包括一切有机生命系统在内。"（王立仁，2004）由此可见，所谓价值，就是主客体的关系及需要得以满足的功能属性。本书比较认同系统价值论学者的观点，学校内涵发展督导评估体系的价值就是符合这一体系的目的，并推动主客体双方实现和谐共赢这一目的的观念、功能、导向性追求。因此，对于它的定位，我们一要看主体、客体的需求，也就是明确基于主体、客体自主发展的内在目标及为实现这一目标需要他人提供什么样的帮助。二要看主体、客体之间的关系。其实，主体、客体之间的关系主要取决于主客体双方的需要是否得到满足。主体、客体自身的特点决定不同的需求，也就既定二者之间存在不同性质的关系，二者在认识层面、实践层面需要达成价值共识，并形成共融、共促、共赢的价值关系。三要看评估的目的。任何一项评估的真正目的不是证明什么，或是指明被督对象的错误来证明督导的权威，而是要通过价值判断，表扬和激励被督对象客观认识自身的发展优势，跟踪指导和帮助其改进不足，实现问题整改和自我提升的目的。因此，我们就应以促进被督对象发展需求的满足为目的来确定评估的价值导向。明确评估的价值定位，就明确了评估的内容，哪些该督，哪些不该督，也就赋予了评估真正的价值意义。

评估体系的价值定位是评估体系宏观层面的重要组成部分。笔者将在第六章进行专门论述，在此不再赘述。

（二）评估体系研制、实施的组织管理

评估体系的组织就是指评估体系是否能够遵循一定的价值导向，按照既定的价值秩序完成整个实施过程。当然，它需要确定主客体之间关系的行为准则，即必须搭建有效实施评估活动的组织体系。一是领导机构。主要由决策者担任，负责把关定向，进行价值定位，制定督导评估总体方案，明确阶段性任务，并进行职责分工。在一个区域，一般应成立教育督导委员会，由主管教育的领导及与教育相关的委办局领导组成，统领教育督导工作，定期召开联席会议，明确督导的重点及阶段性任务，为学校内涵发展督导评估体系的研制及督导评估提供政策性支持。二是实施机构。如在一个行政区域，需要建立区、街、校三级教育督导网络，使得教育督导覆盖区域所有中小学校，确保中小学校内涵管理整体水平不断攀升。区级层面，主要应由督导室负责，组织评估者进行学校内涵发展督导评估工作的具体实施，如制定督导评估实施方案、确定督导评估的内容和范畴、研制评估指标体系、评估工具，评估操作系统，分层次做好督导评估人员及被督对象的培训工作。评估体系的有序运行，靠的是组

织秩序，而主要的组织秩序是靠主客体之间关系的行为准则来规范，除此，督导部门还要协调好各方面的关系。街道层面，要配备教育督导专干或指定专人，负责辖区内各中小学校内涵发展的监督、保障工作。学校层面，各校均要设立教育督导专干，主要负责监督学校内部内涵发展的落实，负责组织学校内部的教师评价、学生评价、课堂教学评价和学校教育质量监测工作的落实，负责与区级教育督导部门的联络和信息上报工作，负责对照标准组织学校开展自评工作，确保区级教育督导工作在基层学校能够得到有效落实。

（三）评估体系建构、实施的保障

1. 环境保障

教育督导机构开展内涵发展督导评估需要有良好的环境氛围。督导委员会应定期组织召开联席会议，为学校内涵发展督导评估提供政策支持。同时，加大学校内涵发展督导评估工作重要性的宣传，赢得社会、家长、被督对象等各方面的支持，及时解决学校内涵发展督导评估工作中遇到的困难，为学校内涵发展督导评估工作的有效开展创造良好的环境氛围。

2. 队伍保障

学校内涵发展督导评估需要高素质的督学队伍作保证，督学素质高低直接影响学校督导评估的效果。为此，督导部门应定期组织督学进行系列化专题培训，采取集中学习和自我学习相结合，理论学习和实践考察相结合，分层次对督学进行督导前、督导中、督导后的实战培训，全面提升督学队伍的专业化水平。完善督学考核激励机制，进一步强化对督学的管理，建设一支专兼结合、数量充足、结构合理的高素质的督学队伍，为学校内涵发展督导评估体系的有效运行提供智力支持。

3. 制度保障

评估过程的有效性关乎督导评估的效能，而制度管理是评估过程最为重要的保障。如督导前、督导中、督导后一系列工作必须要有具体的程序，同时更需要有与之相一致的评估机制。为此，督导部门应建立较为完善的教育督导评估制度，进一步规范教育督导工作程序，明确专（兼）职督学职责和督导任务，使督导工作更加规范化、科学化。一是建立常规性督学制度。制定督导方案，明确督学职责、任务和规程，进一步规范督导工作程序，针对不同的被督对象，每三年进行一轮学校内涵发展督导评估。二是建立督学责任区制度。将专兼职督学划分不同区域，每人负责不同层次的学校，适时进行阶段性业绩考核、主题式专业指导和经常性督导，提升不同层次学校的内涵发展水平。三是建立评估结果的有效使用制度。坚持将学校内涵发展督导评估结果纳入校长绩效考核，并作为校长评优评先及职级制的重要依据。四是建立评估结果公报制度。每年年初召开一次教育督导工作会，进行教育督导年度工作报告，以简报形式上报和下发专项督导评估结果，并向社会公示。五是建立限期整改制度。每一次督导会都下发整改通知书，要求被督单位在规定期限内认真自查整改，督学适时指导并进行复查督导。对整改不力的学校及其负责人要实施问责，究其原因，进行处罚。这样，才能真正实现通过督导促进学校整改及内涵提升的目的。

4. 系统保障

教育现代化必将带来教育督导的现代化，学校内涵发展督导评估更是需要现代化的评估系统做保障。一是要加强教育督导网络建设，积极搭建督与被督二者之间学习、交流的平台；二是要积极构建现代化的督导应用系统，促进教育督导手段和方法的现代化，提高教育督导的信度和效率；三是要加强督学及学校干部队伍的信息化培训，提高其信息化素养及信息系统的应用水平，以更好地适应学校内涵发展督导评估的要求。

5. 经费保障

学校内涵发展督导评估体系的研制及实施离不开必要的经费保障。评估指标体系及操作体系的研制需要足额的教育督导经费，主要用于专家指导、督学的培训学习、教育督导网络平台及信息系统建设等方面；在实施过程中，主要用于对评估人员及被督对象的培训、日常督导评估、督导网络平台及操作系统的维护等方面，确保内涵发展督导评估体系能够有序常态运行。

二、微观层面

微观层面的评估体系是宏观层面价值体系具体落实的表现形式，是其得以有效运行的载体和途径。

评估指标体系是整个评估体系的核心，是评估价值体系的转化形式。主要解决评估指标要素、指标权重及各项指标的评估标准问题。评估操作体系，主要是指实施层面，它决定着整个体系是否能够得到有效的控制与管理，主要解决指标体系在实践层面的问题，如指标体系的评估程序、评估策略、评估操作平台等。在此，主要研讨和着重解决评估体系微观层面的问题，即评估指标体系和评估操作体系。

相对于价值体系而言，评估指标体系更为具体。因为它属于评估体系的中枢环节，它的建构不仅要反映某一时期价值体系所倡导的导向和要求，还要为操作体系的有效运行提供一定的范式和标准。因此，重点要解决评估指标体系的科学建构问题。这一层面所表现出来的特征基本上是去行政化，它是靠督导者与被督者共同来完成，不是督导者指导和被督者被动接受，而是双方合作共赢。同时，还需要有强大的专业力量支撑，进行深入细致的指标要素、要素权重及评估标准的研究，才能形成科学的、操作性强的评估指标体系。为此，要调动专家、督学、行政部门、学校等力量，综合各方面意见与建议，就指标要素系统、权重系统及标准系统三部分内容进行综合考虑。

评估操作体系反映的是内涵发展督导评估指标体系能否得以有效实施。这一层面主要是指依据一定的评估方案，按照一定的评估程序，借助现代化的评估平台，采取民主、开放的方式，将评估指标体系应用于督导评估，得到相应的评估结果，并予以反馈。当然，操作体系与指标体系共同支撑价值体系，从而形成正确的评估结果，做出有效的反馈，促使学校适时整改，取得更大的进步，并营造出一种更为新颖、公平的评估文化。评估操作体系，主要是指自评系统和他评系统两个范畴。评估结果与反馈，主要是指评估者运用指标体系，通过操作系统这一平台对评估对象进行客观、公平的价值判断，并将判断的结论与整改建议通过书面形式告知评估对象。微观层面的有效实施能确保学校内涵发展的增值度得到科学检验，并能有效地促进学校的进步与发展。

当然，上述两个层面在整个评估体系中扮演着各自的角色，需要发挥各自的作用才能够使得整个评估体系和谐运转。实际上，我们不难看出，学校内涵发展督导评估体系是在评估价值体系支配下，确定内涵与发展这一核心评估目标，并围绕着内涵与发展两个重点，着手制定评估指标体系。针对上述指标体系，从效能角度出发制定评估操作系统——即时性操作系统、增值性操作系统、自评操作系统，即时性操作系统主要解决“伪评估”问题，增值性操作系统主要解决去学校办学基础的努力度的评估问题，自评操作系统主要是解决被督对象——学校如何积极参与评估的问题。最后，针对整个体系的运行情况进行反馈，将结果反馈到各个体系，各个体系又进行各自的反思与调整。主要围绕所确定的评估目标，通过实施环节重新审视评估指标体系及操作体系，同时反观评估目标的确立是否科学、适当，再通过反馈环节重新调整评估目标、评估指标体系、评估操作体系，从而形成一个更加完善的评估系统。这样，才能确保评估体系和谐运转，实现既定的学校内涵发展督导评估目标。图 5-1 形象地再现学校内涵发展督导评估体系的不同层面构成。

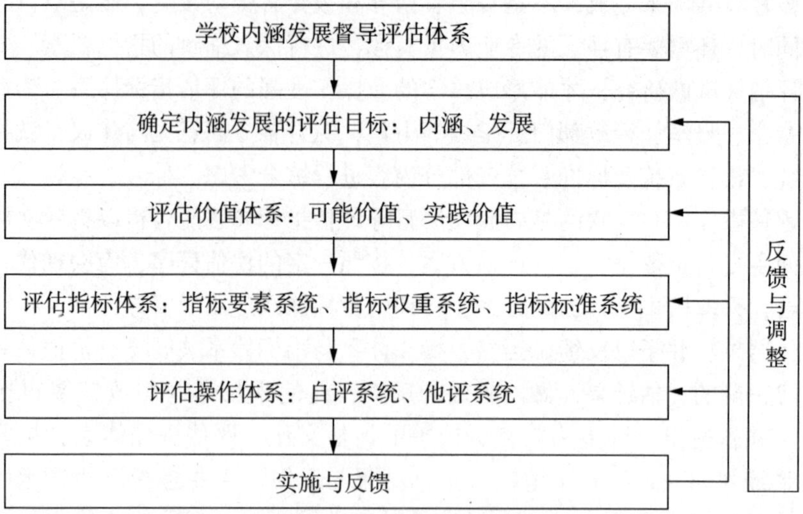

图 5-1　学校内涵发展督导评估体系结构示意图

第二节　主要特点

什么是好的评估体系？一套好的评估体系应有什么样的特征？为什么在不同的历史时期要选择相应的评估体系？在不同的复杂情境中要选择新的评估体系来替代另评估体系呢？现阶段选择采用学校内涵发展督导评估体系的理由是什么？与其他评估体系相比较，该体系自身的优势是什么？对此，将学校内涵发展督导评估体系就一些维度与其他几种评估体系展开比较，并按其特点做详细阐述。

一、内涵发展评估体系的核心导向

学校内涵发展督导评估体系是一种评估观念的变革，是一种创新型评估模式，因为它拥有传统评估体系（甚至包括一段时间极受推崇的评估体系）所没有的一些特质。这些特质反映了学校管理观念的变革，即关注内涵的本质属性，关注学校内在品质是否提升，学校是否真正得到内在的自主发展了。同时，我们可以看到，评估的功能扩大了，指标体系是动态的了，内涵与发展贯穿学校评估的始终，它们是学校内涵发展评估体系突出的主流价值观，形成一个促进不同层次学校个性发展的完整系统。

按照内涵发展的本质属性，在学校内涵发展督导评估体系的制定以及实施过程中要始终突出两个重点，即内涵与发展。

第一个重点是关注内涵。传统的评估重点是针对外延方面的评估，多是指物化了的办学条件，如操场及体育馆的面积、专业教室及其物品的配备、标志性建筑等，虽然也有软件方面的指标，如走廊文化、教师的配备及培训、课程实施、学生负担及质量等指标，但操作时大都流于形式，还是硬性指标起决定性作用。也就是说，即便是涉及一些软性指标，但在具体表现上并未起主导作用，绝大多数评估对内涵的关注度不够，尤其是关于内涵的价值体现不够充分。内涵发展评估体系主张淡化硬件达标评估，因为只关注硬件评估，对于办学基础不是很好的学校来说是不公平的，也有悖于内涵的本质要求。另外，关注硬件忽视软件管理，实际上就是忽视学校管理的本质属性，这不利于促进不同层次学校的发展，因为通过软件管理更能考量出学校的办学水平。因此，本评估指标体系重点以办学方向、师资队伍、课程实施、学生发展、办学特色以及学校文化这些体现内涵的软性指标来作为对学校内涵发展的重要评估指标。这既重视了软件管理，更突出内涵的本质属性。

第二个重点是关注发展。传统的评估多注重终结性评估，重在强调学校的最终排序，或自主发展项目是否体现特色，对质量的评估是看一次性考试成绩，注重横向的能力或质量比较，终结性评估占很大比重，缺少关注学校发展过程和自身进步幅度的纵向比较。而本评估体系中关于学校“发展”的评估多是基于复杂情境的思考，如评估对象的原有发展背景、教育水平、基础类型等。即使在评估时面临一些复杂性问题，也要努力在复杂情境中获取更为细致的发展信息。具体来讲，就是重在看学校基础之外的进步表现，即内涵（发展）增值度。当然，它是需要经历两三次评估活动才能够完成，有些评估指标还需要通过软件系统，以严谨的数字来说话，使得整个评估过程与结果更为精确、公平、公正。

具体的操作程序是这样的，第一个时间点，要对评估对象进行基准性评估，也就是说要有一个基准水平状态测试结果，测出每个评估对象现在所处的基础状态。第二个时间点，基本上是半年或一年后，针对同一维度指标进行再测，这个目前状态不是直观位序，而是要将第二次测出的结果与第一次测出的结果进行比较而得出个体增值度，在测算出个体增值度之后再测出整体平均增值度，再用这个个体增值度减去整体平均增值度，用这个差值再进行排序。第三个时间点，基本上是两年后，就相同维度指标进行再测，按照上述方法将第三次所测与第二次所测做比较，仍然是测出个体的增值度和整体的平均增值度，用个体增值度减去整体增值度平均值后，再进行排序。在此基础上，再算出两次增值度的平均值，就是三年来个体的内涵增值度；同理，可以算出三年来整体的平均内涵增值度，再将个体与整体进行比较排序，看每一个个体的进步幅度。这种评估会一直不断地激励评估对象，使原本基础较好的学校不敢懈怠，稍一懈怠就会被别人追上；使那些原本基础不够理想的学校，不必在意办学条件和基础水平，而是将精力投入到内涵建设上，花大气力找到学校发展的切入点，倾其全力做好内部师生管理，重视师生发展的进步幅度，使得这类学校只要努力了照样可以被评为好学校，并拥有好学校的自信和来自社会的尊重。

二、与其他几种评估体系的比较

评价一种评估体系的优势和局限性，除了参看这种评估体系应具备的品质，更重要的是要将它与别的评估体系做比较，只有通过比较才能进一步分辨出它的优势特点及不足之处。无论哪一种评估体系都不是万能且没有瑕疵的，只不过是要理性地分析它的优势与局限，并进一步判断这种评估体系的理论性及实践性，更加客观地评判这种评估体系的价值，在某个地域或某种情境下恰当地选择适合的评估体系。因此，现将内涵发展评估体系与标准化评估体系、表现性评估体系、发展性评估体系从价值性、可操作性、有效性、可赏性等几大维度进行分析、比较，客观地评判其优势与局限性（详见表 5-1）。

表 5-1　学校内涵发展评估体系与其他评估体系的比较

特质	内涵发展评估体系	标准化评估体系	表现性评估体系	发展性评估体系
价值性	强	弱	较弱	较强
科学性	强	弱	较弱	较强
指向性	强	强	较强	较强
操作性	较弱	强	强	较强
可赏性	强	较弱	较强	较强
情境性	较强	弱	强	较弱
可达性	较强	强	强	较强

注：上述评估体系的特质表述：第一等级是“强”，第二等级是“较强”，第三等级是“较弱”，第四等级是“弱”。

根据表 5-1 所呈现的学校内涵发展评估体系与标准化评估体系、表现性评估体系、发展性评估体系的比较，不难看出，学校内涵发展评估体系有其自身的优势。现就价值性、操作性、科学性、指向性、可赏性等五个重要维度对于几种评估体系的品质做简要分析。

（一）价值性方面

上述几种评估体系，有的注重过程性，有的注重终结性，有的注重二者有机结合。那么，该怎样评判其价值性呢？那就要看是否与评估的价值宗旨一致，是否让学生们获取更大的成功。当然，实施不同的评估体系，学生所获取的成功也是不同的。注重终结性的评估体系，难免会导致偏差，可能学生们确实获得了知识层面的成功，但他们运用知识解决问题的技能和能力会欠缺。

标准化评估体系主要是按照一定规范性要求的评估标准进行检验，是指办学条件的硬件达标。只要按要求进行必要的经费投入就可达标，但它忽视硬件所应带来的教育功能和价值。真正的教育成功应该是投入与产出成正比，高投入的硬件设施达标是否能带来高水平的教育价值很难确定，也就是说，在现实中标准化评估体系往往难以产生其应有的价值性。

表现性评估体系主要是强调按照目标进行评估，它是评估者以观察方式对评估对象进行的评估，因此，获取信息的途径要客观、真实。的确，这种评估体系在一定的情境中能发挥作用，但是在评估体系的价值性方面不够令人满意，如学校及其主体有什么样的认识？是否有共同的发展愿景和价值观追求？他们的努力程度如何？等等，这些仅凭观察都无法充分评估的。

发展性评估体系是将基础性评估与自主性评估有机结合起来的一种评估范式。它的基础性评估主要是针对学校发展的规范动作，既有硬件评估指标，又有软件评估指标，但基本上都是学校管理的规范动作，有些指标有点类似标准化评估的要求。它的自主发展性评估指标具有一定的价值性，能激发学校的自我发展内驱力，努力发展自己的特色，奠定可持续发展的基础。

内涵发展评估体系是基于复杂情境下的评估，它试图以复杂情境为依据，以被督对象的复杂基础条件为基点，聚焦于“内涵”，以增值性变化为“发展”可变量的考核学校效能的重要指标，不比基础比进步，这使得整个评估体系是恰当的、科学的、高位的。尤其是它的核心指标是学生发展，更为注重学生的内在自我主动提升，以及是否取得最大化的成功，具有较为严谨的成功依据，也就具有较强的价值性。

（二）操作性方面

操作性主要是指评估体系有自己的操作平台，有一定的操作程序，其目标及信息获取是易于实现的。

标准化评估体系比较容易操作和实现，每一个时期都有其相应的标准，评估方式简单易行。由于它强调物质条件的满足，通过政府的努力，投入一定的经费就容易达到。只要通过查看教育的经费投入及一些硬件达标情况，即可以顺利完成。而且，标准达成所得的分数也是可以在督者与被督者之间直接沟通的。

表现性评估体系基本上是属于按照目标进行评估，多是以观察方式为主，应该说它是易于操作的，反馈也非常及时。由于其是在一定的真实情境中操作，评估者通过一系列观察手段获得真实信息。因此，它是真实的、可以信任的，也是易于操作的，但所获取的信息不够聚焦。

发展性评估体系更多关注的是评估对象的自主发展，强调硬件、软件共同发展，它的过程与结果的操作性要难于前两个评估体系。由于发展性评估体系涵盖外延与内涵两方面内容，因此，它的评估范围要宽泛些，但基于“发展”的操作相比内涵发展评估体系来说不够细致、可视。

内涵发展评估体系的指向性清晰、明确，直指内涵属性和增值发展。每一项内涵指标在评估时都突出强调它的增值；同时，采用即时性操作系统、内涵增值性操作系统及自评操作系统，使得复杂的指标体系的实践操作通过电子化操作平台而变得省时、高效。

（三）科学性方面

科学性是指评估体系是否是恰当、可信。恰当是指该评估体系的制定依据是否适合学校教育的发展，满足学校评估的发展需求；可信是指信息的采集是否是在良好的环境下，评估的方式方法是否严谨，同时与评估的宗旨是否有关联，与评估对象的发展是否有关联。

标准化评估体系只是强调通过投入是否达标。在某种程度上，对学校的评估是具有一定的有效性的，但它并不恰当，因为通过它所规定的指标要素多是反映硬件是否达标，而针对指标所采集的信息无法反映学校管理及学生自身发展的变化。

表现性评估体系是基于目标进行的评估，多是以跟踪观察的方式获取信息，耗费大量的时间、人力、物力，表现出来的评估效率不高。尤其是仅凭一个标准来考核诸多被督对象，而且完成所有的被督对象时间一般在 4—6 年（根据香港表现性评价实施方案）。主要弊端：一是没有考虑到被督对象的基础，评估结论难免偏颇；二是没有与时俱进，没有考虑到在这 4—6 年中教育发展需求及个体发展的变化，针对教育新的需求而调整年度的评估指标及标准。因此，结论的科学性恐怕难以令人信服。

发展性评估体系的目标指向性较强，直指被督对象的发展。在某种程度上也强调被督对象的进步，但评估过程中的操作系统不够严密、科学，有些指标的评估仍未摆脱质性评估为主的方法，由于过于强调质性就难免模糊，不够科学、可信。

内涵发展评估体系突出强调操作体系的配套，将自评系统与他评系统有机结合、即时性评估系统与增值性评估系统有机结合，以数据和增值度来衡量学校的发展，使得评估的过程、结果极具权威、科学、公平、可信。这一评估体系由于关注被督对象的努力程度，较其他评估体系的操作系统具有一定的复杂性，恐怕有的评估指标要素需要经过几个轮回的评估才能得到可以信赖的信息。

（四）指向性方面

指向性主要是指目标统领下的评估内容或侧重点。指向性的强弱直接影响评估体系有效性的强弱，它与目标有直接内在联系。

标准化评估体系主要指向学校的硬件是否达标，或达标的高低标准，对于硬件达标这一指向性强，但对于主体也只是强调其配置要求，并不关注其发展状况；表现性评估体系主要指向学校的内部管理，通过观察其表现行为评估其是否达标，或给出其水平的高低评判，指向性较强。发展性评估体系指向硬件及软件两方面的共同发展，硬件强调的是标准达标，而软件的发展性多是强调自主发展，重在办学特色方面的质性评估，指向性较强。内涵发展评估体系强调的是软件评估，直指组织的内部管理，强调其中主体的不断努力和进步幅度，指向性强。

（五）可赏性方面

这里所说的可赏性包括可视性和鉴赏性。一种评估体系要么具有可视性，要么具有鉴赏性，将二者有机结合是很难的。

标准化评估体系关注硬件是否达标，其商品化陈列具有一定的可视性，可以告知不同的参与者和评估者。表现性评估体系主要通过观察发现被督对象是否通过达标，对于评估者、被督者双方来说，也是公开、透明，可以理解的，但这两种评估体系表现更多的是可视性特点。

发展性评估体系包含基础性指标和自主发展性指标。基础性指标强调一种规范达标，易于可视、理解；自主发展性指标则是强调自我的特色发展，具有一定的鉴赏性。整体而言，较前两者具有一定的可赏性。

内涵发展评估体系是在硬件达到一定水平基础上强调软件的自我提升。它的硬件达标、文化的呈现是可视的，尤其是它借助电子化操作平台所得出的数据与分析，更是易于可视和沟通，它所表现出来的独特的办学特色和文化则具有一定的赏心悦目的教育价值。因此，内涵发展评估体系是最具可赏性特点的。

总之，比较上述几种评估体系，不难发现，标准化评估体系、表现性评估体系具有较强的客观性、可操作性、表现性，但其可赏性、科学性要弱于内涵发展评估体系；发展性评估体系的内容要比内涵发展评估体系宽泛，但目标的指向性、可达性及聚焦性要弱于内涵发展评估体系。应该说，内涵发展评估体系在现时代还是极具研究和实践意义的，它对督导评估的专业化、学校管理的效能化等方面都将起到非常好的推动和引领作用。但是，指标体系及其操作系统的复杂性需要有高水平的专业人员和高效率的现代化信息技术作支撑。否则的话，本评估体系是难以实现其真正意义上的促进学生发展的这一目标的。

第三节 | 支持系统

"教育变革是在一定社会环境中的变革。从这个角度看，社会就是教育变革的生态环境。"（叶澜，2006）[159]学校内涵发展是教育变革的产物，它是建立在教育发展到一定阶段并有一定发展基础之上的更高层次的发展境界，因此，它也要受内、外部生态环境的影响。学校内涵发展的原因与条件复杂多样，但归根结底不外乎是内因与外因矛盾统一的结果，即内外因结合的产物。内因主要是指学校内部管理要素间的和谐统一关系，外因主要是指学校与上级主管部门及社会各方面因素的和谐统一关系。学校内涵发展的督导评估应立足于内因与外因之间的矛盾，寻求最大化的支持。在此，笔者力图阐释内因与外因在学校内涵发展的实施中所起的作用，二者之间的内在联系及矛盾转化，揭示学校内涵发展的合规律性，从而建构适合学校内涵发展督导评估的支持系统，主要包括相应的有利于内涵发展的组织、制度、机制、素质及举措等。

一、内部支持系统——内部条件

在整个学校内涵发展生态系统中，内部支持系统起着决定性作用。学校内涵发展内部支持系统实际上就是支持主体发展的自身保障条件，它是指主体在内部进行自我认定，建立相应的有利于内涵发展的素质保障和自我评估系统。通过自身的挖潜、提升来保持整个系统的发展水平；通过自我评估和自我激励，实现自身内涵发展水平的提升。

（一）内部素质保障系统

学校内涵发展督导评估就是要引导学校内部挖潜，促进学校改善素质，可以说是要借助内力促进发展。这要求从学校自身而言要有一定的发展基础，也就是学校自身的内在素质，要有自我规划能力及自我发展能力。学校自我规划能力，指学校要具备自我规划未来三至五年发展的能力，要有学校的发展基础分析；确定发展的长远目标及近期目标，达成师生共识的发展愿景；要有预期的发展成果、配套的实施策略及资源支持。学校自我发展能力，指的就是领导、教师对学校内涵有一定的理解力，有较高的专业化素养，能够熟练驾驭学校管理系统，拥有很强的教育教学能力、课程开发与评估能力、校本教研及科研能力，还要有一定的内外沟通协调能力。学校自我发展能力是内涵发展最重要的基础素质。

（二）内部自我评估系统

学校内涵发展评估就是要引导学校通过内部自我反思、自我评价来寻求学校的自我可持续发展力。自我评估系统是在学校内涵发展督导评估过程中，被督对象自主参与评估的表现形式，它包括学校的自我积极评估和反思性评估两方面。自我积极评估是对自身能力、现有工作状态及效果的一种肯定，更是对过往工作的一种经验性提炼，或是对现有工作的一种理想化的规划和思考；反思性评估则是指对自身工作能力、现有工作状况及质量方面优势与不足的思考，是在对照缺憾与不足的过程中对积极整改的一种期待和有效的措施。

内部支持系统是促进学校内涵发展的前提，更是关乎学校内涵发展督导评估成败的关键。因此，我们应重视并加大学校内部支持系统的建设和评估。

二、外部支持系统——外部条件

“教育作为一个开放的系统，虽然有它内部的相对稳定的结构和因素，但它与外界始终保持着物质、信息与能量的交换和相互影响。因此，教育变革必然涉及外部环境的生态建设。”（叶澜，2006）[159]如前所述，学校内涵发展是社会及教育发展的产物。过去，在学校办学条件欠缺的时候，我们想的更多是如何改善办学条件，以使更多的孩子享受到优质的教育资源。如今，随着国家的一系列政策的推动，教育的均衡问题得到很大改善，各地的办学条件发生了质的飞跃，为学校内涵发展提供了良好的基础。如果社会能够多给学校一些舆论支持，政府多给学校一定的政策扶持，在体制和机制上能够给校长更多的自主权，给予更大的施展才华的空间，相信我们的一些校长一定能从内涵发展角度出发将学校办出特色、办出水平来。

目前，仍然存在诸多制约学校内涵发展的外部影响因素，如社会对教育的需求不能满足、教育体制机制不够完善、人们对教育及质量的片面认识，等等。这些影响因素的存在反映出教育的社会生态环境与内涵发展之间关系不够和谐，从而影响学校内涵发展的顺利进行，亟须解决这一紧张的关系问题，寻求学校内涵发展督导评估体系实施的外部支持条件。

（一）正确的政策导向支持

正确的政策导向在督导评估中很重要，它决定着教育督导职能的有效发挥。政府及教育行政部门作风的转变关乎着导向的正确性。政府及教育行政部门应树立教育公平观，让教育公平惠及百姓，坚持教育资源的合理均衡配置，如在一定区域内优质教师资源的合理分配与交流，尤其是向薄弱学校的倾斜力度要加大；应坚持科学的教育评估观，实行评估时要重点关注人的发展，关注基于学校基础之上的内涵增值性评估，这样，才能更好地激励不同层次学校的发展；应坚持服务与指导的理念，服务于基层，服务于学校，不再是行政命令、指手画脚，而是想基层之所想，急基层之所急，切实深入基层，帮助基层排忧解难，一切都围绕有利于学校、有利于教师、有利于学生健康发展的目的而工作。总之，正确的政策导向保障就是要努力为评估体系的有效运转提供良好的倾斜政策。

（二）良好的舆论氛围支持

舆论氛围导向应是学校内涵发展外部生态环境的最根本因素。当然，舆论导向的建立会为学校内涵发展提供最为有利的氛围保障。

首先，应把握好策略问题。正确处理好外部生态环境与学校内涵发展之间的关系，积极主动调整好不同主体的不良心态，不应急功近利，只看快速的短期效益，而应有长远的可持续发展的眼光，选择正确的长期的策略，因为教育不是个短期见效的产业，它要靠用心进行无数次扎实的积累，通过无数次的长短效益之间的良性循环而获取最大化的效益。

其次，应立足于社会的需求。一般来讲，教育是为社会服务的，教育的发展是受社会需求约束的，社会需求应是教育发展的根本动力。可以说，有什么样的社会需求也就会产生什么样的适应这一需求的学校教育。在一段时期，教育的政治目的突出，学校教育就是“为无产阶级政治服务”；在另一段时期里，社会及家长对分数过于追求，唯分数论一度泛滥，也使得学校难以有立足于以人为本的学校教育。随着社会的发展，尤其是改革开放以来经济的全面发展，社会对教育的需求更加丰富、多样，学校教育必须向着更高的目标发展，这就更需要社会对学校多一些理解和支持，给学校最大化的优质发展的舆论空间，使得学校能够在管理、质量及标准等方面的优质能量得到释放。

最后，应提高人们的认识。一段时间，教育行政部门由于认识上的问题，总是靠行政命令来管理学校，并非深入基层调研，与学校沟通协商，帮助学校解决发展中的实际困难，提出可行性的建议。另外，学校自身的认识也不够到位。一些学校存在推着干、跟着看的情况，思想认识上比的更多是学校的硬件基础及师生基础水平，从一开始的起点上就自甘落后，没有从根本上认识教育的真谛，认识到是自己的努力不够，主观上想尽一切办法挖掘现有校内外教育资源，从手段和方法上下功夫，尽力提升学校的办学效益。还有，社会的舆论导向不够通达。从我国几千年的传统文化来看，尤其是受升学率影响这么多年，应试教育一度泛滥。公众接受新事物可能需要一段时间和过程，对一所学校的评估多数停留在唯分数上，大多数仍旧犯印象病，评估时某种程度上印象观起了很大作用，择校热、择班热现象仍然难以取缔，甚至愈演愈烈。这也反映了各方都呼唤有一种更加客观、科学的评估标准，为名校、窗口学校以外的更多学校以校本管理及校本发展的有利契机。

（三）健全的体制机制支持

“体制的束缚是一段时期教育发展的障碍。教育行政管理体制是国家和地方各级人民政府以及它的职能部门对教育事业管理上职权划分和工作制度的总称。它可以分为若干类型，例如中央集权制与地方分权制、从属制（教育行政从属于国家一般行政）与独立制（教育行政脱离国家一般行政）、开放型与封闭型，等等。”（候光文，1996）[121]而我国的教育行政管理体制从属于国家一般行政，强调的是集权，学校没有办学自主权。绝大多数地方政府或行政部门对学校管理直接调控，统得过死，要求规范整齐，缺少激励扬长之机制，束缚了学校的自主发展。学校办学难免出现千校一面、千人一面的状况，很多学校教育资源浪费，管理效能不高。由于人事权及课程开发权等方面的束缚，导致学校发展无特色，师生发展单一化。

我们知道，体制机制问题是学校内涵发展的制约因素之一。近年来，伴随着教育体制的改革与课程改革的推进与深化，学校需要拥有一定的办学自主权。但是，在一些地方，总有一些行政部门受利益驱动不肯放手，集权统管很多制约学校发展的教育资源，致使一些发展好的学校不能大刀阔斧地锐意改革，一些发展基础不好的学校也是畏首畏尾，生怕触及“高压线”。学校内涵发展的推进有待教育行政部门进一步推进教育体制改革，建立健全管理、培训、激励等机制，让更多的学校释放出办学的生机和活力。在办学体制上应构建多元化并进发展模式，尤其是调动一切社会力量办教育，使国有、民办的义务教育学校都能得到很好的发展；在管理体制上，应强化立法，增强学校的自主办学权和为社会服务的权利，从有利于学校发展的角度进一步明确学校的权利与义务，如给学校一定的人事任免权、部分校内设施建设招标权和部分内部管理收费权，等等。这样，才能在一定程度上为学校的自主发展提供可能性。

对于督导部门来说，要积极贯彻执行《国家教育督导条例》，确保教育督导的合法性、独立性，在评估时具有更强的话语权，才能确保督导评估结果认定及使用的权威性。

（四）必要的经费支持

对于一个区域来讲，学校内涵发展督导评估的前提基础最好是学校办学条件趋近均衡化水平，是指信息化资源的均衡化，这是为学校内涵发展督导评估操作体系运行提供条件保障。当然，学校办学条件的均衡化在很大程度上取决于政府的行为，政府需要提供一定的政策扶持，保证所有的地区学校办学硬件水平及师资水平达到一个基本要求，这就必须提供必要的经费做保障，努力做到城乡间、校际间的基本均衡。另外，也应有一定的学校自主发展经费，或是给学校办学经费一定的自主权，为学校进行校本课程研发、特色教师队伍的培养及办学特色的打造提供一定的保障，这样才能鼓励每一所学校尽其所能办出特色、办出水平来。同时，督学为了能够驾驭内涵发展评估指标体系和操作体系，系统的专业培训、学习经费也是十分必要的。还要建立电子化评估操作系统，尤其是内涵增值性评估系统的建立和维护，这些都需要一定的经费作支撑。

（五）系统的专业支持

学校内涵发展督导评估体系必须要有一定的专业支撑，无论是指标体系的架构，还是指标体系的实施，都要求督学拥有较高的专业化水平。尤其是操作系统中的内涵增值度的测评必须依靠专业的技术软件，即时性评估系统则要求督与被督双方必须依靠现代化信息手段方可完成。教育资源得到一定的均衡配置后，必要的专业引领也必须跟上。一方面，业务部门、师训部门应给予师资队伍不同层次的培训，如教育教学能力、信息资源的建设与利用、现代教育资源的科学合理使用、教育科研、课程实施与评价等方面的通识培训，还应对骨干教师、青年教师、班主任等进行分层次的需求培训；另一方面，督导部门应就指标体系对学校中层以上干部及督导专干分项进行培训解读、分项指导，使被督对象充分了解学校内涵发展督导评估指标体系的理论及实践操作，尤其是操作系统的培训必须到位，便于在督导过程中督与被督双方能够相互沟通、相互理解、相互合作、互助共赢。

第六章

学校内涵发展督导评估价值体系

本章概要

在本章中，笔者分析了内涵发展督导评估价值的含义，内涵发展督导评估价值体系的构成与主要功能，以及内涵发展价值体系的现实转化，从而建构学校内涵发展督导评估价值体系的理论框架。

首先，阐释内涵发展督导评估价值的含义。内涵发展督导评估的价值就是主客体双方依据一定的价值观形成的价值认识、价值判断和行为取向，并在实践中建构共赢的交互关系，对主客体内在品质自我提升产生积极的影响。其次，在阐释价值体系基础上，完善内涵发展督导评估价值体系的构成。主要从可能价值和实践价值两个维度讨论其构成。再次，论述内涵发展督导评估价值体系的主要功能。在整个内涵发展督导评估体系中，价值体系体现的是宏观层面的特质，具有导向功能、监督功能、激励功能和调控功能。最后，阐述内涵发展价值体系的现实转化。从评估价值体系自身的本质特征、满足主体的需求和其自身的功能属性特征方面，尤其是从现实转化方面体现它的可能价值和实践价值二者之间的融合。主要从做好价值定位、确定价值形态、建构价值标准、进行价值判断等方面阐述价值体系的实践要素，为微观层面的指标体系和操作体系的建构奠定基础。

第一节 ｜ 内涵发展督导评估价值的阐释

任何一项评估活动都应该有其自身所倡导的价值体系，这个价值体系是整个督导评估活动的灵魂。它是建立在评估主体需要基础之上的一种理性思考和价值追求。

在现实中，人们的需要及价值追求是多样化的。当然，多样化的价值追求有其自身存在的原因，因为它要体现和满足个体的价值需要和追求。而我们督导评估要做的事情则是按照评估目标，将多元化的价值追求整合成主导的价值追求。也就是说，使不同个体的多样化价值追求在督导评估实践活动中能够合理存在，共融发展。然后，将主导的价值追求通过一定的形式呈现给主客体，尤其是客体。在进行合目的性和合规律性论证后，努力达成主客体认同，以此引领整个督导评估活动的全过程，实现主客体共同发展的目的。

目前，在教育督导评估领域，世界各地开展了多种多样的评估活动，多数的评估活动是以评估指标体系为统领，但评估指标体系是在什么样的评估理念下建构的，却很少有人去思考。以往在指标体系统领下的评估活动有多少是科学合理的，其自身的评估价值该如何确定，这一点在实践中往往被人忽视。其实，相对于微观层面而言，评估价值体系较评估指标体系更重要，因为它主导着教育督导评估的理念、目的、价值及发展方向，决定着指标体系及操作体系不会偏离核心轨道。

一、关于价值的定义

“价值”一词应用比较广泛，如政治、经济、科学、人文、社会、哲学等领域，它贯穿人们的认识活动与实践活动的始终。什么是价值？有的学者认为，价值的概念应包括以下三个层面的含义：一是日常生活中人们使用的价值概念，它主要指客体的某种效用性或积极作用。二是经济学、社会学、伦理学、美学、教育学等社会科学中广泛使用的价值概念，如经济学中的价值，是指凝集在商品中的一般无差别的社会劳动，表示物对人有用或使人愉快等的属性。三是哲学意义上的一般价值概念，即从各门具体学科抽象出价值的本质特征而形成人们对价值的最普遍认识。（王坤庆，2006）目前，多数人认为价值是属于哲学范畴的，具有普遍性的意义，但它是一个复杂而又颇具争议的概念。关于价值概念，在我国有代表性的观点有：（1）认为价值是客体对主体需要的满足、适合、接近或一致。价值的本质是主体本质力量对象化或主体性对象化。这被称为主体性价值论。（2）认为价值是客体与主体需要之间的一种特定的关系。价值来源于客体，取决于主体，产生于实践。这被称为主客体统一论。（3）认为价值是客体对主体生存、发展、完善的效应。价值的本质是客体主体论，是主客体相互作用中客体对主体本质力量的效应。这被称为效应价值论。（4）认为价值是人所赞赏、希望、所追求、所期盼的东西。这被称为人道价值论。（5）认为价值有外在价值和内在价值之分。外在价值是功用价值，内在价值是事物内在的优异特性。这被称为二重性价值论。（6）认为价值是符合系统目的、有助于实现系统目的的东西。价值的主体不限于人，而包括一切有机生命系统在内。这被称为系统价值论。但以上观点都同意采用“价值是客体对主体需要的满足”来界定价值。（王玉梁，1999）（7）认为价值是主体的需要在客体功能属性上的对象化反映。（王立仁，2004）[102]总之，谈价值的概念，主要应归纳为：主体论、主客体论、需要论、人道论、关系论、效应论、二重性论、系统论等。由此看来，价值主要存在于主体的主观意志中，存在于客观实际中，存在于主体的需要中，存在于主客体的相互影响中，存在于主体需求与客体满足需求这一过程的关系中，存在于内在与外在价值的相互共融中。

价值关系中的主体，指人及人这一主体的需求；价值关系中的客体，指满足主体的需求过程中客体的功能属性。也就是说，在这个关系体系中，主体有需求，客体就要按照这种需求，充分发挥自己的功能来帮助主体实现其需求。由此，价值就是主体的需要通过客体功能属性的实现来满足，是主体的需要与客体功能属性之间的有机作用、有机融合。由此，价值是主体需要的反映，这意味着仅有主体的需要不能构成价值关系，还必须有能够满足需要的价值客体。客体凭什么反映主体的需要，凭自身的功能属性。在价值关系中，主体的需要是决定价值的根本和主导，而客体的功能属性是价值的基础。（王立仁，2004）[103]二者是缺一不可的。

综上所述，价值应是在一个系统中主客体对应互动，主体需要通过客体功能属性得以满足的影响状态。其具有主观性、客观性、系统性、效应性的本质特点。

二、关于督导评估价值的含义

梳理完价值的基本含义及特点，那么，我们不禁要问：督导评估的价值到底指的是什么呢？督导评估属于社会学范畴，督导评估价值属于价值的下位概念。两者之间既有区别，又应该有内在的必然联系。

通过价值的概念梳理，笔者更认同系统价值论这一说法。因为督导评估是一个复杂的系统，它不能简单地、绝对地区分出系统中的主体与客体。另外，主客体有时是交叉的，有时主客体有些需求及目的还是一致的，难以区分，因此，它只有满足不同主体、客体的需求，共同发挥其功能作用才能实现目的。督导评估的价值既有价值的基本属性，又有自身独有的特性。首先，督导评估价值与价值一样，都存在着主体与客体。其次，督导评估价值与价值一样，也是在主客体相互关联与互动中产生。再次，督导评估价值与价值一样，其主客体关系属性决定其功能属性。最后，督导评估的价值较一般价值而言，还具有在满足主体需求之后，帮助其提升和改进的作用。应该说，它的价值应体现一种积极的影响，即促进学校的改进与发展。

笔者认为，督导评估的价值应是在督导评估这一系统中满足评估主体的需求，评估过程促进学校的发展，就是有价值的；否则，就是没有价值的。当然，这其中的评估主体有时是督导部门，有时又是被督对象。也就是说，在他评系统中督导部门就是主体，被督对象扮演着客体的角色；在自评系统中，被督对象又扮演着主体的角色。那么，督导部门作为主体，在督导评估过程中就应帮助学校这一被督对象实现积极的发展。在自评系统中被督对象作为主体，承担着督导部门委托的角色，在督导评估过程中代表督导部门对自身进行评估。当督导这一功能属性在督导过程中充分发挥其作用时，也就满足了学校及其中的人的需要，就是促进了它们的发展；如果被督对象是客体的话，在督导过程中它发挥其积极参与、自我评估的功能，无疑，对督导评估的需求也会满足，将起到积极的促进作用。二者之间的关系属性和得以满足的目标需求就应是督导评估这一系统的价值。

参照以上分析可知，督导评估的价值应是在督导评估这一活动中主体的主观需求得以满足，价值客体功能属性得以体现，并在督导评估这一系统中建立一种特定的主客体相互关联的互动关系。

存在即道理。基于社会需要角度不难看出，教育督导还是被需要的，这一点从古时就可证明。社会需要督导评估，学校更是需要督导评估，因为，只有评估才会更好地满足社会对教育的需求，从自评和他评两个方面促进学校的发展。从哲学角度讲，内因、外因相互作用一定会促进事物的最大化发展。近年来，关于教育督导评估的认识、独立性、创新性及实效性日益彰显。由此，督导评估的价值贯穿全部评估活动的始终，并随着时代的发展赋予一定的时代意义。

三、关于内涵发展督导评估的价值界定

内涵发展督导评估就是新时期教育及教育督导发展的必然趋势，它的价值必然体现新时代的特征。相对于督导评估的价值，内涵发展督导评估的价值就更为具体。按照督导评估价值的定义，在督导评估这一活动中主体的主观需求得以满足，并形成一种特定的主客体互动关系。我们不难发现，内涵发展督导评估的主要作用就是要让不同的教育价值主体根据各自的需要，在实践中形成一种价值认识，尤其是人们在教育督导评估中所形成的一种价值关系的认识和行为取向，并使这种价值认识和行为取向在实践中得以转化。

由于内涵发展突出强调的是人内在品质的自我提升，关注的是人这一主体的自我努力程度。那么，内涵发展督导评估就应始终围绕这一核心，引导系统中人们对教育督导评估价值的认识，让不同的教育价值主体根据自己的需求，通过教育督导评估实践，逐步促进主客体双方在日常教育实践中实现价值认同，形成正确的价值判断，进而在相互共融的价值理念支配下产生积极的实践行为。

笔者认为，内涵发展督导评估的价值就是主客体双方依据一定的价值观，形成一定的价值认识、价值判断和行为取向，并在实践中建构相互共赢的交互关系，对主客体内在品质自我提升产生积极的影响。

关于内涵发展督导评估的价值，我们不得不思考下列问题：社会需要教育督导评估吗？学校内涵发展需要督导评估吗？内涵发展督导评估有何特殊价值吗？它应发挥的作用是什么？前文已经说明，社会需要督导评估，教育发展也需要督导评估，那么如何才能证明教育督导评估能有效地促进学校内涵发展呢？这要从以下四个方面阐释评估的价值。一是以什么样的思想及目的来实现怎样的评估活动目标。也就是说，在整个评估活动中，督导者应始终本着促进内涵发展这一评估理念，以促进学校及其中的人的自主内涵发展为评估目的，从而通过评估活动实现学校内涵发展的目标追求。二是评估主体通过什么途径和方法来促进学校发展。当评估的思想及目的确定之后，就要确定采取什么样的策略和路径实现学校发展这一价值。三是评估内容是否可操作和可传授。在理念、目的、策略确定好之后，就要看实施的载体是否恰当，确定的评估内容是否恰切、可操作，是否具有实现评估价值的功能属性。四是评估对象如何能够接受评估的内容，并能将其真正悟化为自己学校管理的东西。在上述四点确定之后，再就要看被督对象的接受性，在自评与他评、过程性评估与终结性评估、鉴定性评估与发展性评估、水平性评估与增值性评估的过程中，被督对象是否跟得上评估的步伐，理解、认同督导评估的内容及标准，并自觉地按照评

估内容及标准自我对照评估。同时，不断地检视自己的行为，自主矫正不当行为，主动地使管理日益规范，步入内涵发展的常态轨道。

当然，在督导评估活动过程中，价值主体还可能会产生新的需求认识和价值追求，这也恰恰是内涵发展督导评估的目的，内涵发展督导评估就是要不断地激发被督对象内在的需求和发展潜能。总之，只有评估活动真正做到上述四条，才能实现内涵发展督导评估的价值。

第二节　内涵发展督导评估价值体系的构成

一、评估价值体系

什么是评估价值体系？评估价值体系是指在评估体系这一系统中，主导教育督导方向和目的的价值追求，多是为满足主体需求评估所能发挥的属性特征。也就是说，只有在决定某项评估是有价值的基础上，建构其价值体系，我们才能更进一步思考评估指标体系和操作体系。为什么呢？这是因为督导评估价值体系反映督导评估的理念、思想，而教育督导评估的理念、思想则决定教育督导的方式、职能发挥和效能。无论是政府督导，还是学校自评或第三方评估，教育督导理念及其价值体系都会起到决定性作用。曾经，教育督导关注结果到关注过程的理念转变引发了终结性评估向过程性评估的转变；而今，关注硬件达标的评估到关注软件管理评估的理念转变则引发外延标准化评估向内涵发展性评估的转变。也就是说，教育的改革与发展深刻影响着教育督导，而教育督导的现代理念也大大地促进了教育的改革与发展，尤其是引发教育理念的转变，激励教育管理者的自我改进，提升教育管理的效能，助推教育的全面育人目标的实现。

那么，评估价值体系的依据是什么？一是评估主体的需求。在督导评估中评估主体的需求满足就应是督导评估的目的，因此，我们应依据评估主体的需求来确定评估理念和评估目的。评估理念将直接决定评估的导向，决定一个时期教育及教育督导发展的趋向。也就是说，靠评估理念来更好地稳定主体与客体之间的和谐关系，形成一种稳定的社会关系秩序。二是评估的功能属性。如何判断一种价值体系的好与坏？它的本质属性是什么？这要从它的功能属性来进行判断。当我们说评估价值体系有什么功能，其实就是指某项评估活动是否有必要，此评估活动能对评估对象做些什么，对评估对象会起什么样的作用，引发什么样的效果，核心就是它最为强调什么，将督导评估引向何方的问题。

总之，评估的功能是解决教育要素之间的关系，评估是为了进一步优化教育要素结构，从而更好地促进被督对象的优质发展。

评估价值体系要负责传承一种评估思想，即依据社会及自身的需求对评估规范要求的合理性及恰切性的一种合理解释和论证，对行为准则合理选择的指导，引领人们能够按照要求和标准做正确的事。它应该引领和规范督导评估主体的行为，体现主体评估行为的合目的性和合规律性。也就是说，它应该体现的是一种让被督对象自主合理发展的内涵指向。当然，笔者所说的价值体系多是指一种具有正向引领功能的价值体系，它具有一定的规范性和约束力。对于被督对象来说，还具有积极的促进作用，因为它是在维护一种积极正态的发展氛围，并科学遵循教育的发展规律。

督导评估价值体系的构成主要有两个维度：一是评估人们计划好的、提前预设的价值，即可能价值；二是评估在实践中所表现出来的价值，即实践（现实）价值。前者指的是评估者主观上设定的较为全面的价值，是社会或主体对评估目的的需要；后者则是指微观层面的评估在实施过程中所显现的客观价值，是评估在满足社会或主体的需要及其功能属性上的对象化反映。当然，评估的价值仍要建立在主体的需要和客体的功能属性基础之上。

二、基于内涵发展的评估价值体系的构成

下面从内涵发展角度进一步分析评估价值体系的两个维度。

（一）可能价值

其实，我们在说评估的价值时，无论谈论何种价值，都不应该脱离评估的本质属性，只有这样，我们才能够更加深刻地理解它的价值所在。评估的可能价值实际上就是一种基于评估目的的具有现实意义的理想价值，它是基于被督对象的现状及未来的目标定位，也是主客体的共同愿景。学校内涵发展督导评估的可能价值是处在社会转型期教育及教育督导的发展取向，是主客体共性和个性发展的共同愿景。具体来讲，学校内涵发展督导评估的可能价值有其社会性，同时为教育注入新的内涵，对教育督导提出更高的目标，尤其是它能够促进主客体之间发展目标的有机融合和互促共赢。从定位上来说，内涵发展督导评估更直接地与教育目标对接，较以往评估而言，更加具有鲜明的时代特征，它更注重人的全面、个性化发展，更加突出学生的适度全面、健康发展、主动发展。它突出强调了个人发展需求与社会发展需求相互融合的理念，赋予教育对象更好的发展的空间和机遇，更是推动教育督导不断良性发展，让人们更加认识到教育督导对教育的推动意义和自身的价值。

可能性是人的基于现实的一种想象，它的呈现过程是主观想象和实践这一可能性的过程。目的达成是理想照进现实，也就是主客体需要得到满足的过程。当然，这种目标实现的可能性恰恰是理想变成现实的前提基础。在这其中，评估成为实现理想的有效手段。

诚然，这一可能价值首先需要明确主体的需要，只有在需要确定后，再在追求主体需要和功能属性两方面加以实施，才能实现。因此，它必须具有导向价值和目标价值。

1. **导向价值**

实际上，任何一项督导评估都有其明确的导向。这种导向是要在督导评估开始前就应该确定。无论以什么样的内容为重点的督导评估活动都需要评估主体深刻认识评估的内涵和实质，并客观、科学地定位其核心价值。所谓导向价值，是指督导评估在满足主体需要的前提下而确定什么样的督导重点，以引领和促进被督对象的发展。在学校内涵发展督导评估中，存在两个维度导向：一是从学校发展角度来确定教育质量目标；二是从学校发展的努力程度上界定教育质量。这就更加明晰学校内涵发展关于推进教育公平和均衡发展的价值追求，以及高品质、高质量、高效能的教育发展观。以此使我们更加明确我们的教育及教育督导的发展方向，我们的学校应该发展成为什么样子的才算是成功的学校，也就是学校内涵发展的真正本质特征。

2. **目标价值**

关于目标价值，则是一种体现督导评估主客体共同愿景的理性价值，它是一种在实施前预定的关于督导评估未来的一种想象，体现督导评估活动主客体的努力方向和奋斗目标。应该说，目标价值反映的更多是人们基于现实和未来的一种预测理想，它承载着评估主体的需求及社会对督导评估的期望，它是评估可能价值的一种内在追求。评估的目标价值可以激励人们为之奋斗，引领整个督导评估体系的实践过程。学校内涵发展督导评估的价值体系更多体现的是人本论的价值观，评估活动应是促进人的主动和谐发展。由于它的核心指标是内涵发展增值度或努力程度，是基于学校发展的动态目标追求，故必然引导被督对象对学校发展本质特征的深刻理解和有效把握。由此，其目标价值就是制定整个评估体系的核心价值，并体现主体自我内涵发展努力程度的价值追求这一目标。

（二）实践价值

实践是什么？实践是人类认识世界、改造世界、满足自我的、人类所特有的对象性活动。实践活动是以人为主体，以客体为对象，是人有目的、有意识的活动。（王立仁，2004）[217]督导评估也不例外，它也是一种包含主客体在内的有目的、有意识的实践活动。

任何一项督导评估活动都有其目的及成效。在评估活动预期目标指导下的督导流程、合作共赢及预期效果等就是评估活动的实践价值，所以，我们首先要设计好它的可能价值，在可能价值的引领下努力追求它的实效性，也就是实践价值。内涵发展督导评估，主要是借助督导评估对被督对象的办学目标、办学理念进行审视，对其教育管理举措及效果进行评价，尤其是对体现内涵特征的管理行为及发展效果进行动态评判。实践价值应体现它的合目的性、合规律性、时代性、现实性和发展性特点，并进一步体现它的现实意义。因此，基于学校内涵发展前提下的实践价值就应由指导价值、秩序价值、融合价值和共赢价值四个方面组成。

1. **指导价值**

所谓指导价值，就是帮助人们从社会发展角度正确地认识评估及教育的发展，并从价值主体角度正确地认识自身发展的需要和正确地提出发展需要。也就是说，在督导评估过程中，评估主体通过一些载体或媒介在满足其评估对象的发展需要的同时，充分发挥其自身的功能属性，即指导的功能。多是指对被督对象进行方向上的引领，指导其单一地进行自我评估或进行问题的自我整改。评估的最终目的不是证明什么，单纯地给被督对象一个评估结果，而是通过评估，了解被督对象的真实状态，帮助其找到自身的发展优势和制约发展的薄弱环节，了解其真实的需求和发展愿望，进行恰切的、有针对性的帮助和指导，激励和促进其向应然状态良性发展。

新时期的教育督导职能发生根本性变化，淡化了“督”与“评”的功能，突出了“帮助”与“指导”的功能。在学校内涵发展督导评估中更多关注的是软件的提升，注重去基础的管理行为与管理效益，那么，基于学校发展的专业化指导就尤为重要，尤其是后发展学校的需求会更加强烈。这时，较以往任何时候的督导评估而言，内涵发展督导评估就更需要督学的深入细致的指导，如学校发展规划的制定、办学理念及办学特色的定位、课堂教学、课程建设与改革、队伍建设等方面工作的创新。

2. **秩序价值**

任何一个社会都有其自身约定俗成的秩序。因为秩序代表一个社会的规范性，也是社会规范的表现形式。如果没有秩序，社会就不会稳定和谐。具体到一个组织也是如此。当然，社会秩序要靠法律的强制和教育的引导。督导评估属于教育范畴，具有一定的社会性和教育性。因此它必然有其自身的秩序价值。它的秩序价值体现在评估主体、客体的规范意识及规范体系上。规范意识是指人们要认识到评估规范的重要性，能够理解必须遵循的规范并自觉遵守规范的内容；规范体系是人们所应遵守的规范内容，多是以方案或机制形式表现出来的规范要求。在开展学校内涵发展督导评估时，督与被督双方就应具有规范意识，明确督导评估的指标、标准及具体操作时的规范要求。具体来说，学校内涵发展督导评估体系所表现出来的秩序价值应体现在它的政策、理论依据和实践操作规范上，是督与被督双方需要共同遵循的行为准则。

3. **融合价值**

学校内涵发展督导评估是社会转型期的一种创新型评估，该评估体系必然具有一些创新性特点。其特点就是：教育督导主体与地区社会、政治、经济、文化密不可分，潜移默化中相互影响、相互渗透。教育督导评估将督与导双方的需求有机融合，通过评估活动赋予评估主体与客体之间新型的平等共融的督导关系。它通过督导评估活动实现督与被督双方之间的沟通协调，是建立在相互统一的发展利益关系上的进一步协调，即满足督与被督双方之间的发展需求。当然，它是建立在双方共同认可的规范基础之上的。应该说，它改善了过去的督与导的对立关系，尤其是被督对象的被动地位。因此，在评估价值体系理念的定位上要突出融合的价值取向，融合价值主要体现在营造督与被督二者之间一种平等对话、积极参与的督导氛围。

4. **共赢价值**

以往督导评估的最终目的就是促进被督对象的发展，这也是它的重要价值之一。发展是督导评估永恒的价值主题，无论以何种方式、何种手段实施督导，促进被督对象的自主可持续发展是督导永远追求的终极目标。

在学校督导评估实践中，内涵发展督导评估体系不同于以往的督导评估体系，它以其自身独有的方式追求变以往的单轨式发展而为双轨式发展，尤其是自评与他评系统的共同运用，评估主客体角色的相互转化，可以说是充分调动督与被督双方的发展积极性，使得督与被督双方在一种和谐共促的环境氛围中谋求最大化发展的可能性。尤其是将内涵发展增值度作为督导评估的核心指标、评估信息化平台的搭建，更进一步促进督与被督双方的最大化发展，使相互共赢的价值得以彰显。

综上所述，学校内涵发展督导评估价值体系应包括可能价值和实践价值，即导向价值、目标价值、指导价值、秩序价值、融合价值、共赢价值等。在督导评估中，两类价值是相互融合的，既满足不同主体的自身需求，又充分体现各自的功能属性，相互影响，相互支撑。

第三节　内涵发展督导评估价值体系的主要功能

在整个内涵发展督导评估体系中，价值体系从宏观层面主要具有导向功能、监督功能、激励功能和调控功能。

一、导向功能

价值体系具有强烈的主导性特点，因此内涵发展督导评估不仅是提高中小学校教育质量的途径，而且对于一个地区义务教育的发展起着非常重要的导向作用。毋庸置疑，导向功能是内涵发展评估几个功能的核心功能。从内涵发展角度讲，与之相匹配的督导评估的导向就应分为内涵导向和发展导向。所谓内涵导向，是指在学校发展过程中淡化硬件规模的扩张，引领被督对象自觉主动地重新调整发展战略，侧重挖掘学校发展的内在软实力，如师资队伍、课程、文化等一些隐性载体的影响力，形成一种良好的内涵文化氛围，潜移默化地从观念到行为上实现被督对象的内涵转变。所谓发展导向，是指在学校发展中引领学校淡化办学基础，主要是指硬件发展水平，不断调整学校自主发展的战略，寻求自主提升软实力的空间，形成一种追求建立在公平基础上的办学质量的发展理念，争取实现教育资源投入与办学质量之间的最大效能化。

具体而言，在理念层面，就必须体现教育督导的绿色生态理念，基于人本的发展需求，努力使教育督导全面满足教育发展的需求；在实践层面，操作体系中的方案就要结合社会对教育的需求以及被督对象的发展需求，且具有一定的可操作性。另外，还要关注可能的结果和这一结果所带来的行为变化。

总之，内涵发展评估价值体系重在突出推进学校内涵发展，积极引导学校整合多方发展资源，不断追求自主办学的优质化、办学成效的最大化、师生及学校发展的最优化。

二、监督功能

在整个督导评估体系中，价值体系极具监督功能，督促整个教育向着内涵正态方向发展。通过评估活动督促主体做出正确的反应，不断改善教育的环境及教育质量。引导评估主体对教育的整体情况进行全面评估，同时借助评估对学校的教育教学管理、教育目标达成情况、教师队伍专业化水平、学生发展等情况进行深入督导，引导多主体的参与、督导评估过程及信息结果的公开都体现这一监督功能。

通过价值体系导向，引导被督对象对自身所拥有的教育资源的品质更加了解，改进内涵发展的环境和影响质量提升的条件因素。同时，可以帮助政府、教育行政部门发现教育发展需求不能得到满足的现状、原因，为区域宏观决策提供依据，为进一步提高教育质量提供策略，为学校乃至区域教育内涵发展指明方向。

更为重要的是，内涵发展评估价值体系在评估前引领微观层面的指标体系和操作体系，在评估过程中有效规范和监督指标体系和操作体系的实施。

三、激励功能

内涵发展督导评估就是要激励被督对象自我定位、自我发展，其评估价值体系必然要体现这一功能。在内涵发展评估体系中，价值体系的激励功能要体现在指标体系范畴的内涵增值性指标中，在操作层面要制定一些荣誉性政策激励被督对象。通过内涵发展评估，引领被督双方客观、公正地看待被督对象原有的办学基础，特别是帮助被督对象根据基础确定恰切的阶段性发展目标。在通过自身努力实现阶段性目标后，督导就应给予肯定性激励，在被督对象自我认定的基础上设定新的发展目标，再设立新的荣誉性激励政策。当然，政府及督导部门应确定多元化的激励性政策，督促不同层次的被督对象能够以先进的办学理念做支撑，充分发挥自身的优势和潜能，不断创新载体，积极打造学校特色，营造团结向上、温馨和谐的校园文化，能够积极参与自主发展，不断自我超越，不断朝着更好的目标努力。

四、调控功能

评估价值体系在整个评估体系中起着非常重要的引领作用，因为它可以适时地对整个体系进行调控。当然，在整个评估体系这一系统中，通过指标体系及操作体系实施评估之后会发现，学校发展仍存在很多问题，如结构的优化问题、资源的整合问题、理念的定位问题、规划的设计问题、课程的实施问题、文化的建设问题、队伍发展与学生发展的制约问题，等等。价值体系可以从大局出发，进一步着眼区域整体发展的需求，从整个区域层面调整教育督导的方向及目标，使之更加切合教育内涵发展的需要。同时，价值体系还可以反观指标体系及操作体系的科学性、合理性及可操作性，是否需要进行整个系统的进一步调整，以更好地提升教育督导的效能。另外，可以通过评估对整个评估系统内部的主体以及内涵发展主体进行监督，使其不断反思教育督导评估目标是否符合教育发展目标，督导评估活动能否满足被督对象的需求，能否促进区域教育质量的不断提升。帮助被督对象正确认识自身问题，做出科学的有针对性的调整措施，不仅有助于被督对象的发展，极大地推动教育督导的变革，更能促进内涵发展督导评估在微观层面的创新。

第四节　内涵发展督导评估价值体系的现实转化

相对于微观层面的指标体系和操作体系，评估的价值体系有其独有的地位和作用，但同时它的价值判断较为抽象。因此，它的建构恐怕更为困难一些，因为它更多体现的是深层次的思想认识方面的东西，不会像指标体系和操作体系那么具体，具有一定的可操作性。无论是专项督导还是综合督导，评估价值体系的确定都应基于体系自身的本质特征，必须建立在满足主体的需求及其自身的功能属性上，更应体现出它的可能价值和实践价值二者之间的融合。价值体系的实践要素应包含以下四方面内容：一是做好价值定位；二是确定价值形态；三是建构价值标准；四是进行价值判断。

一、做好价值定位

社会转型期，鉴于社会对优质教育资源的需求及优质教育质量的要求，教育督导工作者面临前所未有的艰难抉择，必须甄别和确定轻重缓急。某一时期督导的工作目标及重点是什么，相对应的重点的指导服务对象范围是什么，选择什么样的督导方式，取得什么样的效果，最终谁要为之承担风险管理，等等。这一切都应是评估价值的有力体现。

价值定位，究其根本就是价值选择。督导评估的价值复杂多样，选择什么样的价值取决于价值的着眼点和立足点。也就是说，要基于教育发展现状及时代主题，以更高的定位和更宏观的视野，从为提升教育公平与质量水平的角度进一步明确内涵发展督导评估的核心理念。

理念是指导人们行动和实践的思想、信念、理想。有什么样的理念就有什么样的督导范式，有什么样的理念就有什么样的督导评估成效。督导评估理念其实就是督导的价值思想，它体现的是主观的价值追求，它应是与时俱进的，与教育发展相一致。遵循什么样的督导价值思想，才能够确定什么样的价值体系。在督导评估价值体系中起到整体引领作用的就是核心价值理念，它应代表一定时期教育督导评估的导向。

建立适合的督导评估目标，就是进行科学的价值定位。价值定位是价值思想的立足点和着眼点，是主观的一种价值取向。在学校内涵发展督导评估中我们应本着现代、科学的督导思想，在区域教育质量现状基础上着眼于未来的增值发展。行政、业务、督导部门，部分督导对象及教育系统外人员要共同参与商榷，综合考虑多元主体的意见，设定督导评估的共同愿景，确定适合学校发展的目标体系。学校内涵发展督导评估的目标就是促进学校这一组织系统的和谐优质发展，以及系统中人的素质的全面发展及个性化发展。这一目标体系的确定过程其实就是一次整体的价值定位。

学校内涵发展督导评估就是促进不同层次学校不断自主发展的评估活动，因此，我们应将“为了教育的一切发展而督”作为学校内涵发展督导评估的理念，以此来规范和引领督导评估工作。在综合督导与专项督导评估工作中，督学应面向全体，坚持公平观、均衡观、质量观、发展观。通过监督、指导、检查、评价、服务，给每一所学校公平的机会，在关注差异的基础上，采取激励性政策，努力促使每一所学校都能有所发展，获得成功；面向全体，关注优质学校的辐射作用，更关注薄弱学校的进步发展，关注城市学校的稳步前进，更关注农村学校的基础和努力程度，尽力缩小学校间差距，实现城乡教育一体化；由过去注重学校客观环境条件评估的“督”转向淡化硬件、关注软件评估的“导”上来，将督导评估的重心转移到关注教育质量、课堂教学、师生发展上来，引领学校按教育规律办学；坚持以人为本的思想，在去学校办学基础的前提下开展分层次督导，充分尊重被督对象，激发被督主体的自主意识及潜能，充分调动被督对象的积极性、主动性和创造性，帮助学校自主规划、自主监督、自主评估、自主发展。督导中，责任督学始终遵循“理念先行、注重内涵、突出增值、彰显特色”的工作原则，坚持基础性评估与内涵增值性评估并举的方针，使学校办学努力步入自主内涵、特色发展的轨道。

因此，学校内涵发展督导评估的价值取向就应是满足督导评估主客体的发展需求而服务，应是促进组织的自主内涵发展及个人素质全面提升为目的，应是引领组织或个人为实现内涵不断增值发展而努力。

二、确定价值形态

价值形态是价值思想的主观路径，需要有一定的理念作支撑。学校内涵发展体现了新时期教育发展的导向，赋予教育质量以新的内涵，这是一种基于教育要素及功能优化的整体的质量观，更是一种关注组织及个人变化的自我超越的动态的质量观。学校内涵发展督导评估的价值就聚焦在整体、多元、内涵、增值、发展这 5 个核心词上。整体体现督导评估的全过程、教育质量的全面性以及教育要素的和谐统一性；多元主要是指评估主体的非单一性，价值主体的多元需求、评估内容的多元性及评估标准多层次性；内涵主要是指基于内在发展软实力的特性，主要强调主体内在品质的不断优化；增值主要是指评估主体通过自我努力而使得自身内在品质发生进步的一系列点状积累；发展主要是指通过主客体的努力自身品质不断优化的过程。因此，学校内涵发展督导评估的价值形态就应是由整体、多元、内涵、增值、发展所组成的一种理想的存在状态。

三、建构评估价值标准

在价值定位之后，就要思考与之相一致的评估价值标准。当然，这一标准既要体现对指标体系的导向，也要体现对操作体系的导向，也就是为价值判断提供什么样的依据。一是要基于学校发展需求而践行的评估主题。评估的目的是促进学校的发展，内涵发展的一个显著特征就是最大化地满足人们对优质教育的需求，这就要求督导部门时时处处关注学校的内涵建设，帮助学校抓住内涵发展的核心要素和有效载体。在督导过程中，帮助学校提炼有效管理经验、特色，及时发现制约学校发展的根本问题，找到相应的解决对策，引领学校正确面对大数据，通过分析信息发现背后所隐含的各种问题，更要深入挖掘关键问题，基于问题确定主题，基于问题开展主题式督导。这种问题式督导实际上就是帮助被督对象破解发展中的问题，在这过程中形成一种基于问题解决的平等合作关系，从而提高教育督导的效能。二是基于督与被督双方需求得以满足，实现利益相互共赢的目的。督导需求就是被督对象对督导人员的专业服务的一种渴望。在评估中它必须建立在督与导双方的内在需求的契合点上，建构相互共融、相互影响的目标。一方面，这种新型的督导需求改善督与导的关系，使得督导人员更加慎重，督导中尽可能相互协商、交流互动，全方位、多渠道了解学校发展信息，获取更加全面、客观、公正的评价结果；另一方面，这种新型的督导需求更多的是从学校需要出发，注重调动学校这一主体的积极性，主动对接和应对督导评估，不断地自主反思和调整改进，积极借助督导这一外部力量驱动学校内涵发展，自主努力实现自身的需求。三是基于主体的内涵增值发展。新时期基础教育的发展已由数量扩张阶段转向品质提升阶段，也就是我们所认为的内涵发展阶段。这一阶段更加注重发展这一动态过程，更加关注质量的不断提高、更加关注结构的不断优化以及效能的不断提升。基于学校发展的复杂性和多样性，督导评估要更具针对性、时效性，主要聚焦在引领学校淡化办学外部建设，通过队伍建设、课程建设、特色建设、文化建设等内涵层面建设，追求主体的自主创新、自我超越，推进以人为本，促进学生全面健康、适度向前、不断发展。

在目标体系确定之后，就要在这一目标体系的统领下梳理和确定上述几个重要的发展维度，并基于这几个维度进行价值判断。当然，基于问题的主题、督导需求及主体内涵增值发展度这几个发展维度制定价值标准时，还需要考虑学校内涵发展的几个层次而定，针对不同的层次采取不同的评估价值标准。这样的话，就需要我们对被督对象进行内涵发展水平界定。将被督对象划分类别，主要是针对基础进行划分，哪些属于低位发展水平层次，哪些属于中位发展水平层次，哪些属于高位发展水平层次。只有正确划分不同的发展水平，才能科学地确定不同的评估主题、督导需求及内涵增值度范围。这些不同层次发展水平划分的依据就是价值评估标准。

四、进行评估价值判断

价值判断就是价值引导行为的实践路径，也就是价值观念的具象化。它是评估者在确定评估价值理念及目标之后所建构的一定的组织程序，是建立在督导价值标准基础上的评估行为及教育行为所起的作用和带来的一系列变化。那么，如何进行价值判断？就是在价值观念引领下，遵循一定的价值标准而采取的一系列判断行为，并通过行为驱动促进被督者内在品质不断提升的过程。针对不同的对象做出何种价值判断，完全取决于价值标准。价值评估标准具有一定的层次性，这种层次性主要是依据不同层次的对象，那么在进行价值判断时也要遵循标准的层次性来诊断不同层次的对象，采取不同的标准对被督对象进行价值评判。如对内涵发展初期的学校，主要采取条件性标准这种最基础的达标评估；对内涵发展中期的学校，主要采取发展性标准，从技术与方法上就内涵的几个维度引领学校发展；对内涵发展成熟期的学校，主要采取增值性标准，引导督导评估部门建立完善的学校内涵发展督导评估运行机制，引领学校建立健全内涵发展运行机制，通过现代信息技术平台与开放的评估方式，对被督对象进行内涵增值度提升的评估。

另外，价值判断的层次性还可以体现在督导评估方式的层次性上，可以分为综合督导、专项督导、经常性督导三种形式。三种形式体现整体性、专题性和随机性等特点，使教育督导在操作层面实现全覆盖。只有这种分阶段、分层次，突出差异性和专业性的评估，才是有效的评估。当然，有效评估所带来的变化和结果又反证价值体系的科学性和实效性。

第七章

学校内涵发展督导评估指标体系

本章概要

本章主要从指标体系的概念，建构的依据、原则、方法、步骤，指标体系的功能与特点等方面进行梳理分析，提出建构学校内涵发展督导评估指标体系的理论体系。

依据学校内涵发展要义，学校内涵发展督导评估指标体系应具有政策性、专业性、聚焦性、激励性、情境性和可操作性的特点。因此，建构学校内涵发展评估指标体系应采用内涵分析法、逻辑分析法、特尔斐法、提纲访谈法及问卷法等 5 种方法，采取考量确定评估的内容、指标的分解、权重的确定及等级赋分四个步骤。评估指标体系建构时应遵循以下六个原则，即导向性原则、全面性原则、增值性原则、过程性原则、权衡性原则及实效性原则。其中增值性原则和实效性原则突出了本评估指标体系的创新之处。

学校内涵发展督导评估指标体系的建构是本书最核心的研究成果。它由三个系统组成：指标要素系统、指标权重系统及指标标准系统。本指标体系共分为 6 个一级指标、22 个二级指标、63 个二级指标。各指标要素的结构即反映出各级指标要素间具有一定的逻辑关系，各级指标要素是相互支撑、相互关联的。

学校内涵发展督导评估指标体系的建构既是理论架构的过程，又是逻辑实证的过程，更是价值引领的过程。在设计指标时，我们需要用心去选择、去判断，因为我们选择不同的指标概念，就代表着不同的客观事实和价值判断。社会学中有句名言："没有理论框架的任何实证资料都是无效的。"同样，学校内涵发展督导评估指标体系的实质就是对学校发展的价值取向和认识方式重新思考、定位的过程，应该是学校督导评估指标重建的价值追求，更应是促进学校中的主体，即师生伴随着学校共同发展的过程。因此，在学校教育督导评估时对学校内涵发展督导评估指标体系要进行准确定位，即解决学校内涵发展的评估内容，并采取科学有效的评估方式对学校内涵发展的状况进行客观准确的评估，引导和激励学校走内涵式发展之路，实现学校效能的最大化。

第一节　评估指标体系的概念

一、评估指标

指标（index）指的是衡量目标的单位和方法。基本解释应是预期中打算达到的指数、规格、标准。指标一般由指标名称和指标数值两部分组成，它体现了事物质的规定性和量的规定性两个方面的特点。从社会学角度来看，指标是一种复合测量，它包含了多个具体的观察，并代表着一些更一般的维度。它往往通过单个属性的分值累计来建立。（芭比，2009）有关社会学研究文献显示，指标的使用频率较广，但事实上指标的建构却并非易事，而是具有一定的技术含量的。主要是因为指标的逻辑结构决定其建构的逻辑，使其具有一定的复杂性。

评估指标则是用于评估范畴的指标，就是用于衡量评估目标的单位和达到规格的方法，指的是预期要达到的目标要素和标准。它是由评估要素及预期数值构成的。它可以应用在教育、社会、经济等多个领域。评估指标的建立必须始终围绕着某一个领域，思考与项目相关联的项目指标，再进一步优化、选择，使之有效地服务于评估。

二、评估指标体系

指标体系是指评估对象全部要素的集合，即根据目标设计的一组定量指标，是指由一系列相互联系的指标构成的体系，它能够根据研究对象的目的和要求综合反映出对象各个方面的情况，也可称为评估某一特定问题的、系统化的指标集合。指标体系具有一定的层次性，可分为一级指标、二级指标、三级指标三个不同层次指标要素，各指标要素具有体现不同作用的权重，指标要素及其权重必须是可测的。

> 由评价指标根据评价对象诸因素构成的逻辑结构组织成的有机整体。衡量教育评价对象发展水平或状态的量标系统，是进行教育评价的标准体系。它由三个系统构成：一是指标系统，包括指标及其要素的结构；二是权重系统，包括各级指标及要素的自重权数和加重权数；三是标准计量系统，包括标准和计量方法。（陶西平，1998）[112]

评估指标体系是学校督导评估体系的核心部分，是学校督导评估的重要依据，也是被督对象进行自我评估的准则，更是学校未来发展的方向性纲领。由于教育督导评估的复杂性，决定了评估指标体系要应对这种复杂性，因此，它应具有目的性、导向性、全面性、科学性、发展性及实效性的特点。

第二节 指标体系建构的依据及原则

一、建构的依据

一般来讲，在建构学校内涵发展督导评估指标体系时，我们的主要依据应包括以下几个方面。

一是应着眼于理论依据。任何评估都应是在一定理论指导下的实践，对学校内涵发展的评估也不例外。那么，确定学校内涵发展评估指标体系也应有一定的理论基础和依据，如教育学、心理学、社会学、经济学、管理科学、系统论、教育哲学思想及方法论，面对社会转型期复杂多变的教育现象、教育主体及不同层次的督导评估者，更应运用复杂理论，从多维的视角加以分析并制定较为科学的评估指标体系。

二是应着眼于现实的政策、法规。包括国家的教育方针政策及有关文件，还可以包括地方的规定、条例等，如《国家中长期教育改革和发展规划纲要

（2010—2020 年）》《中华人民共和国义务教育法》《中华人民共和国教师法》及地方的教育改革发展规划等文件，都应是制定督导评估指标体系的重要依据，甚至有些文件的重点内容都可以渗透其中。

三是应着眼于教育发展的规律。如对义务教育的督导评估指标体系应关注是否符合义务教育阶段教育对象的发展规律，教育的目标及核心评估指标是师生发展，那就要关注教师的发展规律，还要关注这一阶段学生的身心发展规律，德、智、体、美、劳等各方面的发展情况，评估指标要立足于或满足于学校及师生的发展。

四是应着眼于具体实际。一方面，要关注地方教育实际。一个地区的教育督导应有地方特色，立足于地方教育的发展需求，为此，制定的评估指标体系一定要能促进地方教育的发展，并有一定的导向作用，如上海的"发展性评估""绿色评估"，辽宁省"基础教育强区标准"等就极具地方特点，对地方教育有很大的促进作用。另一方面，要关注督导者与被督对象两方面。标准既要考虑被督对象的实际，又要符合督导者实际驾驭指标的能力，因为从整体上看，目前中国教育督导者的专业化水平并不高，和国外相比有相当大的差距。由于教育督导体制不够健全，对于督学的专业化水平没有明确规定，有很多人以前未从事过教育督导工作和学校管理工作，并且信息化水平不高，甚至一些地区的教育督导岗位变成安置部分干部，解决其待遇的地方，一些督导人员不懂教育，难以理解较为复杂的督导评估，在实施的过程中难以正确把握评估指标体系及其标准，督导的手段及方式比较简单，督导的效果及反馈水平也很一般。

五是应着眼于国际现有的评价研究成果。目前，在第四代教育评价观的引领下，一些发达国家的评估借助高等院校或一些专业机构的指导，基于理论层面及实践层面的研究成果非常前沿、成熟，值得借鉴。同时，我们还可以借鉴国内外通用的指标体系建构方法和评价方式，聚焦体现内涵发展指标的集合点，在对大量信息数据进行分析的基础上加以理性的思考和判断，融合地方教育及督导发展要求，进行创造性的选择和构建，从而形成核心突出、独具特色的评估指标体系。

二、建构的原则

评估原则是指依据督导评估的基本目的和评估过程的客观规律对评估的组织者和评估人员提出的基本要求。近年来，我国学者对发展性教育督导的原则进行了许多研究，归纳起来大致有如下几种：第一，方向性原则、全面性原则、指导性原则、反馈性原则等；第二，法制性原则、客观性原则、发展性原则、激励性原则等；第三，计划性原则、科学性原则、民主性原则、创造性原则等。(陈永明等，2009）国内外学者关于督导评估原则的研究对我们建构学校内涵发展督导评估指标体系有着重要的指导和借鉴意义。依据学校内涵发展的本质属性，笔者认为，在建构学校内涵发展督导评估指标体系时，应遵循以下几个原则：导向性原则、全面性原则、增值性原则、过程性原则、权衡性原则及实效性原则。

（一）导向性原则

任何一套评估指标体系都应与社会发展、教育发展保持一致，应满足于社会及教育发展的需求，只有理论先进，才能凸显指标体系的导向功能。一是应立足于条件支撑，如软硬件的投入、法规政策等；二是应有健全的体系保障，如体制机制、活动载体等；三是应有先进的教育理念引领，如以人为本、关注硬件的应用及软件的增值，体现内涵发展的综合性要求，将定量与定性有机结合，将过程与结果有机结合，将宏观与微观有机结合。总之，指标体系既要体现教育发展的数量、结构，又要体现教育发展的质量、效益；既要体现一定的教育发展基础保障，又要体现教育发展的贡献大小；既要符合教育发展的一般规律，又要满足地区教育发展的个性需求。

（二）全面性原则

根据复杂理论，教育督导是一项复杂的动态系统工程，通过对各子系统运作状况进行总体判断得出评估结论。因此，我们必须采取非线性思维方式，从不同角度做出全面的价值判断。督导评估指标的覆盖面较大，有一定的发展空间，一方面，便于督导者把握；另一方面，有利于被督者根据实际情况发展自己的优势及特色。督导评估的方式要注重实地调研、深入课堂、指导合作，注重实绩实效，将动态评估与静态评估有机结合；督导评估的主体要多元化，改变以往的督学单主体原则为多主体原则，即改以督学为主为发挥督学、学校、社会、家长及学生的多主体作用，将自评与他评有机结合。

（三）增值性原则

由于被督对象极其复杂，相互之间存在差异的，如办学基础间的差异、教师间的差异、学生间的差异等，不能简单地用划一的指标来衡量不同学校的办学水平。如果用划一的标准，对薄弱学校来说是极其不公平的，因此，评估指标体系的建构应吸纳增值性评价思想。

增值性评价是指通过阶段性的跟踪研究，收集被评价对象在一个时间段内不同时间点上的发展变化，然后进行纵向比较并得出评估判断的一种评价方法。根据增值性评价理论，在学校内涵发展的督导评估中就是要考察学校或教师对学生发展影响的净效应，即不以发展基础的好坏作为评估的决定性因素，不是简单地用统一的标准来衡量不同学校的办学水平，而是关注学校各项工作的努力程度，将教育教学活动中学校的努力度及效果和学生的发展提高度作为教育质量的重要指标，从而促使每一所学校都能在原有的基础上有所发展，获得更大的成功。

在具体操作时，应将定量与定性评估有机结合，每一个小指标系统中都应有增值性指标。有的是可以量化的，靠数据的比较来给出准确的增值度；有的是要靠经验的判断，如通过主体的纵向比较和横向比较来进行。两种形式交错使用，就会形成一个正确的价值判断。

（四）过程性原则

根据发展性评价理论，督导中侧重管理过程的动态评价，充分发挥学校的自主能动性也是学校内涵发展所必须遵循的。学校的自主能动性离不开过程管理。2005 年全民教育全球监测报告《教育质量至关重要》（The Quality Imperative）指出，从增强对疾病的抗御能力到提高个人的收入水平，其影响效果在很大程度上取决于教学过程的质量。（The EFA Global Monitoring Report Team，2004）对教育质量的评估离不开对教育过程的评估。无论我们建构一个多么科学的指标体系，如果脱离实践过程，恐怕原有指标的合理性、实效性就很难保证。从这个意义上讲，将指标体系与实践过程一一对应，关注过程的点滴变化，自然就会有一个理想的效果。尤其是采用增值性评估指标更需要实践过程的支撑。因此，督导中我们应注重过程管理和监控，建立自我评估的程序及系统，侧重动态评估指标，使学校实现自身潜能的最大化发展。

（五）权衡性原则

督导评估指标体系中的每一项指标所包含的内容在学校内涵发展中的作用是不同的，因此，每一项指标在评估指标体系中所占的权重就不同。权衡性原则就是要体现各要素权重的合理分配。要素的权重主要依据它与教育目标之间关系的强弱；同时，也要依据它的可实践性，必须考虑专家、督学、校长、教师、学生及家长的认同水平。为此，把评估指标按其内部结构、逻辑关系，编排成若干组，印发给专家、督学及被督对象，请他们根据自己对这些评估指标在达成总体目标时的作用理解，分别将每一指标分等，再进行统计和归一处理，权衡确定每一指标的权重。

（六）实效性原则

根据德鲁克的管理效能理论，在督导中，无论是学校自评还是他评，都应时刻关注学校发展目标的恰切性以及实现这一目标路径的科学性。督学应以全新的视角，围绕学校督导评估的效能科学地制定督导评估标准，并以此评估标准引领学校管理效能的提升，即考量学校硬件建设是否与学校的办学质量、学生素质发展成正比。在指标体系建构过程中，坚持理论与实践相结合，力求运用各种有效理论提炼出较为科学的评估指标体系；同时，要注意教育督导评估指标体系中的任何一个指标要素都应是可测量的，要有与之相一致的评估工具将提炼出的指标体系运用于实践，检验其科学性及可操作性，再进行修改整合，不断优化，从而增强这一研究成果的信度和效度。尤其是要符合被督对象的现状及发展实际，既能有效地反映出被督对象的实际状况，更要有助于促进其发展。长期以来，中国教育就是公益事业这一观念已根深蒂固，但中国加入 WTO 后，我们应重新审视以往的教育观念，从多角度、多视角审视我们的教育—学校教育，将教育学理念与经济学理念有机结合，从社会学视角审视社会转型期的教育，既要有服务的意识，又要有对教育的数量、质量乃至效益的要求，尤其是要关注由基于硬件高标准达标转向软件的高水平质量达标。

本研究建构的六个原则，可以说是从不同角度对传统教育督导理念及技术的一个突破。从教育社会学角度，关注社会转型期学校教育的价值取向及办学理念的变革、关注教育督导的立场和观点以及督导主体间关系的重构；从教育评价学角度，关注学校的自我评估、自我发展及努力程度，将自评与他评有机结合，促进学校自主发展；从教育经济学角度，分析教育的投入与产出之间的关系，注重硬件的品质管理和最大化的使用率，提升学校管理的经济效益及督导的效能导向；从教育统计学角度，做每一个个体的基线测试，并进行过程跟踪，通过连续对学校及学生两年或两年以上的学习成绩增值度比较分析进行价值判断，以此引领学校管理重在追求自身的努力程度。这些原则的制定，不仅有效地规范了督导评估指标体系的构建，而且有力地彰显了学校督导评估指标体系建构的宗旨，可以说它具有一定的导向性、普适性和激励性。更为重要的是，它必将带来一种新的思想，一场新的改革，教育督导面临大数据时代，评估再也不是模糊的概念，而是要靠更科学精确的数据来说话；督导的操作工具再也不是简单的谁都可以操作的，而应是只为专业人士设计并可操作的，督导技术应是更加专业、可信的，督导评估必须依据信息化操作平台方可实现；督导的结果也不是教育督导部门独家给出，而应是由教育行政部门、业务部门、被督对象或第三方共同形成，更加公开透明、可信可用的。

第三节 指标体系建构的方法与步骤

一、建构的方法

（一）内涵分析法

首先，基于学校管理要素及内涵发展要义设计不同层次问卷，然后针对督学、校长、教师等分层次进行问卷，选取有效问卷进行学校内涵发展的概念界定、学校内涵发展要素的归类分析，确定学校内涵发展指标体系的核心要素。其次，抽取相关要素设计问卷，下发给部分专家、行政部门、业务部门，听取各方意见。再次将意见与建议综合起来，按照内涵发展要义将教育目标要素及学校督导评估的主要内容进行抽取分类。最后，结合区域教育发展的具体实际及教育督导实践经验加以概括、总结，提炼出学校内涵发展 3 大系统、6 个一级指标。（王晓妹，2012）[2]当然，这种方法不能一次性完成，它需要几次抽取、分类、判断，再综合、抽取、分类、概括、提炼。应该说，越往后，核心观点就越聚焦，核心指标就越突出。

（二）逻辑分析法

指标体系由众多指标构成，主要包括一级指标、二级指标和三级指标。一级指标确定后，按照教育目标及逻辑关系进行层次递进分析，将一级指标逐项进行二级指标分解，分解到不能再分为止，再与内涵发展要素对接，抽取有用的相关要素即为二级指标。依次对二级指标进行分解，分解到不能再分为止，复与内涵发展要素对接，抽取有用的相关要素即为三级指标。同时，对一、二、三级指标进行逻辑关系分析，就每一个方面深入实际研究，将研究结果与提炼的要素对接，最终确定学校内涵发展的指标要素。本研究就是在确定 6 大一级指标后，采用逻辑分析法将此继续分解为 22 个二级指标、63 个三级指标。

（三）特尔斐法（Delphi technique）①

该方法主要是针对指标体系中各要素的权重分配而采取的方法。一、二、

---

① 特尔斐法（Delphi technique）是以古希腊特尔斐地区的预言家命名的，由兰德公司在 20 世纪 50 年代开发出来的。它是用匿名的方式就某一问题发调查表，通过几轮函问、征求、汇集并统一个人的意见和判断，使大多数人在没有面对面地相互影响或相互对抗的情况下对该问题取得一致意见。具体做法是：第一轮，发给专家第一轮的权数调查表；第二轮，把专家在第一轮表中的应答情况反馈给参加者，进一步论证，做出新的估计；第三轮，根据第二轮的统计材料，再进行一次权衡和判断，并充分陈述理由。经过几轮反复，最后取得较为一致的权数集。参看黄崴的《教育督导学》，中国人民大学出版社，2011 年 1 月。

三级指标确定后，就要着重研究在每一级指标中哪一项或哪几项指标的作用最为突出，作用突出的指标就是核心指标，权重最高。核心指标的确定需要广泛听取意见与建议，故应将每一系列指标发给专家、督学、校长，让他们分别进行评判，给出意见及理由，在此基础上经过几个轮次进行评估指标最终的权重定位。如在一级指标中采用此方法，学生发展就被列为核心指标，权重最高；在一级指标办学方向中，办学理念被列为二级指标中的核心指标，在此项中权重就最高。

（四）提纲访谈法

该方法比较有效，主要是针对无法定量或有一定难度的问题而进行的。研究针对学校内涵发展的概念、特征及指标体系进行提纲式访谈。使用这一方法，主要是让被访谈者的思维呈发散性，没有什么提前预设或假设的答案，完全就是让不同层次群体按自己的理解发表各自不同的意见，然后采访者根据经验整理分析。如笔者在本研究中设计的访谈提纲有：（1）您是怎样理解学校内涵发展的？（2）您认为学校内涵发展最主要的表象特征是什么？（3）您认为学校内涵发展的最重要的策略是什么？（4）您认为学校内涵发展评估指标体系中的最核心指标要素是什么？为什么？（5）作为一名教师，您认为一个有内涵的教师的标准应该有哪些？（6）您认为学校内涵发展督导评估的周期是一年好，还是三年好？为什么？（7）您认为学校内涵发展督导评估的主体应由哪几部分利益群体构成？（8）您认为学校内涵发展督导评估指标体系中应不应该有增值性指标？如果该有，应体现在哪几个方面合适？等等。

（五）问卷法

该方法是一种非常普遍的方法，主要是针对督学、校长及教师而设计的，适合在研究初期为了解实际现状而使用。一是针对督学设计的，主要是了解督学们对学校内涵发展的理解、学校督导评估的现状及尚需改进的地方，尤其是关于操作系统等创新性督导方式的思考；二是针对校长们而设计的，主要是了解校长们对学校内涵发展的理解、学校督导评估的认识以及对现行督导评估的建议；三是针对教师们而设计的，主要是了解教师们对学校内涵发展是怎样理解的，希望学校为他们提供怎样的专业化发展途径，希望督导为他们带来怎样富有针对性的专业化指导，尤其是在学校内涵发展中他们想要扮演什么样的角色，并希望得到什么样的帮助。在第三章关于相关概念的界定时，笔者已列举了一些通过问卷法所能得到的有力研究结论。

二、建构的步骤

第一步，多方考量，确定评估的内容。根据国家和地方的教育法律法规、政府的方针政策、教育发展的方向以及学校内涵发展的要义，召集各方面利益代表，采用内涵分析法、问卷法、访谈法等来确定学校内涵发展督导评估的内容。概括来说，在确保学校办学条件达到一定水平的基础上，即在学校内涵发展的前提保障下，学校内涵发展督导评估的内容主要应包括如下几个方面，也就是指标体系中的一级指标，即办学方向、师资队伍、学生发展、课程实施、办学特色及学校文化六个方面。（王晓妹，2012）[1]

第二步，进行指标的逐级分解。按照学校内涵发展的宗旨确定督导内容，按照督导内容分解各级指标，依次为一级指标、二级指标、三级指标等，要对每一级指标有一个概念界定和外延定义，避免交叉或遗漏重要的指标要素，这样才能建构一个较为完整的教育督导评估指标体系。但要注意的是，一定要把握好各级指标间的逻辑关系，尤其是上一级指标能否包含下一级指标，下一级指标是否能支撑上一级指标。在三级指标间要不断地用这种逻辑关系去论证，这样才能构建一个富有层次性的稳定的金字塔式指标系统。

第三步，确定各级指标的权重。指标体系是由众多指标要素构成的，赋予各指标要素不同的权重，需要看各指标要素在整个评估指标体系中的作用，也就是要看它在整个评估指标体系中或分指标体系中的重要程度。当然，不能仅凭个人的意见，而是要综合所有利益群体的意见，如专家系列、学校系列、行政部门系列、业务部门系列、家长系列及社会其他系列等意见，综合大家的经验和智慧将各个指标赋以不同的分数，并进行加权统计处理，确定每一指标的最后权重，最好是经过几轮计算的平均权重更为科学一些。如在本指标体系研究中，笔者先在专家系列、学校系列、行政部门系列、业务部门系列、家长系列及社会其他系列进行意见征询，第一次范围较广，大家意见不一，有的认为办学方向最为重要，有的认为学校文化最为重要，有的认为办学特色最为重要，有的认为教师队伍最为重要，有的认为课程实施最为重要，也有的认为学生发展最为重要，都是站在各自的角度，没有特别突出的指标。笔者通过正反两方面进行问卷，这次选择略有差别，需要选择比例高一点的指标进行权重分配意见问询。如针对学生发展、师资队伍、学校文化、办学特色这些指标进行专家系列、校长系列、督学系列意见征询。在专家系列的 10 位专家中，有 5 人认为学生发展应是最重要指标，权重应在 0. 2 以上；在校长系列的 94 人中，有 40. 6%的校长认为教师队伍应是最重要指标，权重应在 0. 3；在督学系列的 35 位督学中，50. 1%的督学认为学生发展应是最重要指标，权重应在 0. 25 左右；在教师系列的102位教师中，47.3%的教师认为学生发展及教师队伍同等重要，权重各应在0.2以上。接着，笔者又将范围缩小，将指标聚焦在学生发展和教师队伍这两个指标，让专家代表、校长代表、教师代表、督学代表背对背打分。最后，综合各方面意见，将学生发展确定为学校内涵发展的核心指标，并赋以0.26的权重。同理，其他指标的权重大体也是这样确定的。

第四步，等级与赋分。权重是各级指标赋分的依据。在实际制定指标体系时，必须根据权重分配给指标体系中的各个指标以标准分数。本指标体系满分为100分，将每一级指标按照标准都分为A、B、C三个不同等级，并按等分类赋分，一般C等是属于基础等级，在基础分基础上按等级平均赋分。督导时督学主要采取听汇报、问卷调查、访谈、现场观察、查阅资料等方式，对照评估要素，按照A、B、C划分不同等级并赋分。A等，属于优秀，也就是很好地完成指标要素要求；B等，属于良好，也就是较好地完成指标要素要求；C等，属于一般，也就是刚好或尚未完成指标要素要求。如以办学理念的评估为例，主要考察管理体系中是否体现理念—教育教学实践中是否落实理念—学校特色是否依据理念—主体行为是否体现理念—办学声誉是否印证理念。做得好的学校被评为A等，得5分；次之，良好，B等，得4分；再次之，一般，C等，得3分。(王晓妹，2012)[6]

在制定本评估指标体系时，将百分制与等级制有机结合更好一些，因为内涵发展的评估指标主要指向是学校管理的软件指标，而一些软件指标原本就是难以测量的。光凭百分制对有些指标的评价结果可能过于刚性，更何况有些指标是很难用分数来衡量的，如对办学理念、学校文化的督导，用分数制就不如用等级制；光凭等级制可能对于一些指标评估有些模糊，失去数字化的准确性和科学性，如学生发展指标中的学业质量及部分指标增值度的评估就必须要靠数字说话。因此，基于本评估指标体系的特点，笔者认为应将二者有机结合起来。尤其是在最后评定哪些学校是内涵发展示范学校，哪些学校是内涵发展达标学校时，就必须以达到多少分，并且至少有多少个指标达到A等，多少个指标达到B等的标准进行综合判定方可。

第四节 | 指标体系的功能与特点

一、指标体系的功能

正如加德纳（Howard Gardner）所言："过去和现在我都相信评估对于教

育是最有力的手段。”可见，在教育发展的新形势下，教育督导评估对教育的发展具有不可替代的积极作用。那么，建构指标体系的目的是什么呢？“英国2005年《教育法》中制定的学校督导评价方案中，明确指出其评价学校的目的在于对学校自评和改进的鼓励；日本在其战后的学校评价方案中也明确指出：其指导主事（相当于我国的督学）在学校访问的目的是向学校提出指导和建议，与教职员一起找到实践性的解决方法和途径；美国的学校评价方案中也明确提出将促进学校的发展和改进作为学校评价的根本目的。”（马晓强，2012）[9]胡中锋在《教育测量与评价》一书中阐述道：“学校评价的目的是为了从不同角度考察自己学校的实际情况，获得能改进学校管理工作的客观依据。这是从学校内在潜能及管理综合的立场出发，研究管理工作的有效性，从而明确管理有效的方面和需要进一步改善的方面，并力求进行适时的调整和有效的管理，以发挥学校管理的效能，促进学校的发展。”（胡中锋，2006）[479]由此，学校内涵发展督导评估指标体系建构的主要目的就是要构建科学的督导评估标准，为教育督导做出正确的价值判断和方向引领服务，更好地促进学校内涵发展，提升学校的管理效能，促进学校中人的全面和谐发展，进而提升整个区域的教育质量。

那么，指标体系的功能到底是什么呢？基于指标体系建构的目的，可以理解其功能就是要服务于教育的发展，有效地促进学校的发展，而不是简单地给出鉴定和判断结果。究其根本，指标体系应该有两个方面的功能：一是要对不同类别或不同层次学校的管理工作及管理质量进行评判。这一功能主要是促进不同类别或不同类别中的不同层次学校的健康发展。过去，有的评估体系是将学校划分成不同层次，造成在一定区域内好、中、差学校分得特别明显。以往这一评估目的是占主流的。督导时评估主体忽视了学校内在不可抗拒的基础因素而谈质量，加之质量评估又多是终结性评估，用不同层次学校的一次性成绩做比较，基础好的学校一直排序在前，基础差的学校虽已努力，但由于基础差距太大，几经努力也无济于事，始终排在后位，长此以往就造成了更大的差距，更大的不公平。所以，本评估指标体系是在尽量避免这一不公平，尽力关注学校办学质量的同时，更为关注学校的背景、发展的可能性和未来可持续发展问题。也就是说，无论学校发展是什么样的基础，都要靠努力程度或进步幅度来说话。二是要通过本评估指标体系进一步促进学校自主评估、自主整改、自主发展，努力调动被督学校的自主能动性，自主改善不良的办学行为，以提升学校的管理效能。其实，学校发展的主体要靠学校自身，也就是校长、教师、学生的自主努力工作才能达成或改善的，所以，通过评估提升学校改革与发展的自主性、能动性，对达成评估的根本目的具有极为重要的价值。

事实上，评估是起着规范、示范、引领、导向和激励的作用，最大限度地激发学校自主发展的扩张力。针对区域内学校的办学评估标准是下保底，上不封顶，促进不同层次学校沿着有利于自己发展的轨道前行。总之，目的与功能具有一致性，目的决定其功能，有什么样的目的，也就有什么样的功能。二者的功能刚柔并济，既体现刚的规范力和约束力，又体现柔的引导性和激励性。

二、指标体系的特点

依据学校内涵发展要义及表征，笔者认为学校内涵发展督导评估指标体系应具有政策性、专业性、聚焦性、激励性、情境性和可操作性六大特点，具体分析如下。

（一）政策性

教育督导就是对教育工作进行的监督和指导，它是教育督导机关或人员依据国家的教育法律法规、方针政策对同级行政部门或下级人民政府、下级教育行政部门和各级各类学校的教育工作进行监督、检查、评价、指导，以保证国家有关教育的方针、政策及法规的贯彻执行和教育目标的实现。可见，教育督导是教育行政管理中必不可少的组成部分，是促进教育法律法规和方针政策贯彻落实的重要手段，是保证教育目标得以顺利实现的有效机制，更是素质教育得以全面实施的有效途径。

督导评估指标体系就是教育督导评估的标准，是教育政策实践标准的具体体现，因此，它应符合国家及地方政府的政策要求，是国家教育政策和教育发展的评估要求。综观世界各国的教育质量指标大都如此，如瑞典负责国家教育督导的机构是国家教育署，它是对全国儿童、青少年、成人学校和学前教育以及在校学生进行监管的中央管理机构，它主要的职能是确定管理目标、发布政策信息、检查总结改进，但所有这些都必须站在国家的观点上，充分体现国家的政策。印度教育督导工作的主要依据是1986年制定的《国家教育政策》和1992年制定的《教育行动计划》。另外，印度中央教育顾问委员会制定的教育政策和教育计划也是教育督导工作的重要依据。加拿大各省教育部和教育机构通过制定各项教育法律法规政策来控制教育的发展方向和水平，一些教育标准，如学校安全、学校行为标准、教师职业行为规范、学校设备标准、学校设备的使用与维护、室内空气质量标准等，都以教育法规的形式做出明确的规定。(钱一呈，2008)[260-299]

基于此，我国学校内涵发展督导评估指标体系主要应依据《教育规划纲要》以及其他相关的政策和法律法规。其中，对学生发展、师资发展的指标要求应是国家教育目标的体现；对课程的实施与开发则应体现国家基础教育课程改革发展的要求，体现三级课程实施与管理体系要求，尤其是基于学校在规范落实国家课程、地方课程的同时，切实开展好体现学校特色的校本课程，做到三级课程的有机整合，这也体现国家追求教育公平的思想，让每一个孩子都能公平地享受受教育的权利，尤其是弱势群体在学校能够得到学校及教师的关注，并得到很好的发展，充分体现国家办人民满意的教育、追求优质教育最大化发展的宗旨。

（二）专业性

督导评估是一项专业性非常强的工作。其专业性主要是针对督学的专业化水平而言，主要体现在评估的标准建构、手段方法的选择以及实践的具体操作上。以往的督导评估指标体系的建构依据经验来确定的较多，而关于学校内涵发展督导评估指标体系则应体现教育及教育督导的专业性，应有一定的导向性，指导学校按照人的发展规律、学校管理规律办学，学校管理要符合教育及学校发展的规律。如关于学生学业成绩的增值性评估就需要督学对评估系统有充分的了解，有较高的计算机水平及一定的统计学知识，能够看懂分析报告并将其应用于教育教学实践。另外，针对每一项指标的评定等级，能够科学区分并给予准确的价值判断。当然，要做到这一点，督学必须对国家的政策法规、教育的方针政策、学校管理、学校办学质量标准、教育督导评估指标体系的建构及其测量统计方法等操作技术方面有一定的专业知识才行。

（三）聚焦性

学校内涵发展始终强调的是基于硬件设施以外的软实力及成果，其核心要素是人，软实力的提升就是人的提升，所以，学校内涵发展督导评估指标体系应聚焦核心要旨——人的发展，它是以提高教育质量为主线，集目标、过程、方法于一体，并始终关注人的发展的评估体系。因此，它始终聚焦以下三个关注点。

第一，关注学生。它是教育本质的体现，符合以人为本的思想理念，体现以人为本的教育要求，将学生的发展定位为办学目标，同时，它又是办学的策略。它令我们不断地追问三个问题：一是理念的问题，即学校管理的导向或目标定位。也就是说，通过学校管理，要将我们的学生带到哪里去。二是策略的问题，即学校管理的载体或途径，学校将如何把我们的学生带到那里去。三是评价的问题，即学校管理的效果及反馈如何。也就是说，如何确信我们将学生带到那里去。从目标定位、过程策略到效果反馈，始终突出学生这一主体。近年来，世界范围内新一轮课程改革运动确认了整体主义的（holistic）课程取向，强调学生心智、情感、心理和精神等向度的平衡。1999 年，台湾的中小学开始强调以“全人教育”（holistic education，即整体教育）为最终目标。2000 年，香港教育统筹委员会把“终身学习，全人发展”作为新世纪课程改革的基本理念。（安桂清，2007）中国大陆近年来实行的基础教育课程改革及所倡导的素质教育的根本宗旨，也都是突出强调人的发展，即学生的全面发展。因此，学校内涵发展评估指标体系更应将学生发展作为重要评估指标。在整个评估指标体系中，该指标的权重也应是最高的。

第二，关注教师。学生的发展是要通过教师去实现的，并通过教师所开展的一系列活动去达成或反馈，如课堂教学、课程开发、主题活动等。这就需要教师拥有较高的专业化水平，要加强师德的建设和滋养，提高教师的专业情意；要加强教师师识建设和提升，丰富教师的专业知识；要加强教师师能建设和锤炼，提升教师的专业能力。只有这样才能更好地引领学生走自己的路，做自己的主人，做课堂的主人。在指标体系的建构中，要重点关注教师的职业规划和专业发展，这在教育教学中是最具有影响力的。

第三，关注校长。控制论的创始人维纳说过：“一个有效的行为必须通过某种反馈过程来取得信息，从而了解目的是否已经达到。”这一过程的控制完全依赖于校长的专业水平。同样，在内涵发展评估指标体系中对校长的要求更高，需要校长有教育家的情怀和素养。因为他也要不断地以教育家的素养去涵养自我，在组织中进行文化引领，不断努力达到以下三个境界：一是树立什么样的教育观念，也就是确定什么样的办学思想，体现校长对教育的一种上位认识，此乃“道”的境界；二是建构什么样的教育模式，也就是在学校管理过程中所实施的方法和途径，体现校长从事教育、开展学校管理所采取的实践策略，此乃“术”的境界；三是确立什么样的教育愿景，体现校长从事教育的一种价值追求，是否具有教育家办学的情怀和风范，校长将把学校及其团队引向何处的办学愿景，即团队的共同的精神追求，此乃“情”的境界。也就是说，督导评估要引领校长从哲学的高度、从历史的角度、从现实的维度、从实践的深度努力去实现上述三种境界。具体来说，就是不断思考学校的办学理念、共同愿景、管理举措、办学特色及学校文化等，并以满腔的热忱，采取科学的手段和策略引领教师专业发展的理性自觉，引领学生勇于做自我实践、自我成长的主人。

（四）激励性

教育评价中的价值取向问题是教育评价研究中的基本问题，它是任何一个教育评价研究者都无法回避的问题。研究教育评价的价值取向，首先要弄清楚什么是教育的价值取向，因为评价体系是一种教育价值取向的具体体现，它对教育评价的目的、标准和所选择的方式、方法等都起着导向的作用。在我国，教育价值取向曾一度为社会服务，忽视了学校作为评价主体的作用，导致我国的教育评价行政化色彩强烈，存在评价指标统一化、评价内容行为化、评价实施指令化等弊端。（胡中锋，2006）[487-488]评估与评价有着相近的属性，在我国，人们曾一度将评价等同于评估，因此教育评估也存在上述弊端。学校内涵发展督导评估就是要努力克服这些弊端，以正确的理念及行为加以导引。

内涵发展督导评估指标体系应凸显评估激励促进学校发展的功能。它要求评估者要用发展的眼光看待每一所学校，而每一所学校也都要用发展的眼光看待每一名教师和学生。评估指标体系的核心是要重过程、重发展、重提升，即学校在发展过程中的努力程度，重视被督对象在发展过程中的增值度，重视在实践过程中对被督对象的指导，重视对被督对象的潜能挖掘，尤其是对人的深层次需要的激励和赏识，重视被督对象在过程中的自我反思，充分发挥评估的激励作用，以正确积极的思维导向来促进学校的进步和发展。在评估指标体系中，每一大系列指标都渗透着增值性评估指标，以所有增值性指标的综合度来评估和激励每一所学校的自我发展。

（五）情境性

指标属于在情境中可观察到的东西，并可予以正面表述或负面表述。指标是对某个标准的明确，有助于使这个标准具有可操作性。指标总是和某个既定情境有关的。（罗日叶，2011）由于学校内涵发展极具复杂性，指标体系也要照应这种复杂性。所谓的复杂性，是由它的情境性决定的，因为情境性多是复杂不可确定的。在建构指标体系时，应关注情境的复杂性水平，但如何将复杂性降低到最低程度？如何将复杂指标分解成若干个指标？需要视特定的情境而定。一方面，需要向学校解释这种复杂情境，帮助学校管理者理解这种复杂情境；另一方面，需要引导学校积极应对这种复杂情境，并对照标准努力达标。为了满足不同学校发展的需要，我们就应按照需要考虑评估指标对应的标准的复杂情境，将之演变为可理解的评估指标。当然，一些指标要素在某种情况下还会改变情境的功能，主要是指与督导评估有关的一些条件因素。

显然，我们要在关注情境的复杂性的同时，获取足够的信息以有效地评估学校及其中的主体。更为重要的是，针对复杂的情境需要采取丰富的支持工具，只有这样，才能做好针对复杂情境的学校评估。如针对指标体系中学校文化的评估就要基于一定的学校发展背景，因为其中精神文化是需要长期积淀形成的；对学生发展的评估更具复杂性，尤其是学生的学业质量评估就是要看基于一定背景、去基础的增值程度；关于学生心理健康方面的评估更是复杂、难以把握，它需要评估者更加关注学生的个性，并且要采取能够应对复杂情境的支持工具。

（六）可操作性

评估指标体系的制定有一定的难度，难就难在它既要科学建构，又要有一定的可操作性。实际上，一个好的指标体系不能只停留在理论层面的价值，更应体现它在操作层面的价值。所有的指标在进行逐级分解直至末级指标后，就要有针对末级指标评定的标准，使指标体系可测量、可比较。如《香港学校的表现指标2008》的可操作性就极为明确，英国的学校督导评估指标体系也有非常清晰的“七级评价表”。为了资料收集的需要，对判断的概述，也要以等级的形式记录在证据表、督学记录和共同的评价记录中。尤其是对每一个等级的含义要给予较为清晰的界定。可见，评估指标体系的建构及实践的成功很大程度取决于指标体系是否科学、可操作。

因此，本评估指标体系除了在三级指标的分解上下功夫，更是力求要将每一项指标进行A、B、C三个不同等级的明确定位，为获取较为科学可靠的信息，并建立与之相一致的电子化操作系统和基于增值性评价的过程监控系统，这也是对以往指标体系在实践层面的一个创新和突破。同时，针对每一项指标还要有具体的督导检查记录、调查问卷及评估操作工具。不仅便于督学在督导过程中的实际操作和在督导后的信息整理分析，更便于学校对照标准做自我诊评。

第五节 | 学校内涵发展督导评估指标体系的举样分析

举样一：××市义务教育阶段学校内涵发展督导评估指标（试行）

××市义务教育阶段学校内涵发展督导评估指标体系包括行政管理、队伍建设、德育工作、教学管理、教研科研、后勤工作、特色发展及和谐发展八大方面（详见表7-1）。

表 7-1 ××市义务教育阶段学校内涵发展督导评估指标（试行）

评估指标	序号	达标要求	基本达标要求
一、行政管理	1※	有经教代会通过的切实可行的学校中长期发展规划，并积极实施；年度工作目标清晰，工作计划具体，工作措施、职责落实；学校学期工作计划、各部门工作计划与学校发展规划、年度计划相衔接，并形成规范的检查、总结、反馈、奖惩等管理制度，计划执行效果良好。	基本做到
	2	教代会、校务公开等制度健全。民主监督有效，执行重大事项议事规则。学校基建、大宗物品采购等严格遵守有关规定。	基本做到
	3※	校风、教风、学风好，人际关系和谐，全校师生具有积极进取的精神风貌。	基本达到
	4※	校园环境优美，做到绿化、美化、净化、育人化。校园文化内涵丰富，人文环境优雅，社团活动生动活泼、形式多样，效果好。	基本做到
	5※	关心家庭经济困难学生，按规定接纳流动人口子女入学，热情关心、教育他们，使他们健康成长。	基本做到
二、队伍建设	6※	学校领导具有现代教育理念，有较强的教学业务能力，并能坚持任教好本专业学科。	任教好一门学科
	7※	学校领导具有较强的教育教学业务指导能力，能深入课堂听课、调研，听课节次每学期不少于30节，每学期阶段性的教学情况讲评不少于2次。	听课多于20节，讲评多于1次
	8	领导班子团结协作、作风民主、公正廉洁、管理高效，教职工信任度达90%以上。	80%以上
	9	切实遵守教体局的“四不准、四严禁”规定，学校行风考评达95分以上。	85分以上
	10※	教师具有现代教育理念，树立全面发展观，尊重学生个性差异，注重学生个性特长和学习能力的培养。	个别教师缺乏
	11	教师学历合格率达100% 。	98%
	12	教师高学历比例、普通话、计算机合格率超过规定指标（初中65、95、90；小学70、98、90）。	达指标的85%以上
	13	积极开展校本培训，有层次分明、目标明确、措施落实的教师培训计划，成效显著。	取得一定的成效
	14	市级及市级以上名师（教坛新秀、学科带头人、“三十佳”）占专任教师的10%以上，且能充分发挥示范带头作用。	5%以上，示范作用发挥一般
三、德育工作	15	全员育人的职责和要求明确，考核制度落实，师生关系良好，无侮辱、歧视、体罚和变相体罚学生等现象。	基本达到
	16	重视德育创新，拓展德育的途径和方法，团、队工作扎实有效。	基本达到
	17	加强班主任队伍建设，班集体建设效果好，学生自主管理能力强。	基本达到

续表

评估指标	序号	达标要求	基本达标要求
三、德育工作	18※	对学生进行时事政策、爱国主义、心理健康、法制、安全等专题教育，教育效果明显，师生中无受行政拘留及以上处分。	基本做到
	19	开展丰富多彩的社会实践活动，效果好。	基本做到
	20	学校、家庭、社会三结合教育工作好，办好家长学校，做好家访工作，家访率达100%。	90%以上
四、教学管理	21※	教学管理制度健全，教学管理规范，有教学流程管理规定，运作规范，教学质量监测制度落实。减轻学生课业负担，措施落实。	基本做到
	22※	积极实施课程改革，开发校本课程措施有力，成效明显。	有一定成效
	23	创新教学方法，教学质量高，抽测六年级调测、初中毕业会考成绩处同类学校中上等。	处同类学校中等
	24※	教学器材管理到位，教学实验开设率为100%，学生实验操作能力强。	98%
	25※	认真实施《学生体质健康测试标准》，确保学生每天一小时体育活动时间，体育工作成绩突出。	有一定成绩
	26	扎实开展体育与艺术教育活动，确保每个学生在九年义务教育期间能够学习掌握两项体育运动技能和一项艺术特长。	体育与艺术教育活动能开展，但掌握一般
	27※	学校教育信息网络富有特色，网页内容丰富，更新及时，具有上下交流互动和整合资源的功能。重视教育网络资源库建设，资源利用率高，满足教师、学生教与学的需要。	有交流互动的功能，内容一般，能基本满足
	28※	100%教师能运用信息技术制作电子教案和课件，有效应用与设计信息化教学资源，多媒体使用率达75%以上。	95%、60%以上
	29※	学生学籍档案规范，能建立科学的学生成长评价体系。	基本做到
	30	对学习困难学生开展帮教活动，措施有力，效果好。学业成绩处于后20%左右的学生，校内纵向比较，成绩逐年进步；全市横向比较，数量逐年减少。	有一定效果、效果一般
	31	班额控制在初中50人、小学45人以内。	55人、50人以内
	32	图书按《中国图书馆图书分类法》进行分类登记及达到藏书分类比例；生均图书初中40册以上、小学30册以上，配有一定数量的电子读物，每年按不少于藏书标准的1%比例更新；报刊种类初中80种以上、小学60种以上；教学参考书、工具书种类初中180种以上、小学120种以上。	达要求的80%以上
	33※	提高图书借阅率，书刊年出借量生均12册以上，落实学生阅览室开放制度。	达要求的90%以上

续表

评估指标	序号	达标要求	基本达标要求
五、教研科研	34	健全校本教研制度，教研活动正常、有效。	基本达到
	35	近三年教师市级及以上获奖、发表的论文总篇数与专任教师数之比大于80%。	60%以上
	36※	运用教育科研解决学校教育教学实际问题，效果明显，教师参与教科研面达80%以上。	70%以上
	37	教科研成果在市内推广或有一定影响。	至少有一个课题在市及以上立项
六、后勤工作	38	校产设施、装备管理到位，管理制度健全，责任明确，有专人负责，财产登记完整，财物相符，添置或更新记录全、安全措施有力，维修保养及时，使用率高、效果好。	基本做到
	39	严格执行财务制度，会计持证上岗，管理制度健全，账目清楚，做到账物相符，账账相符，审计合格。	基本做到
	40	学校安全工作制度健全，定期进行全员安全培训；有安全工作应急预警机制，并能开展演练，做到师生人人知晓。	部分师生知晓
	41	食品安全工作扎实有效，保证学生有足量的符合卫生标准的饮用水，饮水器及时消毒。	基本具有
	42	学校无安全隐患，近三年无重大安全事故。	基本做到
七、特色发展※	43※	努力培植学校办学特色，目标明确，措施有力，并能持之以恒地扎实实施。	基本具有
	44※	有一支具有相应特长的教师队伍，有数量足够的实施特色教育的设施设备，能经常开展特色教育。	基本具备
	45※	特色教育成效明显，学生的兴趣爱好与特长得到较好的培养与发展，全校50%以上学生接受特色教育，并有一批尖子学生在市级及以上获奖。	20%以上
八、和谐发展	46	“结对帮扶”工作积极主动、扎实有效。	能开展、效果一般
	47※	学校工作典型经验在市内外媒体、会议等介绍、推广。	在市内介绍
	48※	学校与所在社区、联系单位协作好，社区对学校工作支持、效果明显。	基本做到

带※的为内涵发展指标。

依据学校内涵发展的本质属性及其评估标准，上述指标体系的一级指标只有两大项符合标准，其他基本上就是基于学校常规管理的督导评估指标要素，可操作性较强。指标体系中二级指标共有21项属于内涵发展（表中带※号的)，标准的符合率不足50%。其中强调学校领导必须有现代教育理念、强调关注学习困难学生的学习成绩提升的纵向、横向比较，强调接受并关注外来务工子女的教育，突出强调全体学生的读书阅览，突出现有教学资源的应用，重视学校管理各环节及办学特色等方面，值得借鉴。但是整个指标体系基于学校内涵发展的指向性不强，目的性及创新性不足，如对于学生的发展、学校文化方面的指标及其权重分配不够突出；从构成指标体系的几个要素来看，缺少指标分解，即将一级指标分解为二、三级指标，各指标间的逻辑结构及相应权重的分配存在不足，尤其是缺少内涵发展的关键性要素，并且核心指标不够突出。另外，达标要求缺少层次性，被督对象的综合达标等级划分及督导评估时督导工作人员采集信息的方式方法未能充分体现。

举样二：××省普通中小学校办学水平综合督导评估指标体系及权重

××省普通中小学校办学水平综合督导评估指标体系包括办学方向、教育资源、学校管理、教育工作，办学成果等五大方面（详见表7-2）。

表7-2　××省普通中小学校办学水平综合督导评估指标体系及权重

A级指标	B级指标	C级指标
A_1办学方向100分（0.15）※	B_1办学思想（40分）※	C_1指导思想（20分）
		C_2办学理念（20分）
	B_2办学目标（30分）※	C_3学校发展目标（15分）
		C_4学生培养目标（15分）
	B_3办学行为（30分）※	C_5执行教育法规（18分）
		C_6遵循教育规律（12分）
A_2教育资源100分（0.20）※	B_4人力资源（40分）※	C_7干部配置与素质（12分）
		C_8教师配置与素质（20分）
		C_9职工配置与素质（8分）
	B_5财力资源（20分）	C_{10}经费保障（20分）
	B_6物力资源（40分）	C_{11}校园（6分）
		C_{12}校舍（9分）
		C_{13}理科仪器和图书（8分）
		C_{14}信息技术（6分）
		C_{15}活动场地及器材（6分）
		C_{16}生活设施（5分）

续表

A 级指标	B 级指标	C 级指标
A_3学校管理 100 分（0.20）	B_7管理体制（10 分）	C_{17}领导体制（5 分）
		C_{18}管理体制（5 分）
	B_8校务管理（30 分）	C_{19}教职工管理（12 分）
		C_{20}计划管理（6 分）
		C_{21}制度管理（6 分）
		C_{22}信息管理（6 分）
	B_9教务管理（40 分）	C_{23}教育管理（15 分）
		C_{24}教学管理（15 分）
		C_{25}体卫艺管理（10 分）
	B_{10}总务管理（20 分）	C_{26}财务管理（6 分）
		C_{27}生活和环境管理（14 分）
A_4 教育工作 100 分（0.30）	B_{11}德育（30 分）	C_{28}德育地位（10 分）
		C_{29}德育内容（10 分）
		C_{30}德育途径与方法（10 分）
	B_{12}智育（40 分）	C_{31}课程开设（10 分）
		C_{32}课堂教学（15 分）
		C_{33}课外活动（10 分）
		C_{34}教学研究与教育科研（ 5 分）
	B_{13}体育（20 分）	C_{35}体育（15 分）
		C_{36}卫生（ 5 分）
	B_{14}美育（10 分）	C_{37}艺术课程与活动（10 分）
A_5办学成果 100 分（0.15※）	B_{15}学生素质发展（60 分）※	C_{38}思想品德素质（15 分）
		C_{39}文化科学素质（15 分）
		C_{40}身体心理素质（10 分）
		C_{41}艺术素质与审美能力（10 分）
		C_{42}创新素质与实践能力（10 分）
	B_{16}办学成绩与特色（30 分）※	C_{43}办学质量与社会效益（15 分）
		C_{44}办学特色（15 分）
	B_{17}学校可持续发展（10 分）※	C_{45}发展规划（ 5 分）
		C_{46}发展潜力（ 5 分）
备　注		

带※的为内涵发展指标。

该评估指标体系共分为办学方向、教育资源、学校管理、教育工作及办学成果五大方面。其中办学方向、教育资源及办学成果可视为学校内涵发展要素，二级指标17项中共有7项符合内涵发展标准。该指标体系突出强调学校的过程管理，办学成果的考量比较全面，包括学生素质发展、办学特色和可持续发展力，其中突出强调学生素质发展。另外，五个一级指标分数均为100分，整个评估指标体系中教育工作权重最大，在办学成果中突出学生的发展，权重分配比较合理，值得借鉴。突出教育工作和教育资源，教育资源基本上是强调人力资源和物力资源的合理配置，但基于内力的整合和使用体现得不够充分；教育工作关注学生的德、智、体、美，但劳动技能及个性特长被忽视；它采取百分制，权重有所体现，也注重指标的逐级分解，但个别指标要素，如一级指标与二级指标之间、二级指标与三级指标之间的逻辑关系不够合理，每一项指标的评估要素、方式方法及评估等级尚未体现。也就是说，指标体系的具体操作办法体现不够充分。

举样三：××县义务教育阶段学校内涵发展督导评估指标体系

××县义务教育阶段学校内涵发展督导评估指标体系包括精神文化、课程文化、行为文化、物质文化等四个一级指标（详见表7-3）。

表7-3　××县义务教育阶段学校内涵发展督导评估指标体系

一级指标	二级指标	权重	三级指标（一等）	二等	三等
A1 精神文化	B1 办学理念	2	1. 学校确立师生普遍认同的核心价值观，形成正确的教育观和发展观。(0.5分) 2. 学校具有先进的、符合实际的、为全校教职员工认同的办学理念。(0.5分) 3. 学校有明确的办学方向，形成鲜明的办学特色，有明晰的发展战略。(0.5分) 4. 实施素质教育思路清楚，目标明确。有具体的行动方案，方案体现办学思想、发展战略、办学方向。(0.5分) (这些内容在学校总体规划中体现)	内容略有欠缺 质量不高	内容欠缺 质量差
	B2 一训三风	3	1. 学校有主题鲜明、个性突出、符合学校实际、内涵丰富、简明扼要、令师生铭刻于心的校训。形成良好的校风、教风、学风。(1分) 2. 对“一训三风”有全面、明晰、透彻的诠释。(0.5分) 3. 采取有效措施，将“一训三风”内涵落实到学校工作的方方面面并取得明显成效。(1.5分) (这些内容在学校总体规划中体现)	内容略有欠缺 质量不高	内容欠缺 质量差

续表

一级指标	二级指标	权重	三级指标（一等）	二等	三等
A2 课程文化	B3 构建课程体系	6	1. 严格按照《吉林省义务教育阶段新课程计划》把国家课程开齐、开足、开好。(2分) 2. 地方课程开课有保证。(1分) 3. 构建四类校本课程体系（体育、艺术、经典诵读、科技），逐步形成各具特色的课程体系。做强传统经典诵读，形成学校品牌；做大体育大课间活动课程，抓实学生的眼保健操工作，提高眼保健操质量；做实艺术类校本课程，开展好艺术节和“班班有合唱”工作；落实“经典名曲欣赏”工作，做优科技类课程。培养学生的创新精神和动手实践能力。(2分) 4. 开发可供学生自主选择的、丰富学生生命成长需要的多种活动类、实践类、研究类课程，构建课程超市。(1分)	内容略有欠缺 质量不高	内容欠缺 质量差
	B4 德育课程	6	1. 以德育课程化为抓手，构建人性化、生活化的德育课程体系。每一类课程要有具体目标、具体模块、实施途径、具体内容。实施德育作业行动计划，德育作业与教育目标体现一致性。德育课程展评效果好。(2分) 2. 扎实开展传统文化教育、民族精神教育、心理健康教育。突出抓好孝亲和礼仪教育，并且取得显著成效。(2分) 3. 家庭教育取得突破性进展，建立起家校密切合作关系。通过组织观看视频《天下父母》实施家庭教育援助行动计划，开展好亲子教育体验互动活动。家庭教育和学校教育同步发展。(2分)	内容略有欠缺 质量不高	内容欠缺 质量差
	B5 教学改革	10	1. 构建生命化课堂，持续关注有效教学。认真落实2号文件精神，建立并落实跟踪式听课和校内拉练式听评课制度，强化有效作业。课堂教学改革要在小组合作学习、学生思维训练、前置性学习等方面取得突破性进展。打造生命化课堂，研究探讨生命化课堂的呈现形态。(2分) 2. 开展好主题教研，使教研活动与教学有机结合并发挥作用。教研活动做到科学合理，有利于促进教学工作的持续性开展，教研活动时间应充足，重实效。(2分) 3. 认真开展教研组达标升级活动。(1.5分) 4. 认真开展反思交流、品课、问课、“讲述我的教育故事”活动，校内做到全员参与并有成效。认真撰写叙事文章，无抄袭和应付现象。(2分) 5. 制定完善的学科建设实施方案并逐步实施。(1分) 6. 认真开展好教科研工作，围绕新课程标准、生命化教育开展微型课题研究，教师参与研究的面要广，研究的质量要高。(1.5分)	内容略有欠缺 质量不高	内容欠缺 质量差

续表

一级指标	二级指标	权重	三级指标（一等）	二等	三等
A3 行为文化	B6 学校行为	7	一、办学行为规范。(2 分) 1. 规范学生作息时间，规范教学进度和考试次数。 2. 规范学籍管理。学籍管理表册齐全，记录及时，数据准确。 3. 落实减负措施，取消一切形式的考试排名行为。 4. 落实抚教法字〔2010〕3 号通知精神。认真抓好法制宣传和“法律进校园”活动，不断提高依法治教能力。 5. 继续完善学校的各项规章制度，体现以人为本、办学理念、生命化教育。 二、落实“一督三评”制度。(2 分) 1. 认真抓好学校、校长、教师评价工作。按抚教基字〔2010〕6 号通知要求，扎实有效地开展对学生综合素质评价工作。 2. 规范填写各种评价手册和报表。 3. 落实好“联动式督导”实施意见。 三、规范幼儿教育。(1 分) 1. 全面落实《幼儿园教育指导纲要》和抚幼教字〔2010〕1 号通知精神，明确对校带幼儿园的监管职责常规管理规范。 2. 开展园本教研活动。 3. 克服学前教育小学化现象。 (注：此项指标只考核有幼儿园或学前班的小学。) 四、安全与稳定。(2 分) 1. 贯彻“关爱生命、安全第一”的思想，开展“平安校园”“合格食堂”“文明寝室”创建活动。 2. 落实抚教法字〔2010〕3 号精神，抓好安全教育。学生的饮食卫生、交通、消防、住宿、设施设备安全等管理有明显加强。 3. 定期开展安全工作检查，对安全隐患及时排除并认真整改，做好学校卫生防疫工作，加强对传染病和常见病的防治工作。 4. 落实好《信访条例》，及时化解各类矛盾，维护学校安全与稳定。	内容略有欠缺 质量不高	内容欠缺 质量差

续表

一级指标	二级指标	权重	三级指标（一等）	二等	三等
A3 行为文化	B7 校长行为	8	一、校长有教育理想和追求，高远的教育思想境界。有人格魅力，有较高的学识修养。有改革创新精神。(0.5分) 二、有民主意识。(0.5分) 1. 执行教工大会制度。 2. 落实校务公开制度。 3. 贯彻校长接待日制度。 4. 畅通沟通渠道建立对话机制。 三、人文情怀。(0.5分) 1. 关心帮助困难教职工。 2. 定期为教职工体检。 3. 采取有效措施，开展有意义的活动，逐渐缓解教师职业倦怠情绪。 4. 建立和谐融洽的人际关系。 四、扎实有效地开展“形象建设年”活动，做到“六带头、八不准”。(0.5分) 五、专业发展。(6分) 1. 校长要继续深入一个教研组、年部，全程参与教研活动。开学初，校长要在全校大会上做出公开承诺，所在教研组、年部负责做好考核记录。 2. 把每学期的第一个月（3、9月），确定为校长听课月，校长要继续带领教学管理人员或教学骨干深入课堂，对所有专任教师进行听课，写出全校教学质量分析报告，包括教学诊断和改进措施，校长每学期必须在校内听课100节以上，不含流动性走动听课，力争做到每天都听课。 3. 年内校长至少要读三本教育专著，并做好读书笔记，学期初上报教育局并向全体教师公布读书书目，每天思考一个教育问题，以日记形式记录下来。 4. 校长要认真研究、解决德育工作实际问题，按照生命化教育的理念创新德育“四化”内容，年内取得突破性进展。 5. 校长要在大调研、大讨论的基础上，落实“文化立教、内涵发展”的总体要求，进一步完善并实施学校总体改革发展规划，突出在培育什么样的学校精神、构建怎样的课程文化、采取哪些具体可行的行动步骤上，体现出科学发展、持续发展。 6. 在学习型研究共同体内部，校长必须围绕推进区域素质教育这一工作主题，确立一个明确的研究内容，在共同体内达成一致，形成联动机制，并研究出成果，做到研究常态化。 7. 在此基础上，校长也要对副校长、中层干部提出类似具体的工作要求，并认真考核。	内容略有欠缺 质量不高	内容欠缺 质量差

续表

一级指标	二级指标	权重	三级指标（一等）	二等	三等
A3 行为文化	B8 教师行为	5	1. 有高尚的道德情操，良好的教师形象，较高的专业素养和文化品位。崇尚教育理想，树立正确的教育观和学生观。(0.5 分) 2. 认真贯彻落实国家《中小学教师职业道德规范》和我县《教师十条禁令》。(0.5 分) 3. 开展崇教厚德，提升职业追求教育。校内开展教师“风采大赛”。(0.5 分) 4. 采取多种方式，开展教师读书活动，提升教师的文化素养。(1 分) 5. 进一步完善“两考一评”考核机制。方案要具体、公开、透明，阳光操作，教工大会通过率90%以上。(0.5 分) 6. 开展形式多样的中小学教师培训，保证经费(占总经费的5%以上)、人员、时间。确立帮扶对子，充分发挥骨干教师的传、帮、带作用。(1 分) 7. 以万名教师访万家活动为载体，继续开展好“爱心行动”。(0.5 分) 8. 切实转变教师的教学行为，树立尊重、关爱、相信、激励每一个学生的生命化教育理念，改善师生关系，从教师的好教转变为学生的好学。(0.5 分)	内容略有欠缺 质量不高	内容欠缺 质量差
	B9 学生行为	5	1. 品行端正，行为文明，礼仪规范，充满自信，体验成功，幸福快乐，求知欲强。熟知并践行《中小学生守则》和《中小学生日常行为规范》。(1 分) 2. 通过开展各种教育活动，有计划、有步骤、分层次地逐渐使学生形成自觉、稳定的各种良好习惯。(2 分) 如： 做人的习惯 真诚待人，即爱心。 诚实守信，即诚信。 认真负责，即责任心。 自信自强，即自信心。 做事的习惯 遵守规则，即养成做事之前先了解规则的习惯，并自觉遵守。 讲究效率，即时间安排有计划，学习有计划，自我管理有条理，按规律做事。 友善合作，即乐于助人，虚心请教别人，尊重不同意见。	内容略有欠缺 质量不高	内容欠缺 质量差

续表

一级指标	二级指标	权重	三级指标（一等）	二等	三等
A3 行为文化	B9 学生行为	5	学习的习惯 主动学习； 独立思考； 学用结合； 总结反思； 质疑习惯； 合作习惯。 3. 通过开展丰富多彩的各项活动，逐渐培养学生各种能力。(2分) 如：自主组织管理能力（体育俱乐部、运动会、学生会、少代会等）。 自我评价能力（能客观、公正评价自己、他人和不同事物，有明确的是非观）。	内容略有欠缺 质量不高	内容欠缺 质量差
A4 物质文化	B10 环境建设	4	一、园林建设要高雅大气。(1分) 1. 园林整体布局合理，美观大方。有花、草、树木、绿篱等，体现生态绿色，富有文化气息。 2. 人文景观，如有雕塑、凉亭、石桌、石凳、石刻等。有鲜明的主题，有内涵。 二、室内外布置要多姿多彩。(1分) 1. 室外设置体现学校文化特征，如文化长廊、文化墙、宣传栏、宣传牌等。 2. 室内走廊、办公室、教室、餐厅、寝室、图书角、广播室、展室等点缀布置体现个性，有品位，有内涵，有教育意义。 三、形象标识要内涵丰富。(1分) 各室标志牌齐全，有校徽、校旗、校树、校花、校歌，具有陶冶情操的作用。 四、保持良好的卫生环境：食堂、宿舍、小卖店卫生达标。(1分)	内容略有欠缺 质量不高	内容欠缺 质量差
	B11 设施设备管理	4	1. 落实设施设备各项管理制度，及时维护维修，做好使用记录，保证正常使用，为教育教学服务。(1分) 2. 学校每年从公用经费中投入10%以上资金用于器材装备购置，满足教育教学需要。现有的仪器和器材的使用率达到100%。(1分) 3. 做到管理规范，专室专用，各室物品摆放整洁有序。(1分) 4. 图书室、微机室全天候开放。(1分)	内容略有欠缺 质量不高	内容欠缺 质量差

该指标体系直指学校内涵发展的最上位的东西——学校文化，它将此做主线融入学校督导评估指标体系中，分为精神文化、课程文化、行为文化、物质

文化四个维度，总分为60分。可以说，该评估指标、体系重点突出文化这一内涵，主线明晰，操作性强，值得借鉴。从分值上看，整个指标体系突出行为文化，分值为25分，注重行为过程及实效，注重校长的行为引领。指标体系有分解，但指标体系中的要素显得比较单一，个别一级指标分解不够合理，三级指标对应的要素与一级指标不一致，各级指标前的逻辑关系不够合理，三级指标实际上就是评估要素。有等级分配，但应单独梳理出来，最好再给出一定的层次操作要求。每一级指标评估对应的评估标准有些简单、模糊，操作起来不够精准、科学。另外，个别指标的权重分配不够合理。

总之，现有关于督导评估指标体系方面的研究主要存在以下问题：对于中小学校硬件评估指标体系的研究比较多，但是对于学校内部管理等软件方面指标体系的研究相对较少；评估指标要素比较繁多，但核心指标不够突出；关于学校内涵发展的要义及理论体系研究尚未达成一致的意见；对于学校内涵发展的条件及督导评估的着眼点仍然是泛泛而谈；关于评估指标体系的构成要素、各要素间的逻辑关系及权重分配的研究不够全面深入，缺乏实证调查；基于深层次的从科研角度的分析不够透彻；已有的国内关于学校内涵发展研究大多停留在经验层面，具有较高水平的理论层面及技术层面的研究较少；有的地区关于学校督导评估指标体系还是过于单一，不利于综合督导评估；有的评估指标体系中表现性指标或末级指标不够具体，缺乏可操作性，导致在实践操作中难以到位，仍存在“伪评估”之嫌，亟待有所突破和创新。

综上所述，科学的学校内涵发展督导评估指标体系的建构应围绕着学校管理效能，突出强调学校的教育是否满足所有学生的需求，体现新的评估体系是要淡化办学条件及学生的学习成绩，学校的办学质量应体现在基于不同学校、不同学生的基础水平上的自我满足程度及自我发展的增值度，并非单纯的校际间、师师间、生生间的横向比较。学校教育也要追求一定的经济效益，即投入与产出的比例关系，强调学校领导和管理的效益，如经费与资源的使用效率；强调通过教育督导评估手段有效地促进学校的自我改进、自我发展，尤其要强调全体学生的德、智、体、美、劳及个性的全面健康发展。

第六节 | 学校内涵发展督导评估指标体系的构成

教育评估指标体系（Index system of educational evaluation）是由评价指标根据评价对象诸因素构成的逻辑结构组织成的有机整体。它由三个系统组成：一是指标系统及其要素的结构；二是权重系统，包括各级指标及要素的自重权数和加重权数；三是标准计量系统，包括标准和计量方法。（胡中锋，2006）[483]在此，笔者也将学校内涵发展评估指标体系分为三个系统，即指标要素系统、指标权重系统、指标标准系统。指标要素系统主要是指相关的各指标要素及其逻辑关系，可以将总指标要素分解为一级指标、二级指标、三级指标及评估要素；指标权重系统主要指各级指标及要素的权重分配；指标标准系统包括评估方式及评估标准。

一、指标要素系统

（一）相关的主要指标要素

学校督导评估的内容是宽泛复杂的，它涉及校内校外的诸多相关事项，校内管理的人、财、物、时、空、信等复杂的系统。以往的学校督导评估更多关注的是学校的教学成绩，是对学校升学率的评估，多是对于教学的一个综合评价。目前，我国已有较为完善的教学质量评估体系，主要包括师资水平、办学条件、学生质量、教学活动、教学管理等方面。也可以指综合评价，主要包括三部分内容：一是办学方向和工作水平。它是指学校要有明确可行的办学方向；工作水平除了包括师资水平外，还要注重领导干部自身建设，加强各项工作的管理。二是办学质量和特色。在保证培养学生质量的基础上发展自身的优势，显示特色。三是办学条件与效益。条件是指各项软硬件设施，效益是指投入与产出之间的比例关系。（叶澜，2006）[17]

学校内涵发展督导评估指标体系相对于传统及当前的学校督导评估的内容来说要更加全面、系统。究其实质，就是要促进学生的全面和谐发展以及学校管理各方面工作的协调统一、可持续发展。尤其是目前很多学校忽视文化功能，没有形成健康的、积极向上的校园文化和群体的文化氛围，没有形成一种共识的、富有激励意义的文化形态，也就是说，师生群体的文化意识及行为令人有些失望。也有一些评价者认为，文化是虚无缥缈、不可评估的，在学校督导评估中是不重要的。而学校内涵发展督导评估指标体系恰恰突出强调学校的教育功能，尤其是学校文化的教育功能，它基于学校师生的发展及其内在可持续发展这一目的，更为关注学校的个性化及文化性。因此，对于学校内涵发展的督导评估，应主要从以下几方面着手。

一是办学方向。学校内涵发展督导评估必须坚持社会主义核心价值观，全面贯彻落实党的教育方针，全面实施素质教育，努力实现学生的全面发展、健康发展、个性发展的培养目标。在评估实践中，我们要依据学校实际，确定符合以人为本、效能至上的科学的办学理念，并将办学理念与学校的教育教学管理、学校的办学特色有机地结合，调动全体师生的积极性、主动性，从而转化为全校师生的共同愿景、群体行为和发展成果。就是说，要看学校是否在正确的办学方向引领下，通过一系列有效的教育管理手段提高学校的管理效益，进而形成较高的社会影响力和社会声誉。

二是师生发展。人是学校内涵发展的主要因素，因此，教师与学生是学校内涵发展的关键。促进学校中人的发展是学校内涵发展的宗旨。师资队伍是学校内涵发展实施的主体和生力军，也是学校内涵发展的一个核心要素。督导评估时重点看校长的专业素养及教师队伍结构是否合理，队伍建设的机制是否健全，是否有队伍发展整体规划，队伍发展的目标层次性及专业化发展是否得到很好的落实和提升。学生发展是学校内涵发展的主旨和核心要素，指学生的健康、主动、和谐发展。学校教育的价值在于“以培养人的健康、主动发展的意识与能力为本”，学生的发展应是一种开放的生成性的动态过程，不只是外烁的，也不只是内发的。任何人的发展，只有在人的各种“关系”与各种“活动”的交互作用中才能实现。（许苏 等，2008）因此，在学校管理中要关注教师、学生是否关系融洽，能否相互作用、共同发展。校长应使学校成为师生发掘潜能的地方，使其成为师生得到最大化发展的地方，得到最大化帮助的地方，得到最大化快乐的地方。督导重点应看学校是否能引导和关注教师、学生的全面发展、健康发展、自主发展及个性发展。

三是办学质量。质量是学校管理永恒的主题，是学校保持持续发展的动力和生命力，也是学校内涵发展的根本任务。《教育规划纲要》进一步明确教育质量的重要性，把提高教育质量上升到一个重要地位。那么，如何才能进一步提高学校的教育质量呢？那就是要走内涵发展之路。学校内涵发展要全面贯彻党的教育方针，坚持以素质教育为导向，促进学生德、智、体、美、劳各方面协调发展，培养学生拥有强烈的社会责任感、使命感、创新精神和实践能力；鼓励学校深化改革，尤其是要创新管理机制和深化课程改革，因为课程实施是内涵发展的主阵地，也是教育质量提升的主战场，它会为每个学生提供全面加个性发展的有利空间。

无疑，明确学校内涵发展的督导重点应以提高教育质量为核心，教育督导工作人员要端正督导观念，拓宽教育质量的督导领域，进一步创新教育督导的方式。一方面，要关注课堂效益及学生的学业质量。课堂是否省时高效，学生的学业质量每一年是否有进步，通过努力后发展的增值度有多少。另一方面，要关注学校的办学效益。重点看它的管理效能，它的投入与产出是否成正比，是否有正效益；要关注学校的社会声誉是否稳定或呈上升趋势。评估时就是要全面综合评判，而不是单单以教学成绩来定乾坤，片面地来判断这个学校内涵发展水平如何。

四是办学特色。办学特色是学校自主内涵发展的特质和有效途径，也是学校未来发展的竞争力。学校内涵发展中学校办学特色不可或缺，主要是因为学校内涵发展首先要引发不同层次学校自身想要发展的积极性、主动性，在此基础上深入挖掘其内在的资源和潜能。学校内在的资源和潜能也是自身独有的，在此基础上的深入发展必然寻求个性化、特色化，才能达到最大化、最佳化的发展。督导时，评估者应注重学校的特色建设，重点看方案的定位是否准确，特色创建途径是否立足校本，可操作又富有实效，特色成果是否稳定，在一定范围内是否具有很强的影响力和示范性。

五是学校文化。提到内涵，无论是对个人还是组织，都含有内在品位的东西，应该是由内而外的长期形成的一种精神体现和特质。为此，对于学校内涵发展来说，能够体现这一组织的精神所在就应是学校的文化。学校文化是学校内涵发展的土壤和氛围，也是学校内涵发展的最高境界，它应是从有形到无形的一个综合体。

学校文化建设是国家构建和谐社会的重要组成部分，是展现校长办学理念和学校特色的重要平台，是全面育人的不可缺少的重要环节。尤其是在社会转型期，激烈的市场竞争的时代，从社会学及经济学角度看，学校要想做到适者生存，就必须构建适合自身发展的学校文化。学校以向消费者提供教育产品为主要任务，学校本身的文化积淀决定了学校发展的价值取向。学校文化能够区别不同学校的发展状态，因为它能充分体现各校物质表象的内涵本质。在学校内涵发展督导评估中，学校文化指的是学校的物质文化、制度文化及精神文化。“物质文化是由学校师生在教育实践过程中创造的各种物质设施，它是通过学校标志、学校环境、学校文化设施等物质形式表现出来；制度文化是学校文化的重要组成部分，是精神文化的产物；精神文化是学校文化的深层次表现形式，侧重学校主体的价值观、学校精神及学校的形象。”（严玉萍，2005）因此，督导评估时我们应从整体上看几种文化是否一致、能否协调共存，侧重对精神文化的评估，即学校是否有核心价值观，并以此引领学校的发展；必须引领校长重视学校文化建设，看校长是否在遵循社会主义核心价值体系，结合本校实际，创造性地提出学校发展的核心价值观，不断提升学校办学品位；在完善硬件设施和物质层面的基础上，更要重视软件的配置和精神层面的塑造，看学校是否创造了良好、和谐的工作氛围，是否为师生搭建自我发展的平台，为学校共同愿景的实现提供了必要的保障。

（二）指标要素间的逻辑结构

根据指标体系建构的原则、目的，通过大量的理论和实证研究，综合各方面利益群体的意见，笔者认为，学校内涵发展督导评估指标体系应分为办学方向、师资队伍、课程实施、学生发展、学校文化、办学特色6个一级指标；办学理念、发展愿景等22个二级指标；定位依据、发展目标等63个三级指标。那么，在学校内涵发展督导评估指标体系中，办学方向、师资队伍、课程实施、学生发展、学校文化、办学特色等六大一级指标之间是怎样的一种逻辑关系呢？如前文结构图所示，我们不难看出，学校内涵发展督导评估指标体系是由六大要素构成的闭合的系统。办学方向是指标系统的统领性指标要素，在此指标要素统领下，由师资队伍贯彻落实，通过课程实施、特色打造及文化涵养，促进学生的全面个性发展这一目标的实现。应该说，各指标要素间具有较强的逻辑关系，各指标要素是相互支撑、相互联系、缺一不可的。只有六大要素共同协调作用，学校管理才能得以和谐正态运转，才能真正实现内涵发展这一目标。

下面就指标体系各要素间的内在逻辑关系做以分析。

1. 办学方向

办学方向就是学校管理核心价值观的综合体现，是其他各项工作开展之魂。离开先进办学方向的指引，就不可能有真正意义上的学校内涵发展。从一般意义上来说，校长应是办学方向的决策者、领导者和践行者。当然，校长与师生员工间的关系及相互影响甚为重要，是形成正向良性循环的重要因素，这样的集体所形成的共同的理念、奋斗目标、价值取向、行为准则以及社会声望往往具有一定的稳定性和不可替代性，不会因为某个人或某一些人的干扰而动摇，它会深深地积淀在师生的素质结构中，积淀在学校日常的管理行动中，它具有很强的抗干扰性。

对于办学方向，以往的学校督导评估的重点是学校的规划、计划及总结，主要看其规划、计划的完整性与系统性，过程中是否合理分解，总结是否与计划一致，并有针对计划实施及完成情况的反思。而学校内涵发展评估指标体系中的办学方向则是强调学校的办学理念、发展愿景及办学声誉，办学理念则更加突出学校校长是否正确宏观定位，是否有与教职员工达成共识的理念及目标，同时，通过办学声誉这一指标来对校长治校进行一种反观考核。应该说，从管理学角度讲，现评估指标体系中的办学方向会使得学校管理更加上位。

（1）办学理念。

办学理念是学校办学的核心导向，它主宰着办学方向，它体现学校及其中的主体的教育观及价值观。对于基础教育来说，校长的办学理念直接影响着学校的办学方向，并深刻地影响着学校的发展水平。一所学校何去何从、如何发展以及发展水平的高低与校长的办学理念直接相关。先进的办学理念决定了校长的办学行为是优质的，引领学校教职员工的教育教学行为是科学的，影响和熏陶出来的学校文化氛围是和谐的，它是学校内涵发展的重要前提。

由于教育对象的复杂性、教育教学的不确定性以及学校管理过程的复杂性使得学校的办学目标的确定及办学理念的定位很难把握。尤其是，在国际教育一体化及文化多元化的强力冲击下，社会转型期的学校内涵发展无疑使教育者需要对学校的办学理念、办学目标、教育教学方式等方面重新进行考量。办学理念应建立在学校发展的历史与现实、优势与劣势的基础上，充分体现教育观和人才观，要明确办怎样的教育，培养什么样的人才。办学理念应是具体、可操作的，应是贯穿于学校管理始终，并为大多数人所认同的。主要评估要素应由定位依据、内涵界定、途径架构、彰显特色四方面构成。具体来说，学校的办学理念必须遵循以下几点：目标的定位是否有对人的价值取向的明晰思考；对内涵概念是否有个准确定位；对理念的贯彻途径是否有体系架构；是否有基于学校自身发展特色的需求满足；对领导决策过程及组织管理的过程是否有一定的深层次思考。

（2）发展愿景。

美国选拔学校领导的新标准，第一条就是候选人具有知识和能力，通过发展、实现社区认同和支持的学习远景①，促进所有学生取得成功。该标准分五个方面：建立远景、清晰远景、实现远景、管理远景、促进社区参与远景。学校的远景不是某项具体的工作，而是一种宏观的方向。（厄本恩等，2005）[5-6] 学校的发展愿景应与学校的办学方向一致。学校是一个学习共同体，学校的发展愿景应是学习共同体的发展目标共识，它应是被广大师生员工甚至社区人员共同期望或认同的富有感召力的学校发展理想目标。它应具有一定的目的性、指向性、可行性和发展性。它是校长的办学理念有机转化的形式，是学校未来长远发展可能性的一种呈现形式，是共同实现这种可能性的切入点，更是激发师生追求具有一定价值取向的奋斗目标内在的动力源泉。学校内涵发展是全体成员的共同的发展愿景，它不是物质层面的东西，而应是师生员工这一共同体精神层面的追求。

根据德鲁克的目标管理理论，在督导发展愿景时，一要看学校教职员工是否有共同的发展目标；二要看学校的办学目标是否得到集体认同；三要看办学目标是否具有一定的激励性。近年来，一些专业组织更明确地致力于将学校的期望标准化，并提高学校质量和校长的相关标准，不但许多高效率学校正在研

① 厄本恩等人所著的《校长论：有效学校的创新性领导》中所讲的远景（vision），即本部分所讲的愿景。

究学校的期望和愿景，而且国家相关部门也正着手这方面的工作。其实，在某一所学校里人们往往很难能有一致的清晰的期望，大多是模糊的。虽然有一个宽泛的期望供所有学校参照，但每个学校必须基于并非总是清楚无误和可预见的事物基础来重新设定自己的期望。很多学校领导是被动的，实际上是当一天和尚撞一天钟，根本就没有对期望或发展目标进行深层次的思考。从系统论角度讲，学校的期望就代表着学校中个体——师生的期望。其实，学校教育的优质化发展就应是学校这一组织中的主体所期望的。从另一个角度讲，对学校内涵发展的目标一旦明确，学校中的主体为寻求发展的意识、主动性就会有所增强，队伍的专业发展会更加自觉，特色发展的思路会更加明晰，教学质量就会大幅度提升，学校的发展就会呈现正态发展趋势。那么，在办学方向中强调对学校发展愿景的评估，就是要引领学校根据自己所处环境的具体实际及环境中主体的需求，科学合理地设定自身的期望，并共同分享和得到合适的激励，它应该是学校中的主体共同追寻的可持续发展的目标。发展愿景的评估要素可分为发展目标和团队认同两个方面。

（3）办学声誉。

以往的评估中，办学声誉基本上是用来衡量学校办学效果的，但本书用办学声誉来反观学校办学方向的正确性、合理性和实效性。学校在校长正确的办学理念的引领下，有全校师生认同的、共同为之奋斗的发展愿景，如果再有扎实稳定的保障措施和实施过程，那么学校发展愿景的实现也是必然的事情。发展愿景的如期达成会为学校的可持续发展添力，教育质量的提升也会带来一定的社会声誉。办学目标的达成度越高，必然会带来越高的社会满意度。办学声誉好是先进办学理念统领下的必然结果。由此，办学声誉的评估要素要看目标达成度和社会满意度。

办学方向评估要素间逻辑关系详见表 7-4。

表 7-4　办学方向评估指标要素的逻辑结构

一级指标	二级指标	三级指标
1. 办学方向	1.1 办学理念	1.11 定位依据 1.12 内涵界定 1.13 途径架构 1.14 彰显特色
	1.2 发展愿景	1.21 发展目标 1.22 团队认同
	1.3 办学声誉	1.31 目标达成度 1.32 社会满意度

2. 师资队伍

师资队伍是学校内涵发展的关键，是学校内涵发展实施的主体和生力军，也是学校教育质量高低的一个重要决定性因素。近年来，国家和地方都非常重视教师队伍建设，在队伍建设的选聘机制、培养模式、激励政策及评估体系等方面都进行着富有意义的探索。华东师范大学钟启泉教授认为："现在我国的中小学教师存在三个主要问题：不读书、不研究、不合作。"读书、研究、合作恰恰是学校内涵发展对教师提出的要求。如何改变这种现状，促使教师由教书匠向专家型教师转变，制定切实可行的教师评价标准是途径。为此，教育部出台了《教师教育标准》，旨在通过合理的教师评估体系来提升教师的专业化水平，努力打造师德高尚、业务精湛、结构合理、充满生机和活力的高素质教师团队，以此助推学校办学水平的提升。

目前，我国对师资队伍的评估大多是从德、能、勤、绩四大维度进行的，对教师的评估大都以主观分数来定乾坤，在评估指标体系中也多是笼统的标准，未能从前沿角度和专业高度对这支队伍进行指导和引领。其实，有些指标是无法用分值进行量化的，如果用分值就会失去它的实际意义。总的来说，评估的标准过细，过于量化，忽视了它的导向性、层次性及发展性的特点。督导过程中督导人员过分强调队伍建设规划等材料的检查，忽视了过程中学校给予师资队伍的管理与引领，形式化的东西较多，教师的专业发展常常被忽视，未能很好地将师德与师能的评估有机结合起来。在学校自评以及学校督导评估的过程中往往忽视各校师资的原有水平，只是一味地拿最终的标准来衡量，造成基础好的学校发展就好，师资不足或基础不好的学校就被硬性地排在后面，有失督导评估的公平。因此，在对学校内涵发展督导评估中，师资队伍应是重要指标，在建构师资队伍这一系列指标体系时，首先应考量各校的基础水平，如队伍结构如何，重点在队伍建设成效上，也就是教师能力结构发展度上横向比较，这样督导就比较科学，同时引领基层学校重点在队伍建设的举措上下功夫，在成效上论英雄。所以，在师资队伍的指标体系的建构中重点体现队伍结构、队伍建设及队伍发展三项指标，即队伍的学识能力基础水平及发展水平。队伍结构主要是强调学校的基础水平，队伍建设主要强调学校提升师资水平的过程管理，而队伍发展则是强调队伍建设工作的成效如何。

师资队伍各要素间的逻辑关系具体表现为：二级指标队伍结构分为年龄结构、学科结构、学历结构和能力结构 4 个三级评估指标；二级指标队伍建设分为管理规划、管理机制和管理措施 3 个三级评估指标；二级指标队伍发展分为职业规划、校本研修、教育科研和课堂教学 4 个三级评估指标。运用本指标体系在督导时重点查看队伍建设的机制、队伍发展目标的层次性及专业化发展水平，引导校长及教师将专业发展的着眼点聚焦在校本研修，聚焦在课堂教学上（详见表 7-5）。

表 7-5　师资队伍评估指标要素的逻辑结构

一级指标	二级指标	三级指标
2. 师资队伍	2.1 队伍结构	2.11 年龄结构 2.12 学科结构 2.13 学历结构 2.14 能力结构
	2.2 队伍建设	2.21 管理规划 2.22 管理机制 2.23 管理措施
	2.3 队伍发展	2.31 师德水平 2.32 教育教学水平 2.33 教育研究水平 2.34 信息化水平

3. 课程实施

20 世纪 80 年代末期，西方世界兴起了整体课程（holistic curriculum）的研究，其影响日益广泛。“整体课程以完整的人的存在为参照点和理论的内在框架，对整体课程的研究无疑有助于扭转课程领域的面貌，为探索一条培养整体的人的课程之路做出新的尝试。它强调教育的十大原则：一是为人的发展而教；二是尊重作为个体的学生；三是承认经验的关键作用；四是以整体观为切入点的教育；五是教育者的新角色；六是选择的自由；七是为共享的民主而教；八是为文化多样性和全球公民身份而教；九是为地球生态素养而教；十是灵性与教育。”（安桂清，2007）[2-24]它强调新时期的教育应是整体性的，旨在培育人的发展的可能性，是对生命的一种尊重和敬畏，是各种因素及关系的和谐、开放式发展的产物，更要在实施的过程中培养学习者的一种跨学科、多元化和全球性的视野与意识。（许苏 等，2008）[99]这一课程理论的研究极具实践意义，对学校内涵发展有很大的启发。

西方的一些教育先驱者，杜威、蒙台梭利、裴斯泰洛齐等一直倡导，学校就应当是促进全体学习者学习及全面发展的场所，学习就应该是丰富和加深同自身、家庭、社区成员、世界各地的人们、我们的地球以及整个宇宙的关系。这一理念的践行是要通过在学校中课程的实施途径达成。

1999 年发布的《中共中央国务院关于深化教育改革，全面推进素质教育的决定》明确提出，“调整和改革课程体系、结构、内容，建立新的基础教育课程体系，试行国家课程、地方课程和校本课程”，随后全面推广的基础教育课程改革也对课程建设及改革提出了新的要求，由此形成了我国以国家、地方、学校三级课程并驾齐驱、有机融合的局面。与此同时，各地在执行国家课程时有了一定的自主权，可依据当地情况开发地方课程；各个学校的校长则可以在执行国家课程、地方课程的同时，充分发挥校本课程第一责任人的角色，结合学校发展实际，充分利用校内外资源，开发校本课程。如调动本校教师或社区志愿者的资源，来满足学生不同的发展需求，培养学生的个性特长，打造不同学校的办学特色。校长应站在时代的高度，树立良好的课程开发与研究意识，做课程实施的先行者、引领者和指导者，尤其要领导教师团队扎实做好课程实施和开发工作，把课程的一些先进理念有机地转化为教师的群体行为。

在学校内涵发展中，课程实施也是一个重要环节，因为一所学校的教育理念及教育管理模式主要体现在课程资源的开发和实践上。过去，一提到课程，大家普遍认为是专家学者的事，因为课程基本上被视为文件、教科书、大纲等。而近年来，随着课程改革的不断深入，课程又被注入新的定义和内容，国家课程、地方课程、校本课程有机整合实施。尤其是课程自主权的下放，很多校本课程是自下而上由各方面参与者共同协作的结果。某种程度上，课程不再仅仅是专家独有的权利，教师、学生、家长、社区也可以发挥各自应有的作用。与此同时，教师的课程开发与实施受到重视，校长的课程领导作用日渐彰显。在学校管理中，校长的领导主要领域在课程领导，它是学校管理工作的中心环节。课程以显性或隐性的方式浸润着学生，教授学生知识，教会学生做人。可以说，在某种程度上，学校领导者的课程意识、课程实施过程中的价值取向以及全校师生的课程执行力决定着教师的专业化水平，决定着学生的发展水平，决定着学校的办学质量，也是影响学校内涵发展的直接因素。总之，课程实施是学校内涵发展的有效途径和载体，同时，可以助推学校办学特色和学校文化的提升。

以往的课程督导，多是强调国家课程的课时执行到不到位，课堂教学及学科教学质量是否在平均水平以上，也多是终结性评估。而内涵发展中的课程督导，则是与国家新课程改革保持一致，突出国家课程、地方课程、校本课程是否规范实施，在规范实施基础上突出强调主体的课程自主整合与开发，并将资源整合、评价有机结合起来。因此，课程实施督导评估指标体系可以分解为课程规划、课程执行、课程资源、课程研发 4 个二级指标，主要遵循国家关于课程改革及开发的理念，国家课程、地方课程、校本课程三级课程有机融合，突出立足于学校实际的校本课程开发，立足于课程资源的整合与利用。基于上述思考，将课程规划分解为课程方案和年度计划 2 个三级指标，将课程执行分解为保障机制、规范实施及课堂教学 3 个三级指标，将课程资源分解为资源建设、资源整合 2 个三级指标，将课程研发分解为课程方案、校本教材、特色课程及师生评价 4 个三级指标，并将课程资源的建设与整合、课程研发定为课程实施中的重要的增值性评估指标。

督导时应重点看校长、教师是否有课程开发的新理念、实施的过程是否是自下而上的；课程内容是否切合学校具体实际，满足学生个性化的需求，并呈系列化；课程实施过程是否具有规范性、有效性和可持续性；校本特色课程是否与学校的办学理念、办学特色有机结合；校本课程资源开发是否具有自主性、独特性的特点（详见表 7-6）。

表 7-6　课程实施评估指标要素的逻辑结构

一级指标	二级指标	三级指标
3. 课程实施	3.1 课程规划	3.11 课程方案 3.12 年度计划
	3.2 课程执行	3.21 保障机制 3.22 规范实施 3.23 课堂教学
	3.3 课程资源	3.31 资源建设 3.32 资源整合
	3.4 课程研发	3.41 课程方案 3.42 校本教材 3.43 特色课程 3.44 师生评价

4. 学生发展

党的十八大报告明确指出："把立德树人作为教育的根本任务，培养德、智、体、美全面发展的社会主义建设者和接班人。""教育的对象是人。人不仅是学习知识的认知体，更是有血有肉的生命体。"（王定华，2012）前面阐述的人本主义理论思想也倡导将人的发展作为第一要务。因此，基础教育必须尊重人的发展，关注人的发展，促进学生的全面协调、健康成长。

改革开放以来，我国的基础教育取得了令人瞩目的成绩，但同时也存在诸多尚待解决的问题。如在学科教学中注重知识的掌握，忽视学生综合运用知识的能力；注重学科教学中学生智力的培养，忽视良好的情感、态度与价值观的形成，在某种意义上德育的功能被忽视；注重学科评价的甄别和选拔功能，而忽视促进全体学生身心健康发展的功能。总之，学校在轰轰烈烈的课程改革中对学生全面健康发展的思考与实践的关注度不够，教育督导评估缺乏对学校管理内涵提升方面的科学督导，尤其是缺乏关于质量及培养什么样的适应新形势人才的高端定位督导。由此，在素质教育实施的今天，面对新基础教育的改革目标，学校领导、教师以及督学理应彻底转变观念，积极构建符合素质教育要求的基础教育课程体系，并努力使其成为素质教育实施的核心要素，使每一名教师都能关注孩子的学习及成长过程，促使每一个孩子都能够健康成长。

如何适应新课程改革发展的需要，建立符合素质教育要求，促进师生发展、学校教学质量提高的教育评价体系，已成为新课程改革中的重中之重。《基础教育课程改革纲要（试行）》明确提出："改变课程评价过分强调甄别与选拔的功能，发挥评价促进学生发展、教师提高和改进教学实践的功能"，这无疑给新时期的教育督导评估指明了方向。

新课程呼唤新的教育评价，新时期教育发展的终极目标旨在促进学生的发展。新的教育评价观应该凸显教育评价的发展性功能、评价主体的互动和参与、评价内容与方式的多元化以及评价过程的动态发展，等等。教育的成功不能用"升学率"的高低来衡量，也不能用"权力与金钱"来衡量。成功意味着社会和谐关系的确立，意味着学生智慧的充分发挥。(赵中建，2004)[65]实践证明：全面育人的学校，它的升学率也是不会低的，学校本身和它所培养出来的学生一定是可持续发展的。因此，学校管理的宗旨应立足于学生的需求，以挖掘学生的潜能、发展学生的个性、促进学生的和谐发展为根本。

学校内涵发展的鲜明标志是学生得到更好的发展，学生发展督导评估的着眼点重在学生的健康主动、和谐发展，它是学校内涵发展的主旨和核心要素。学校教育的价值在于"以培养人的健康、主动发展的意识与能力为本"。因此，在对学生发展的督导评估时，应重点看学生是否全面发展、自主发展、个性化发展。学生的全面发展是指德、智、体、美、劳各方面综合发展。学生发展督导评估指标就应包括品德素养、文化素养、身心素养、艺术素养、实践素养等；学生的自主发展主要是指学生的自我管理、自我学习及自我个性发展，它包括学生的自我教育、自我学习习惯及学习方法、自主锻炼习惯及自主涵养个性特长等。个性发展指的是学生自我人生发展阶段规划及个性特长的自我张扬及满足。通过督导评估，使教育的功能得到最大化体现，使所有的孩子都能得到关心、帮助、爱护和欣赏，从不同角度、不同渠道挖掘孩子发展的可能性，使其获取最大化的成功，因此，将学生发展指标分解为品德素养、文化素养、身心素养、艺术素养、实践素养及个性素养 6 个二级指标。其中，将二级指标品德素养分为培养目标、培养途径、培养效果 3 个三级指标，将二级指标文化素养分为学习习惯、学习方法及学业成绩 3 个三级指标，将二级指标身心素养分为身体素质、卫生习惯、心理品质 3 个三级指标，将二级指标艺术素养分为艺术课程、艺术活动、审美能力 3 个三级指标，将二级指标实践素养分为劳动态度、实践能力 2 个三级指标，将二级指标个性素养分为发展目标、特长发展 2 个三级指标（详见表 7–7）。

表 7–7　学生发展评估指标要素的逻辑结构

一级指标	二级指标	三级指标
4. 学生发展	4.1 品德素养	4.11 培养目标 4.12 培养途径 4.13 培养效果
	4.2 文化素养	4.21 学习习惯 4.22 学习方法 4.23 学业成绩
	4.3 身心素养	4.31 身体素质 4.32 卫生习惯 4.33 心理品质
	4.4 艺术素养	4.41 艺术课程 4.42 艺术活动 4.43 审美能力
	4.5 实践素养	4.51 劳动态度 4.52 实践能力
	4.6 个性素养	4.61 发展目标 4.62 特长发展

5. 学校文化

文化是内涵的标志性要素，学校文化是学校内涵发展督导评估指标体系中的重要指标。正如有的学者指出的那样，“学校”是一种特有的社会组织，作为基础教育的“学校”是以“教师人格”的力量去塑造新生代的人格发展，以“学校文化”的底蕴去奠定新生代的学力发展的基础。（钟启泉，2002）国内有的学者将学校文化窄化为校园文化。其实，究其根本，学校文化不应局限于校园文化，它应有更丰富的内涵，不仅是指全体师生通过学校教育活动过程而得到的发展效果，而且应是学校领导、教师、学生、家长相互间的关系，是一种张力和精气神。也就是说，当你步入校园，就有一种东西扑面而来，一下子映入你的眼帘，一下子沁入你的心脾，让你眼前一亮，使你很难忘却，但你用语言却又很难描述。它具有一定的弥漫性，无处不在，无时不在，体现在一草一木中，体现在教职员工的一言一行中，体现在物与物、人与人、人与物之间的和谐关系中，体现在人的境界由物质转向精神的一种追求中，体现在团队由平凡走向卓越的过程中。简言之，它是校园的物质特色和校园中主体共同价值观的综合体现。学校文化具有独特性、艺术性、综合性的特点，它是学校内涵发展的一种高境界的表现形式。

(1) 学校文化与内涵发展

“文化是教育的灵魂，教育的基本功能在于文化的传承与创造。”而学校是传播文化的场所，因此，好的学校文化就应是好的教育的象征，好的学校文化就应时时处处散发着文化的清香，身处其中时时处处都能够感受到斑斓绚丽的文化特色。文化铸就了个人与组织的底蕴，正因如此，它也是个人与组织的内涵的综合体现。

学校文化是学校内涵发展的精髓所在。尤其是在社会转型的特定时期，从社会学角度加以审视，学校文化是提升学校自身和谐力和学校间横向竞争力的最为有效的途径之一，是学校内涵发展的重要载体。因为学校仅仅拥有行政管理是远远不够的，真正走得远的管理是要靠思想管理来凝聚人心、鼓舞士气。学校的内涵发展实际上是要靠体现组织内部长期积淀的张力和精气神的文化来支撑。也就是说，学校内涵发展水平的高低从根本上是要看这个学校是否有文化气息，学校文化的层次高低如何。如果这个学校只是处于物质文化层次，就说明这个学校的内涵发展是处于低级层次的；如果这个学校只是处于制度文化和行为文化层次，就说明这个学校的内涵发展处于中级层次；如果这个学校文化发展到了精神文化层次，就说明这个学校的内涵发展处于较高层次；如果几种文化能够有机融合，那将是最理想的层次。正像斯普兰格（Spranger）所认为的那样，以生命为起点理解文化的本质，是因为文化对人的精神生命具有不可或缺的意义；学校文化的价值在于“唤醒生命”，而不仅仅是传递知识；教育应当“一直到精神生活运动的根”“教育之根和文化之根的寻求，只能通过人的灵魂的唤醒才能实现”（孙孔懿，2007）[1]。教育应是触及学生心灵的东西，而这一目标达成的最佳载体应是学校文化，只有通过文化这一载体，才能达到学校内涵发展的最高层次。总之，学校内涵发展的高境界应是几种文化的有机融合，是扎扎实实的管理过程的积淀。

文化的建构有助于学校内涵发展目标的达成，学校内涵发展的核心目标直指组织中人的发展。然而，人人都在文化的这张大网中，由于在固化了的特定生活空间和学习空间中受一些属性的束缚，难免使学校这一组织的主体（人）丧失了一些本能和创造力，所以，我们应认清学校文化与学校内涵发展之间的积极因素与消极因素。这样，在制定评估指标体系时将各种因素考虑在内，指标体系才会更加科学、有效。

（2）关于学校文化的督导评估要素

学校文化是一所学校的灵魂，是一切软件、硬件建设的最高统帅，是学校管理的哲学，是学校内涵发展整体的核心要素。通过学校文化，可以看出一段时期社会发展的精神文明水平，可以从中看出教育发展的成熟水平，也可以判断出学校发展中师生的精神风貌和办学水平。正如 IBM（国际商用机器公司）总裁沃森（Watson）所说："一个伟大的组织之所以能够长久存在，最重要的条件并非结构形式或管理技能，而是我们称之为信念的那种精神力量，以及这种信念对于组织的全体成员的感召力。"学校文化对学校发展来说是至关重要的，校长应担负起传承、营造、发展和创新学校文化的使命。

学校文化的分类有百余种。一些学者认为，它应是相对于课堂文化而言的课外文化，主要是指学校的舆论风气、校园环境等；另有一些学者则认为，它应是整体文化，包括校容、校貌、教学内容与管理制度、全校师生的共识及所遵循的价值观念和行为准则，以及由此而产生的一种浓烈的精神氛围。华东师范大学陈斌教授把校园文化定义为：一是表层的实体文化，如学校的整体布局、建筑样式、文化设施等；二是中层的制度文化，如考勤制度、教师聘任制度、教师岗位责任制度等；三是深层的观念文化，如师生的价值观念、师生的思维方式、学校里的风俗习惯等。本书比较认同学校文化整体性观点，校园文化主要指学校的物质文化、制度文化和精神文化。物质文化是由学校师生在教育教学过程中创造的各种物质设施，它是通过学校环境、形象标志、文化设施等物质形式表现出来的；制度文化是学校文化的重要组成部分，是精神文化的前提保障；精神文化是学校文化的深层次表现形式，侧重学校价值观、群体精神及学校的主体形象。（赵中建，2003）[115]物质文化是学校文化的最直接的显性表现形式，制度文化是为人的发展提供支持、约束与服务的中观表现形式，精神文化则是将制度文化变为一种自觉规范，是制度文化更深层次的价值取向，它是学校文化最为隐性的内在表现形式。在学校内涵发展中，三种文化是相辅相成、互为影响的。

学校文化的督导评估应综合评判，重点看整体的一致性。具体来讲，它包括三个层次：第一层次，关于物质文化的评估。主要包括学校进行正常的教育教学活动的物质条件，学校有效活动所蕴含的文化主题和成果载体。因此，将二级指标物质文化分为环境设计、文化主题、形象标志 3 个三级指标。第二层次，关于制度文化的评估。主要是指学校依据国家有关政策、法律法规、教育规律、学生身心发展规律及学校发展需求所建立的规章制度和过程运行的保障机制。因此，将二级指标制度文化分为机制健全、和谐运作 2 个三级指标。第三层次，关于精神文化的评估。主要是指在学校发展过程中长期积淀形成的一种校园的师生精神风貌和价值追求。对其评估，主要是看一所学校是否拥有一种核心文化，即核心凝聚力；在一定区域内是否具有一定的竞争优势，即核心竞争力。它可以自然渗透在课程、课堂、教师、学生等各个层面中，并体现各校的不同个性。因此，将二级指标精神文化分为稳定性、恰实性①、认同性、独特性4个三级指标（详见表7–8）。

表7–8 学校文化评估指标要素的逻辑结构

一级指标	二级指标	三级指标
5. 学校文化	5.1 物质文化	5.11 环境设计 5.12 文化主题 5.13 形象标志
	5.2 制度文化	5.21 机制健全 5.22 和谐运作
	5.3 精神文化	5.31 稳定性 5.32 恰实性 5.33 认同性 5.34 独特性

6. 办学特色

自20世纪90年代，特色的价值在中国开始受到空前的关注，各个领域都突出强调其自身的特色建设。1993年，《中国教育改革和发展纲要》明确提出，学校要“办出各自的特色”。于是，学校特色这一概念近年来备受教育人的关注，在一些地区大兴学校特色建设之风，但由于实施者和指导者对学校特色的认识和理解出现偏颇，尤其是对特色活动、特色项目、办学特色及特色学校的概念混淆，造成一些地区学校特色工作被喊得轰轰烈烈，但实际收效甚微。甚至在一些地方或学校有挂羊头卖狗肉之嫌，特色的几个阶段不够明显成熟，评估指标没有完全指向特色。那么，到底如何来界定学校的办学特色呢？

首先，我们来弄清楚到底什么是特色，特色的本质是什么，然后才能梳理出学校特色的概念。古语说：“事物之独胜处曰特色，言其特别出色也。”“独胜”二字基本揭示了特色的内涵。“独”是指有个性，与众不同；“胜”是指有优势，胜人一筹。特色，就是事物独有个性的、超越他人的品质。学校特色

① 恰实性是作者与其导师傅维利教授共同研究而定的，恰实性的意思是：极其符合学校发展实际，具有恰切性、校本性的特点。

就是学校独特的优势品质。其次，在实践中表现为“人无我有，人有我优，人优我精”的境界，就是尊重学校间差异的教育观体现，是学校文化的一种独特表现形式。与学校文化相同，学校特色也是需要一个相当长的正态发展的积累过程的。“学校特色，就是学校文化个性的积淀。从操作层面看，学校特色是学校主体根据共同愿景和学校自身特点，经过长期努力而形成的优良独特的学校文化品质。其本质，是学校主体个性、智慧和精神的自觉外化。”（孙孔懿，2007）[3-37]从实践过程来看，学校特色就是学校的全体教职员工长期就学校管理的某一方面有计划、有步骤、坚持努力而达成的效果，它应是稳定的、经得起时间考验的、个性化的东西。

总的说来，“为学生终身发展奠定健全基础是义务教育学校办学特色生成的根据和本源；转化制约学校发展的问题，敢于以一种‘人有我无’的逆向思维方式生成富有智慧的教育特色；积淀优势的特色项目，将特色项目和资源还原为基本的教育元素，提炼其中的教育思想和精神特质，将其辐射到学校的各个领域，从而惠及每一位学生的成长和教职员工的发展”。（吴晓玲，2012b）

（1）办学特色与学校内涵发展

现代管理学认为，科学化管理有三个层次，第一个层次是规范化，第二个层次是精细化，第三个层次是个性化。实际上，学校内涵发展应是这三个发展层次的产物，最终落在第三个层次，即个性化管理。办学特色的主要特征就是个性化管理。

过去，我们很少去研究和讨论关于学校的办学特色与学校的内涵发展之间的关系，其实，二者是矛盾的统一体。从哲学角度讲，任何事物都是矛盾的统一体。也就是说，看待任何事物都应该持辩证思维一分为二地看，既要看它的正面影响，又要看到它的负面功能。

笔者通过一段时间的理论学习和实践研究发现，二者之间是有必然联系的。主要表现在：一是相互依存的关系。教育是为社会服务的，学校教育理所应当满足于大众的要求。大众是有个性的群体，有个性的群体必然有不同的思维，那么，教育要想满足大众的需求，就必须办出自己的特色以满足不同群体的需求。有的学校以人文见长，有的学校以艺术见长，有的学校以体育见长，有的学校以科技见长，有的学校以教法见长，等等。学校特色就是要满足社会的不同需求，它是学校内涵发展的个性化表现方式，是学校内涵发展的本质特征。二是相互促进的关系。学校特色是一种状态，又是一个过程，与学校主体双向建构的过程。（孙孔懿，2007）[38]办学主体对教育理论的理解可以是多侧面、多角度的。正如毕加索所说：“如果只有唯一的一种真，我们便不能就同一个主题作一百幅画。”（雅卡尔等，2001）可见，学校办学特色也是客观存在的，它需要办学主体充分发挥自身的自主性和创造性，科学运用教育规律去寻“真”的自然结果。也就是说，办学特色的创建需要遵循教育规律，而学校内涵发展也是建立在自身办学基础之上的遵循教育规律的最大化发展模式。学校特色应是学校的全体教职员工，甚至包括学生在内，就学校管理的某一个方面工作有规划、有步骤、坚持不懈、积极努力的正向结果，应该说它是一个长期积淀的产物，具有一定的稳定性；而学校内涵发展也是建立在自身基础之上的自我努力发展的结果，也具有一定的正向性和稳定性。同时，一个学校若是有了办学特色这一基础，那么，它的学校内涵发展的空间就会更宽泛，因为办学特色会拓宽学校内涵发展的渠道。三是相互制约的关系。学校特色发展到一定阶段，就会游离于学校主体可控范围之外，也就是说不是学校主体所能控制的。这样的话，一方面可能是好的办学特色，有助于学校内涵发展，如“生命教育”特色、“尊重教育”特色、“自信教育”特色、“成功教育”特色、“童心教育”特色、“乐学教育”特色、“绿色教育”特色，等等；另一方面可能是不好的办学特色，根深蒂固不利于整合和创新，学校的现状发生变化，如校长、教师、学生发生很大变化，需要学校管理的主体进行办学特色的发展和创新，如果还是固守原有的办学特色，不进行与时俱进的思考与变化，就会束缚学校的内涵发展。

（2）关于办学特色的评估要求

办学特色是学校内涵发展的一种状态，是对学校内涵发展督导评估的一个重要方面，应当体现其参与性、发展性、过程性及独特性的价值取向。办学特色的评估就是评估主体依据相应的指标体系，通过搜集相关信息和筛选有用的信息，针对办学特色的本质属性、活动状态及办学品位对被督对象进行特殊的价值判断的评估活动。

通过办学特色的评估，进一步揭示办学特色在学校内涵发展中的功能定位。办学特色的评估操作总体有三点要求：一是从办学特色的本质属性角度判断。评估主体要确认被督单位特色是否符合其本质特征，督察被督对象的特色能否算得上是办学特色，也就是要鉴别其到底算不算是特色，是否是源于校本的一种特色设计。不能完全以独特性断定其为特色，要对它的性质进行认证。二是从办学特色的活动状态角度判断并归类。办学特色的发展前提基础是特色活动或特色项目。如果称得上是特色，那么它是属于哪一种类型的？是艺术类的还是教学类的？是德育类的还是心理健康类的？是学科类的还是方法类的？属于高、中、低哪一个层次的？等等，这都需要我们进行进一步论证。因此，在特色督导评估方案中最好要有具体说明，然后让被督单位对照要求自评上报。三是要从办学品位角度进行正确的价值判断。也就是基于基础的论证、创建方案的论证及创建途径的论证，对实施过程的评估及特色成果的评估，然后综合多主体的意见，综合给出办学特色的性质及品位的判断。

具体评估操作，以学校特色建设方案为例，对特色建设方案的评估，首先是看它的背景是否与学校办学基础、发展方向协调一致。其次是看它的定位是否准确、科学，既符合学校发展实际，又符合教育发展的规律。再次要看它的过程实施，看其保障措施的可操作性和过程中师生员工的参与度，如，学校特色建设方案与学校三年或五年的发展规划目标是否具有一致性？有何内在联系？特色建设工作与全局工作之间的联系如何？办学特色与全体学生全面、个性发展的理念之间是否有必然的联系？是否既有科学又富实效的创建途径？最后，要进行一定的指导。任何一个被督学校的办学特色或多或少都会有一些不足之处，因此，督学们在肯定经验及成果的同时，更要从多角度审视现存的弊端与根源，并给予学校一些较为客观的方向性指导。实际上，针对办学特色的真正富有实效性的指导应是对方案的定位设计和对过程的跟踪评估指导。在方案转化为成果的过程中，实际操作是最为重要的，过程是方案化为成果的桥梁。对过程的评估主要应看：学校的办学特色是否是有计划开展的？广大师生员工是否了解学校的重大举措？在特色创建过程中是否促进了教师的发展和学生的发展？校内外资源的利用程度如何？效果如何？特色创建的途径是否是多渠道的？如校本课程、校本培训、课题研究、课堂教学等，如果出现偏差，是否能得到及时纠正？是否有调整的措施？是否有完备的过程档案资料？等等。

在学校内涵发展的督导评估指标体系中，由于强调被督对象的与众不同，有些指标无统一的参照指标，办学特色的督导评估就显得难以把握，因此，需要督导者根据现阶段社会对教育的要求，对学校特色建设活动及其相关因素进行描述，并针对教育管理过程做出价值判断。在深入研究和评估学校特色时，督导者一定要立足于学校实际，立足于学校的最大化发展，应认真掌握和运用好与之相一致的评估标准，将普遍性与特殊性有机结合，将继承性与创新件有机结合，将一致性与独特性有机结合，将客观地评估与科学的指导有机结合。

（3）关于办学特色的评估指标要素

办学特色是不同层次学校自主内涵发展的特质和有效途径。因此，针对办学特色的评估就是要抓住学校教育最本质的东西。对学校特色的认知与评估，需要通过学校工作的具体过程和表现出来的显性特征进行深刻认识和考量，它是根据学校发展所表现出来的特色价值而定的。由此，学校办学特色应是由其独特的特色定位、特色创建的方式及途径、办学特色呈现的成果三大要素组成。上述三者也就是办学特色的评估内容，因此，将办学特色分解为特色定位、特色建设及特色成果3个二级指标。其中，特色定位应依据学校的办学理念、办学实际及办学目标而定，将二级指标特色定位分解为特色方案、师生认同2个三级指标；特色建设主要是指学校特色建设的运作过程，如方式、途径、保障机制等，将二级指标特色建设分解为组织机构、运行机制、特色队伍及创建途径4个三级指标；特色成果主要是指学校长期形成的独有价值取向，对其评价主要看其可视价值大小，将二级指标特色成果分解为稳定性、示范性2个三级指标（详见表7-9）。总之，对办学特色评估主要看其定位的客观性和科学性、过程实施的参与性和实效性、特色成效的示范性和发展性。具体来说，就是督导时要重点看特色定位是否准确；特色创建途径是否立足校本，具有可操作性和实效性；特色成果是否稳定，并在一定范围内是否具有影响力和示范性。

表7-9 办学特色评估指标要素的逻辑结构

一级指标	二级指标	三级指标
6. 办学特色	6.1 特色定位	6.11 特色方案 6.12 师生认同
	6.2 特色建设	6.21 组织机构 6.22 运行机制 6.23 特色队伍 6.24 创建途径
	6.3 特色成果	6.31 稳定性 6.32 示范性

（三）核心增值性评估指标

伴随着社会经济的改革与发展，中国的基础教育基本上走完了数量和规模满足阶段，开始迈向公平和质量满足阶段。《教育规划纲要》明确提出，公平与质量是我国教育这一阶段的战略重点。于是，各级政府在推进教育公平上狠下功夫，最为突出的就是各地采取积极措施努力均衡配置教育资源，因为教育资源的均衡配置是由教育公益性本质属性所决定的，是教育公平的前提基础。如果没有这个基础，学生受教育机会、受教育的条件、受教育的内容以及效果就不会得到均衡保障，怎么谈得上教育公平呢？怎么能保证教育的质量呢？怎么才能算是真正意义上的公平和质量呢？

一个学生，接受了十二年的教育，应该达到一个什么样的质量标准？由于种种原因，我国还没有制定出完善的中小学生质量标准。因此，目前还没有一个常模来做标准，测量和评价中小学校及其学生是否达到培养目标和质量要求。目前，大多数地区衡量学校间的质量差异仍然是将升学率作为重要指标，评判学校的好坏仍然是以考试成绩为主。但是在具体实践中，存在这样的问题：比如A校和B校进行质量比较，A校的中考升学率是77%，B校的中考升学率是95%，是否可以说B校的质量好于A校的质量？以往的学校评估结果是可以这样说的，我们几十年都是这样评判的。但当深入A校和B校，了解到A校三年前中考升学率是54.6%，B校三年前中考升学率是85.9%，还会绝对地说B校的质量好于A校的质量吗？答案肯定是否定的。因为只看当年升学率的质量比较，只考虑到两校的质量现状，而没有考虑到两校原有的基础差异。如果基于基础比较，看进步幅度，当然A校的质量应好于B校。基于增值度分析，A校的增值幅度高于B校，那么，A校理所应当也算作一所好学校。但现存督导就在做着不公允的评估，使得A校一直处于不公平的被评估状态。一方面是学校间学生学业基础的差距，另一方面是学校间师资队伍水平存在很大差距，而两个学校还在追求统一的质量目标。但是，迫于行政的压力，被督对象只能无奈接受。作为评估者是否应该反思自己的评估标准和评估方式的问题，能否寻找到一个更为切合实际的途径和方法对不同层次的学校进行公正的评估。

著名的美国教育家布鲁姆曾说过："衡量学校好坏的唯一标准是看学生在原有基础上的进步幅度。"看进步幅度、增值大小，这样的学校评估要比过去看纵向比较、看平均分是否达到平均值要科学很多、公平很多，这种测评方法就是增值性评价。增值性评价理论就是用增值大小、进步多少来评价学校和学生，它是基于对每一所学校、每一名学生的进步幅度进行的评价。它基于数据来说话，让数据清楚准确地告知被督对象。这种评价必须进行"基线测试"，因为它是衡量一段时间内，学校工作的努力程度。所以，学校内涵发展评估必须关注起点，但更要关注被督对象的进步，即发展增值度，以此帮助督学和校长弄清楚学校发展增值了没有，增值了多少，为什么能增值或为什么没能增值。可视化的数据及有价值的报告可以帮助督学客观公正地了解和评估学校，再通过数据驱动来进一步改善学校教育的效能。

关注每一所学校、每一名学生的发展，以增值的大小来评判学校恰恰是学校内涵发展所应追寻的。因此，将增值性指标作为学校内涵发展的创新性指标，在整个学校内涵发展督导评估指标体系中选取9个易量化的核心增值性指标加以说明。为什么选取这9个增值性评估指标呢？主要是因为它们均是六大一级指标中的核心指标，并且易于测量，能够计算出学校发展净增值度。具体如下：

1. 办学声誉

在办学方向的评估指标中将办学声誉定位为易量化的增值性指标，主要是因为办学声誉相对来说是比较稳定的成果。它的好与坏，从另一角度可以反观学校办学方向的正确与否。而且，关于办学方向的信息获得需要多方面的综合信息，主要看目标达成度及社会满意度是否逐年稳步提升。目标达成度，可以通过对照规划、计划设定的目标查看实际上达成了多少，再计算每一年度的达成度，比较三年的目标达成度是否逐年稳步提升；社会满意度，主要是看学校办学是否得到学生、家长及社会的认可，每一年度都要计算学生、家长及社会对学校的满意程度，再将三年的社会满意度分维度进行比较，看是否稳步提升。

2. 队伍发展

队伍发展是师资队伍的核心评估指标。将队伍发展定位为核心增值性指标，主要是因为队伍专业化发展水平直接决定学校内涵发展的水平，教师发展的正态增值必然带来学生发展的正态增值，可以说是关键性的前提因素。另外，关于队伍的专业发展督导评估主要看是否有3—5年发展规划，年度计划是否与规划保持一致，队伍发展的途径是否多元有效，并且具有可量化的指标，如教师课题研究的参与率是否达到100%或逐年提升，教师的教育科研水平是否逐年提升，看课题研究、校本论坛等研究次数及论文发表数年度有无递增，教师的课堂教学成绩是否达标并逐年提高。

3. 课程资源、课程研发

在课程实施的评估指标中将课程资源、课程研发定位为核心增值性指标，主要是因为要打破和改善过去强调以国家课程为唯一标准的情况。另外，课改的一些理念一直未能得到很好的贯彻，再加上学校内涵发展强调的是学校自我发展的内驱力，这一内驱力应是基于课程的。同时，课程是促进学生发展、提升内涵品质的重要途径。通过课程资源及课程研发这两项指标也能很好地判断出学校自主办学的努力程度，因为每一年都有可以发展的空间，这也是可测的。如课程资源的总储备量是否逐年递增？学科教学资源是否得到及时更新、补充？更新、补充率能否达到15%，并逐年递增？校本课程的研发每年是否有新突破、新调整？社区资源的利用率如何？辐射地区的作用发挥如何？校园网及“班班通”的利用率是否逐年递增？等等。

4. 文化素养、身心素养及个性素养

文化素养、身心素养及个性素养主要反映学校的教学质量，三者是学生发展的重要评估指标。文化素养主要是指学生学业质量，主要是指三年来学校学生学业成绩的净增值度，当然这是要基于学生的基础水平之上的成绩进行比较的；身心素养是学生发展最为重要的考核指标，主要是指学生的身体、心理健康基础水平达标率及三年来的净增值度；个性素养主要是指学生的兴趣、爱好及特长是否得到很好的发展和提升，学生是否有个性发展档案，学生课外活动的参与面及获奖情况是否逐年有增值。这三项指标可以通过学业成就测试系统一次性获得。

5. 精神文化

精神文化是学校文化的最高层次指标，是在学校文化评估指标中较为稳定的、可持续发展的评估指标。督导中主要看校内是否有正确的舆论导向，全体教职员工的知晓率及认同率怎样？人际关系情况，如领导与教师、教师与学生、教师与教师、学生与学生、教师与家长、学生与家长之间关系的和谐度是否稳定，且有所改善？课程文化与课堂文化的稳定性及核心影响力是否有所提升？每一年度是否有新的增长点？等等。

6. 特色成果

在办学特色的指标中将特色成果定位为核心增值性指标，因为无论是特色定位的正确性、特色建设的实效性都需要通过特色成果来验证，它具有稳定性和示范性的特点。因此，对特色成果的增值度，重点是要看其在一定范围内的示范性和师生的参与面是否有所改进和提升。

实际上，学校内涵发展督导评估指标体系区别于以往的评估指标体系的主要特征，就是评估的每一个指标都要看其发展度，也就是增值度；并且每一个子系列指标体系中都有核心增值性指标。根据每一个指标要素的特征，有的采取统计分析处理，用数字来说话；有的就只能是模糊比较评估处理，只是增值性评价思想的渗透而已，主要靠的是质性评价。

二、指标权重系统

（一）权重的概念

“所谓权重，就是根据组成事物的要素在整体中的地位和作用不同，而赋予的一定数值。”（陶西平，1998）[13]督导评估指标体系中的每一项指标在学校内涵发展中的作用是不同的。因此，每一项指标在督导评估指标体系中所占的权重也不同，不同的权重反映它们在整个指标体系中的重要程度。学校内涵发展评估标准满分为100分，各指标要素的权重确定在0至1之间，权重之和为1。

指标的权重具有一定的作用。首先，它具有一定的社会差异性功能。它反映了在社会中各个角色分工的不同，表现出各指标间作用的不平衡，即它们各自所体现的价值趋向。如办学方向的权重为0.1，而师资队伍的权重为0.18，则说明在整个指标体系中师资队伍较办学方向的作用更大些。其次，它具有一定的教育性功能。依据现阶段的社会需要和教育发展目标，学校内涵发展应给予学生最大的发展空间。在整个评估指标体系中，将学生发展的权重定为最大，为0.26，说明在整个内涵发展评估指标体系中学生发展是重要的核心指标。再次，它具有一定的逻辑性功能。它有效地反映了各指标间的逻辑关系，在各级指标体系中都具有包含和从属关系。如一级指标学校文化分解为物质文化、制度文化及精神文化3个二级指标，它的权重0.18依次分解为0.06、0.06、0.06。应该说，它是在特定的每一系列指标体系中进行分解和赋分的。因此，在督导学校文化时，我们应综合各指标要素的发展水平，才能更加全面、准确、有效地加以判断。（王晓妹，2012）[5]

（二）权重确定的原则

在指标体系中，指标的权重分配必须遵循以下几个原则。

一是依据教育目标，主要是看各指标要素与教育目标间的关系。也就是说，要看指标要素所承载或完成的教育目标是什么，轻重程度如何。

二是看各指标要素与学校内涵发展这一总目标间的内在联系。主要是看各指标要素在学校内涵发展中所处的位置或所起的作用，视轻重程度赋予不同的权重。

三是看多元主体的认可度。可以通过特尔斐法、群体经验判断法、层次分析法得出主体对于指标要素的认可程度综合得出的主次结果。

依据我国全面育人的教育总目标，在学校内涵发展中，应培养全面加特长的学生。围绕这一总目标，办学方向应与其一致，发展愿景及办学理念的定位都应体现这一主旨。这其中，人的发展是主要因素，两个主体的发展是并行的。学生发展是根本，是我们的教育目标，教师发展是实现这一目标的根本保障。课程是师生发展的媒介和渠道，学校文化是达成总目标的氛围保障，办学特色是学校内涵发展的重要特征。通过对专家、督学、校长、教师、社区相关人员的访谈和问卷调查等，79.6%的参与者认为，在学校内涵发展督导评估指标体系中，最核心指标是学生发展，权重为0.26；次核心指标是师资队伍、课程实施、学校文化，权重各为0.18；再次一级的核心指标是办学方向、办学特色，权重各为0.1。二级指标、三级指标也是遵循此法进行权重分配。如在师资队伍的二级指标的权重分配时要突出教师的道德水平评估，在学生发展的二级指标的权重分配时，要突出学生的思想品德、身心健康及个性发展指标。因此，相对来说，在同级指标中上述指标的权重就大，分数就高。

（三）权重确定的方法

学校内涵发展的督导评估指标体系是由不同级别的指标要素组成的，众多指标在每一系列中所占的地位和所起的作用是不同的，因此每一个指标在整个评估指标体系中所处的位置及重要性也是不同的，因而也就有不同的权重。

具体方法：一是按系列将指标体系分成不同层次的主次指标，按照不同程度将几个方面分成3个层次，并按照三个等级依次赋予各项指标不同的权重。确定权重时可以采用群体经验判断法，如将各指标排成不同序列发给行政领导、校长、教师、督学或其他人员，让不同利益群体的代表根据自己的经验、利益按照重要性将每一个指标依次排列赋分，最后进行统计处理得出权重。另外，还可采用特尔斐法，将此指标发给专家，请他们根据自己的知识及经验判断，将每项指标的重要程度排序并赋予不同的权重，将专家们的意见经过统计处理得出一个结果。但可能专家的结果与其他人的判断是不一致的，这就需要经过几轮论证方可达成最终的权重。当然，权重分配是否科学尚需经过实践的验证、矫改，反复调整，才能最终形成较为可信、合理的结论。

三、指标标准系统

评估是一个有计划、有组织、有步骤的活动，它是在一定的评估目标指导下，以明确的标准做价值判断的过程。正因如此，标准在评估活动中的作用不可低估，它是与目标、判断、决定直接相关联的。从逻辑上来说，它是由评估目标衍生出来，与目标是协调一致的，又是为判断做出依据，为决定做好服务的。为了保证评估指标要素及各指标的权重在具体评估时不出现偏离现象，必须一一对应地设定标准，将其作为每个评估主体在实施评估时的可参照点。标准是被督对象应该具有的一种品质，也是评估者在不同情境中赖以立足的一个基点。标准作为评估之轴，是构成评估的主要指南之一。一般来说，在某一个既定领域的标准应保持不变。无论针对哪个情境、哪个主体进行评估，标准都应该是统一恒定的。当然，随着时间的推移，它也会有所改变。一个好的标准应该具有全面性、正确性、恒常性、恰切性、独立性、自主性等特点。

（一）标准的概念及分类

1. 标准的概念

标准这一概念在日常生活中被广泛使用，标准实际上就是一个常模。标准是用来判定事物是否具有一种普遍的品质，一种活动或任务是否是恰当的，高效完成后的情形是什么样子的。它具有某一特定事物的社会普遍性意义，具有质性判断的特点。

通常，一个标准就是我们参照来做出评价、判断的一个要素，它代表一种原则、一种特点、一种模式、一种价值。当我们更多地处于一种评价逻辑——

在计划制订的意义方面，标准是作为行动者们在某一时刻一致认同的参照出现的。而相反，当我们处于一种检验的逻辑的时候，标准就是要遵守的一个规范。即使我们运用的标准表面上是相同的，他们在不同类别的评估中扮演的角色也是不一样的。（罗日叶，2011）[58]换句话说，不管我们处于什么样的评估逻辑，不管出于什么样的评估目的，标准都是要被应用于被督对象的评估之中的。评估标准代表评估者的评估角度，一个标准其实就是一个角度。在评估活动中，评估者是按照一定的角度来进行评估。由此，标准是非常重要的一个评估要素，是被应用于评估者与被评估者之间沟通的桥梁。

2. 标准的分类

目前，评价标准有不同分类法。“一般从评价内容上分类，如分为素质标准、职责标准和效能标准。”（张玉田 等，1987）[38-42]素质标准是从承担各种职责或完成各项任务应具备的条件的角度提出的标准。例如，作为一名中学校长，应具备哪些条件才算称职？当一名教师，应具备什么样的条件才算符合专业要求？学生全面发展的标准如何界定和评估操作？如此等等。职责标准主要是从评价对象所应承担的责任和完成任务的角度进行评价，它主要是看评价对象的劳动过程、工作任务和态度，而不是看其工作效果。效能标准包括效果标准和效率标准。效果标准是从工作效果角度确定的评价标准。评价教育工作的优劣，主要看教育工作的效果。效率标准是把人力、物力和时间的投入与成果联系在一起进行考察。评价教育工作的优劣，主要看投入与成绩的比例。投入少，成果大，为优；反之，则为劣 。三类标准是互相联系的，在具体实施时是不可偏废的。（胡中锋，2006）[99]这类标准更注重岗位职责及管理效能，可以为一般性评估后的问责提供全面依据。

评估标准还可以分为基础标准、希望标准和增值标准三种。基础标准就是指所有被督对象所应达到的最基本应然标准，也就是基础底线。希望标准就是指通过对被督对象基础及能力分析所应达到的一种可能标准，它应是督与被督双方共同协商而达成的一种可能性目标。增值标准就是指参照被督对象发展基础及可能的实际努力程度的一种横向平均值。评估时要看个体的基础标准与希望标准间纵向关系变量，参照对被督对象基于基础标准之上希望标准的达成度，是被督对象实然状态与应然状态间的一种比较。这类标准更加突出评估自身的专业性，注重尊重评估对象的基础评估和自主能动性的调动，从基础标准到希望标准，再到增值标准，其实就是一个动态的评估标准。

（二）基于内涵发展督导评估的标准建构

在学校内涵发展督导评估指标框架中，可分为两类标准：一是水平标准，也叫基础标准。它是由反映内涵发展的一系列达标底线的指标加以具体表现制定出来的，这些标准基本上是建立在评估达标基础要求上的。二是增值标准，也叫进步标准。它是由反映内涵发展的一系列增值指标平均值表现出来的，这些标准基本上是建立在评估标准基础上的主体发展性指标的具象化，可以通过这些标准考察被督对象的主观努力程度。

评估标准是评估教育实际达到指标程度（或情形）的具体要求。达标程度可分为不同等级，不同等级则有不同的评估标准。在教育评估指标体系中，末级指标必须明确规定评估标准。评估标准具有一定的社会规范性，它是根据国家的教育方针、法规政策以及地方政府部门的有关要求而制定的，在评估时强调的是一种实然状况。同时，评估标准还具有一定的个体激励性，它是通过评估这一手段对被督者工作的一种认可，对其内在潜能的一种激励。评估标准的确定，还应依据评估主体的需求、现状及发展价值取向，选择若干个指标构成一个富有层次性的评估指标体系。

那么，在现有条件下，如何确定和把握评估标准呢？怎样才能制定一份既不冗长又很实用的评估标准呢？在具体制定标准时如何将价值取向与评估内容有机融合呢？前文已经做了评估指标的具体分解，并且也有一些评估要素说明。在实际操作中，往往需要更为具体的标准，就是每一个等级如何进行更为具体的价值判断和赋分，即如何来量化的问题。说到量化就需要借助量化符号。量化符号是教育评价指标体系结构中不可忽视的部分，一般有权数和分数两类。这两类数值是用来反映某一个体在整体中的相对地位的。权数常用小数形式，一般把同一级指标群集视为一个整体，整体权数总值为 1。此外，还有百分数等形式。分数包括指标赋分和等级赋分两种。（龚春燕 等，2007）在同一个指标体系中，可以将两者结合使用，也可以单独使用，取百分数或小数形式皆可，但无论取哪一种形式都必须一以贯之，不能混淆各项指标的权数或分数之间的关系、末级指标的各类标准间的关系、不同等级的分值之间的关系以及各类量化符号间的关系，等等。

本评估指标体系采取的是百分数形式，六大一级指标赋分满分为 100 分；等级赋分采用的是 A、B、C 三个不同等级达成度赋分，将指标体系中的每一项一级指标的操作标准从三个不同层次加以分析，基本上是三分度赋分，如 5、4、3 或 3、2、1。在学校内涵发展等级划分时，是将等级与百分赋分两者结合起来。也就是按照 A 等、B 等、C 等三个等级进行要求或标准的表述，并赋予一定的分值。如 A 等，就是达到评估要素的最成功标准，满分；B 等，就是达到评估要素的中等水平或分值；C 等，就是达到评估要素的最低水平或分值。若为学校内涵发展示范校，必须各级指标总赋分为 95 分以上，各项指标达标中有 18 个 A 等；若为学校内涵发展规范校，必须各级指标总赋分为 85 分以上，各项指标达标中有 14 个 A 等；若为学校内涵发展标准校，必须各级指标总赋分为 75 分以上，各项指标达标中有 10 个 A 等（详见表 7–10）。

表 7–10　学校内涵发展督导评估指标赋分标准

一级指标	二级指标	评估标准
1. 办学方向（10 分）	1. 1 办学理念（4 分）	办学理念体现科学发展观，符合党和国家有关教育改革与发展的精神，立足本校实际，关注师生发展，富有教育意义；内涵界定准确、科学；达成途径清晰，可操作；与时俱进，前瞻有个性；具有科学性、实践性、前瞻性、创新性的特点。 A. 办学理念符合国家有关教育改革与发展的精神，教育思想明晰，立足校本，体现特色；内涵界定准确；达成途径清晰，操作性强；立足学生、教师及学校的可持续发展，有前瞻性。（4 分） B. 办学理念立足学校实际；内涵界定比较清晰、准确；操作性一般；对师生发展的关注度不够，定位不够科学、前瞻，特色不够突出。（3 分） C. 有以校为本的办学理念，但内涵界定不够清晰、准确；操作性欠佳；未能关注师生的发展，特色不够鲜明。（2 分）
	1. 2 发展愿景（3 分）	有被绝大多数教师认同的学校发展规划，并有年度分解计划，目标清晰可达。 A. 有远、近期学校发展规划，目标逐级分解，有年度工作计划，共同的愿景清晰、可达，员工认同度达 90%以上。（3 分） B. 有远、近期学校发展规划及年度工作计划，但脱离实际，或高或低，员工对于发展愿景认可度约为 60%—90%。（2 分） C. 有远、近期学校发展规划，但无年度分解计划，发展愿景不够明晰，员工认同度低，不足 60%。（1 分）
	1. 3 办学声誉（3 分）	学校工作目标达成度高，总结反思及时全面，并有经验规律的提炼；办学质量及行为得到学生、家长及社会的认可，社会声誉好。 A. 目标达成度高，总结、反思及时，全面有提升，办学行为规范，办学质量高，处于同类学校前三分之一，得到学生、家长及社会的认可，满意度高；在市、区有一定的影响力，声誉好。（3 分） B. 目标达成度一般，总结较全面，办学行为较规范，办学质量处于同类学校中游，学生、家长及社会满意度一般。（2 分） C. 目标达成度低，总结与计划不一致，办学行为有欠规范，学生、家长及社会满意度低。（1 分）

续表

一级指标	二级指标	评估标准
2. 师资队伍（18分）	2.1 队伍结构（4分）	教师队伍结构合理，老、中、青比例均衡，主科教师、小科教师、骨干教师结构合理，各年级、班级师资配备均衡；教师学历100%达标，并有与之相一致的专业化水平。 A. 老、中、青教师比例均衡；主科教师、小科教师结构合理；教师学历100%达标；能力结构不断优化，骨干教师比例达教师总数的20%，并逐年提升。各年级、班级师资配备均衡。（4分） B. 老、中、青教师比例较均衡；主科教师、小科教师结构较合理；教师学历98%达标；能力结构一般，骨干教师比例达教师总数的20%，但无年度增长点。各年级、班级师资配备基本均衡。（3分） C. 老、中、青教师比例不均衡；主科教师、小科教师结构较合理；教师学历95%达标；能力结构不理想，骨干教师比例偏低，不足20%。各年级、班级师资配备不均衡。（2分）
	2.2 队伍建设（6分）	队伍建设有3—5年规划，并有年度分解计划；管理、培训机制健全，有层次性，管理措施可操作性强，注重校本培训和师德建设，干部、教师队伍成长迅速，群体素质高，管理有成效。 A. 队伍建设有3—5年规划及年度计划，重点突出，目标合理，可操作性强；有健全的选人用人、考核及奖惩机制；注重校本培训和师德建设，干部、教师队伍成长迅速，群体素质高，团结和谐，积极参与教育教学活动，教师教育教学行为规范。（6分） B. 队伍建设有3—5年规划，具体、可操作；管理机制较健全；校本培训、师德建设等措施较到位；干部、教师队伍群体素质一般；教师教育教学行为较规范。（4分） C. 有队伍建设规划，全面但缺乏可操作性；管理机制落实不够到位；干部、教师认可度低；教师教育教学行为不够规范。（2分）
	※2.3 队伍发展（8分）	有队伍发展整体规划，并认真贯彻落实；帮助教师制定个人职业规划，以校本研修、课题研究、课堂教学等途径多渠道提升教师专业化水平，队伍发展较为迅速，尤其是青年教师的发展较好，专业水平逐年提升。 A. 注重教师专业发展，定期组织教师专业培训，指导并帮助每位教师制定自我专业发展规划；将校本教研与课题研究紧密结合，通过集体备课、课题研究、课堂教学及教学反思等形式调动全体教师的积极性，提高其专业化水平，青年教师成长迅速；有省级以上立项课题，100%的教师有自己的教育教学研究专题。（8分） B. 注重教师专业发展，定期组织教师专业培训，80%的教师有自我专业发展规划；教师研究氛围浓，校本教研与课题研究落实较好；适时有效地开展教学反思、课堂教学评价；有市级立项课题，80%的教师有自己的教育教学研究专题。（6分） C. 比较重视教师的专业发展，定期组织教师专业培训，60%的教师有自我专业发展规划；教师研究氛围一般，校本教研与课题研究的针对性、实效性欠佳；开展教学反思，但效果一般；有区级立项课题，但参与教师不足50%。（4分）

续表

一级指标	二级指标	评估标准
3. 课程实施（18分）	3.1 课程规划（4分）	认真贯彻国家、省、市文件精神，有较为完善的课程实施规划，并有年度分解计划。 A. 有课程实施总体方案，总体规划设计规范、科学，针对方案有年度分解计划，操作性强，有增长点。（4分） B. 课程实施的总体规划设计一般，有针对方案的年度分解计划，但操作性一般，无增长点。（3分） C. 课程实施的总体规划规范性、可操作性差，无年度分解计划及增长点。（2分）
	3.2 课程执行（5分）	严格执行国家、省、市课程设置课时计划，有完善的课程管理保障机制，国家课程、地方课程、校本课程得到有机整合和有效实施，过程扎实规范，课堂教学体现课改的精神。 A. 按照国家、省、市文件精神，三级课程得到有机整合和有效实施；常规教学环节规范，课程管理机制健全，检查反馈及时；有独具特色的课堂教学评价标准，课改精神体现很好；有学科课堂教学模式，多数教师课堂教学扎实、高效，并有个性化的教学风格。（5分） B. 课程管理机制较健全，三级课程落实较好；常规教学环节较规范；课堂教学有标准、有模式，但课改精神体现一般，效果一般。（4分） C. 课程管理机制较健全，三级课程落实一般；常规教学环节规范性欠佳，检查反馈不够及时；缺乏个性化的课堂教学标准及模式，课堂教学效率低。（3分）
	※3.3 课程资源（5分）	学校重视课程资源的建设和社区资源的利用，有管理功能的软件系统，并应用于教育教学之中，有丰富的校本资源，不低于1000G，并及时更新补充，有机地整合利用。 A. 学校有丰富的校园网络资源和教学资源库，非常重视学校资源、社区资源的开发与利用，校本资源不少于1000G，学科教学资源及时更新补充率达到15%，并逐年递增；信息技术与教育教学深度融合，100%的教师会制作并使用课件上课，教师课堂信息化水平高，校园网及“班班通”利用率逐年递增，有一定的辐射作用。（5分） B. 学校有较为丰富的校园网络资源和教学资源库，学校资源、社区资源开发较好，校本资源不少于1000G；信息技术与教育教学整合较好，80%的教师会制作并使用课件上课，教师课堂信息化水平一般；校园网及“班班通”利用率一般。（4分） C. 校园网络资源和教学资源库建设未得到重视，校本资源不足1000G，校本及社区资源开发与利用差；60%的教师会制作并使用课件上课，但效果一般；校园网及“班班通”利用率低。（3分）

续表

一级指标	二级指标	评估标准
3. 课程实施 （18分）	※3.4 课程研发 （4分）	有较为完善的校本课程开发方案，重视学校资源、社区资源的开发与利用，形成富有个性的校本课程体系；过程实施规范，师生参与面广，有自主研发的校本教材及师生评价体系；特色课程与学校的办学理念及办学特色有机结合。 A. 依据办学理念及特色形成富有个性的校本课程体系；过程扎实、实施规范，有自主研发的校本教材及特色课程，学生参与面达100%；有师生评价方案，过程评价到位；校本课程特色成果在区域内具有一定的影响力。（4分） B. 课程体系较为完善；学校有自主研发的校本教材，但不够完善，水平一般；学生参与面达80%；有对师生的评价，但不够系统；校本课程的特色成果影响力一般化。（3分） C. 有校本课程，但课程执行欠规范，学生参与面不足80%；没有形成富有个性的课程体系及师生评价方案；无自主研发的校本教材；无特色校本课程。（2分）
4. 学生发展 （26分）	4.1 品德素养 （4分）	认真贯彻国家、省、市关于学生德育工作要求，以人为本，德育为首，重视学生的思想品德教育及良好公民道德素养教育，养成性教育目标明确有层次，“三位一体”德育教育模式有效运行。青少年违法犯罪率、辍学率得到严格控制，学生思想品德达标率为98%以上。 A. 重视学生的思想品德教育及良好公民道德教育，有富有层次的学生德育培养目标及评价标准，养成性教育落到实处；多渠道培养学生养成良好的道德素养，大多数学生有坚定正确的理想信念；学生思想品德达标率为98%以上，辍学率、犯罪率为0。（4分） B. 比较重视学生思想道德教育，使学生养成良好的道德素养，有坚定正确的理想信念；学生思想品德达标率为90%以上，辍学率、犯罪率为0。（2分） C. 学生思想道德教育重视程度差，未能很好地培养学生养成良好的道德素养，学生思想品德达标率不足90%，有辍学生，学生犯罪率大于0。（0分）
	※4.2 文化素养 （6分）	重视学生良好的学习习惯培养及有效的学习方法指导，定期开展专题讲座，课堂教学有机渗透，学生的文化知识合格率达90%以上，学生学业成绩净增值度稳中有升。 A. 非常重视培养学生自我学习的习惯及自我学习方法指导，课堂教学、课题研究有所呈现，每学期学校的专题讲座不少于2次，80%以上的学生养成良好的学习习惯，掌握1—2种学习方法，学生的文化知识合格率达90%以上，学生的学业成绩逐年稳中有升，且增值度处于区均值以上。（6分） B. 比较重视学生自我学习习惯的培养及学习方法指导，每学期学校的专题讲座不少于2次，60%以上的学生养成良好的学习习惯，学生的文化知识合格率达85%，学生的学业成绩有增长点，但低于区均值。（4分） C. 学生自我学习习惯的培养及学习方法指导欠佳，无专题讲座，具有良好的学习习惯的学生不足50%，学生的文化知识达标率不足80%，学生的学业成绩无增长点。（2分）

续表

一级指标	二级指标	评估标准
4. 学生发展（26分）	※4.3 身心素养（6分）	认真贯彻国家阳光体育运动及“减负”精神，注重学生身体、心理健康品质的培养，关注特殊学生的需求；有效落实“两课一操”及心理健康教育，大多数学生养成良好的体育锻炼习惯、良好的卫生习惯及心理品质，85%以上的学生达到《国家学生体质健康标准》，常见病发病率低于2%，近视眼新发病率低于4%。 A. 认真贯彻国家阳光体育运动及“减负”精神，体育课及健康教育课得到有效落实，大多数学生养成良好的体育锻炼习惯及良好的卫生习惯，学生每天户外体育活动1小时得到很好保证，学生体质健康合格率达98%以上，学生的“六病”防治得到有效控制，位于同类学校前三分之一，近视眼新发病率不超过3%。特殊学生得到很好的照顾。（6分） B. 贯彻国家阳光体育运动及“减负”精神，体育课及健康教育课得到较好落实，50%以上的学生养成良好的体育卫生习惯和心理品质，体育课成绩合格率不低于95%，学生每天户外体育活动1小时基本得到保证，学生体质健康合格率达到95%以上，学生的“六病”防治得到有效控制，不低于区均值，近视眼新发病率不超过4%。对特殊学生的照顾一般。（4分） C. 国家阳光体育运动及“减负”精神未能得到很好落实，学生养成良好的体育卫生习惯和心理品质的合格率低于50%，体育课成绩合格率低于90%，学生每天户外体育活动1小时未得到保证，学生体质健康合格率不到95%，学生的“六病”防治工作不到位，努力程度差，近视眼新发病率超过4%，并逐年提升。特殊学生未得到关心和照顾。（2分）
	4.4 艺术素养（3分）	重视学生的艺术教育，音乐、美术艺术课程的实施规范，通过校园环境文化的熏陶，校本课程、课外活动小组、校园艺术节、班班有歌声等活动途径培养学生欣赏美、鉴赏美的情趣及能力。 A. 注重音乐、美术艺术课程的规范实施，音乐、美术课堂合格率达95%以上；通过校园文化、校本课程、课外活动小组、校园艺术节、班班有歌声等途径培养学生欣赏美、鉴赏美的情趣及能力，课外活动小组组织机构健全，有活动方案、过程资料齐全，每年至少召开一次丰富多彩的艺术节活动，学生参与面达到100%。（3分） B. 音乐、美术艺术课程、艺术校本课程及课外活动小组得到较好实施，学生的审美情趣及能力得到增强和提高，音乐、美术课堂合格率不低于90%，每年召开一次丰富多彩的艺术节活动，学生参与面达80%以上。（2分） C. 学校艺术教育重视不够，音乐、美术课程实施欠佳，课时执行不到位，艺术节活动未制度化，学生参与面低于80%，学生审美情趣及能力未得到培养。（1分）

续表

一级指标	二级指标	评估标准
4. 学生发展（26分）	4.5 实践素养（3分）	重视学生的劳动实践活动，积极组织学生参与社会实践基地的学习与实践，90%以上的学生通过实践基地的培养养成热爱劳动的习惯，劳动态度端正，掌握一定的劳动技能，通过研究性学习实践能力有所提高。 A. 学校重视学生的劳动实践活动，积极组织学生参与学农、学军、学工等社会实践基地的学习与实践，100%的学生参加社会实践基地培训，并通过实践基地的培养，学生养成热爱劳动的习惯，劳动态度端正，掌握一定的劳动技能，通过研究性学习提高了劳动实践意识及能力，学生表现受到基地领导、教师的普遍好评。(3分) B. 比较重视学生的劳动实践活动，组织学生参与学农、学军、学工等社会实践基地的学习与实践，80%的学生通过实践基地的培养养成热爱劳动的意识，劳动态度较端正，掌握一定的劳动技能，在研究性学习体验中有所收获，成果展示较好。(2分) C. 组织学生参与学农、学军、学工等社会实践基地的学习与实践，但组织不力，学生研究性学习过程流于形式，学生的劳动意识淡漠，劳动技能一般，成果展示一般。(1分)
	※4.6 个性素养（4分）	学校重视学生的个性发展，积极指导、帮助学生制定阶段人生规划，通过多种途径促进学生的个性发展，学校的特长生比例逐年提升。 A. 注重学生的个性培养，指导、帮助所有的学生制定阶段人生发展目标；因材施教，通过课堂、课程、课外小组等途径加强对所有学生的个性特长培养，特长生的比例逐年提升，在市、区比赛中有一定的影响力。(4分) B. 比较重视学生的个性培养，80%的学生有阶段人生发展目标；通过课堂、课程、课外小组等途径加强对学生个性特长的培养，校内特长生的比例逐年提升，但在市、区的影响力一般。(3分) C. 不够重视学生个性的培养，未指导学生制定阶段人生发展目标，课外小组的覆盖率不足30%，特长生的比例低，且无增长点。(2分)
5. 学校文化（18分）	5.1 物质文化（6分）	学校环境设计美观科学，独具匠心，符合学生特点，主题鲜明有个性，富有教育意义，与学校的办学理念及办学特色有机融合，有赋予教育意义的学校个性化标志物。 A. 环境设计符合学生身心发展特点和教育规律，独具匠心，科学合理，美观艺术；主题鲜明有个性，与学校的办学理念及特色有机融合，有固定的学校形象设计标志，充分体现教育性。(6分) B. 环境设计比较科学美观，有主题，有层次，但与学校的办学理念及特色契合度不高；有固定的学校标志物，但未能体现教育性。(4分) C. 环境设计不够科学美观，主题不够协调一致，未能立足学校实际，体现特色；无固定的具有教育意义的学校标志物。(2分)

续表

一级指标	二级指标	评估标准
5. 学校文化（18 分）	5.2 制度文化（6 分）	有一整套被广大教师认同的、科学系统的现代学校管理制度，并被有效地应用于管理实践；学校管理系统民主开放、和谐高效运转，广大教师自觉遵守管理制度，管理达到无为的境界。 A. 建立健全以提高教育教学质量为导向的管理制度和工作机制，建立健全教职工代表大会制度，不断完善科学民主决策机制，并有效应用于管理实践；系统民主开放、和谐高效运转，全体教职员工自觉遵守规章制度，管理达到无为的境界。（6 分） B. 有较为健全的管理制度和工作机制，并应用于管理实践；学校管理较为和谐规范。（4 分） C. 管理制度和工作机制不够健全；应用于管理实践效果一般，学校管理秩序差。（2 分）
	5.3 精神文化（6 分）	具有长期稳定的适合本校发展的高品位精神文化，团队形成积极向上的舆论导向，认同度高，凝聚力强，校内人际关系和谐，形成富有个性的团队文化、课程文化、课堂文化等，在区域内有一定的核心竞争力和很强的影响力。 A. 具有长期积淀的适合本校发展的稳定的高品位精神文化，团队形成积极向上的舆论导向，如有符合校情、积极向上的办学理念、办学目标、校风、校训、教风、学风等；学校风貌和谐，学校领导、教师、学生关系融洽，互助共赢；理念创新、特色突出，校内校外认同度高，在区域内有很强的核心影响力。（6 分） B. 形成较为稳定、和谐的精神文化；拥有积极向上的正确的舆论导向，并能达成共识；学校领导、教师、学生关系较和谐；但创新性、独特性及影响力欠佳。（4 分） C. 有一定的舆论导向，但教职员工认同度低，尚未形成较为稳定、和谐、积极向上的精神文化；学校领导、教师、学生间关系一般。（2 分）
6. 办学特色（10 分）	6.1 特色定位（2 分）	特色建设方案必须立足学校实际，与学校的办学理念有机结合，定位准确，全面实际可操作，并被广大师生认同。 A. 特色建设方案立足实际，全面可操作，与学校办学理念、发展规划有机结合，并逐级分解；特色定位被广大师生认同。（2 分） B. 方案与学校办学理念、发展规划相一致，能立足实际，但目标未逐级分解，可操作性欠佳，师生认同度一般。（1 分） C. 与学校的办学理念、发展规划脱节，目标脱离实际，可操作性欠佳，师生认同度低。（0 分）

续表

一级指标	二级指标	评估标准
6. 办学特色（10分）	6.2 特色建设（4分）	成立特色建设组织机构，人员职责分工明确；保障运行机制健全；拥有一支事业心强、有专长的特色教师队伍；充分发挥校内外资源，特色创建途径多元化。 A. 成立特色建设组织机构，职责分工明确，保障运行机制健全，如经费保障制度、培训制度；特色教师队伍培训到位，措施有力，拥有一支事业心强、有特长的教师队伍，比例不低于20%；创建途径灵活多样，流程清晰科学，以课堂教学、校本课程、课题研究等为渠道，有效搭建学校特色的创建平台。（4分） B. 成立特色建设组织机构，职责分工较明确，保障机制较健全；特色教师队伍培训一般，比例不足20%；创建途径较灵活，现有资源利用一般，管理流程运作一般，课堂教学、校本课程等载体发挥不够到位。（3分） C. 成立特色建设组织机构，但职责分工不明确，保障机制不够健全；无特色教师队伍培训规划与实施；特色教师队伍比例不到10%；创建途径单一，载体挖掘不够科学合理，未能有效搭建学校特色的平台。（2分）
	6.3 特色成果（4分）	有与学校文化、校本课程、校园环境相吻合的、相对稳定的、富有个性的办学特色；学学特色品位高雅，成果突出；师生参与面广，在区域内有一定的影响力。 A. 已形成与学校文化、校本课程、校园环境相吻合的、相对稳定的、富有个性的办学特色；学学特色品位高雅，成果突出；师生参与面达到90%以上，在区域内有一定的影响力。（4分） B. 有经过两年以上积淀的师生认同、师生共同参与、师生共赢稳定的特色项目；参与面达到70%，成果较突出，在区域内有一定的影响力。（3分） C. 有师生认同的特色项目或特色活动；定期开展特色展示活动；学生参与面达到50%。（2分）

※代表核心增值性评估指标。

第八章

学校内涵发展督导评估操作体系

本章概要

本章主要针对学校内涵发展督导评估指标体系从微观层面提出与之相配套的操作体系，它包括操作系统、操作程序、操作方法、操作的基本要求等，也就是就评估指标体系在操作层面进行深入、细致的阐述。它是从实践层面补充和完善指标体系的，对整个评估体系的操作性加以阐述。

本研究的操作系统主要是指即时性评估系统、内涵发展增值度测试系统及学校自我评估系统。实际上，就评估主体而言，包括自评和他评两大系统。内涵发展增值度测试系统则是本操作系统中的核心，体现了社会转型期督导评估体系的特点及在操作层面的创新价值。

操作程序主要是指督导评估的流程以及在实施中自评和他评的具体程序。操作时应采用的5种方法，即访谈法、问卷法、观察法、材料查阅法及统计测量法。在任何一项督导评估实践中，操作程序与方法都是缺一不可的，操作体系只有满足基本操作要求，评估的信度和效度才能得以保障。

第一节　操作系统

评估操作体系是评估体系微观层面的表现形式，是评估指标体系在实践中的具体转化形式。它是整个评估体系的一个重要组成部分，与评估指标体系共同构成了完整的学校评估体系，它也是对评估指标体系及标准的实践操作和检验。评估操作体系就是在评估价值体系的统领下，执行评估指标体系及其标准在实践中的具体操作范式、操作策略及具体操作要求。从评估主体上划分，操作体系可分为自评系统和他评系统；从评估技术上划分，操作体系可分为即时性评估系统和增值性评估系统；从评估性质上划分，操作体系可分为量化系统和质化系统；从评估结果上划分，操作体系可分为绝对水平系统和相对水平系统。实际上，指标操作体系就是针对指标体系而制定的具体操作系统、标准操作办法、问卷以及访谈提纲等等，是对指标体系在操作层面上的进一步丰富和完善。

学校内涵发展督导评估指标体系建构后，其实施的好坏关键取决于操作系统。因此，操作系统实际上是将指标体系应用到实践层面上的表现载体。在本研究中的操作系统主要包括：一是即时性评估系统，主要用于对学校管理的常态过程的评估监控；二是内涵发展增值度测试系统，主要用于对核心增值性指标的测试；三是学校自我评估系统，主要是学校根据评估指标要求进行他评前的自我认定。实际上，如果将前两者划分为他评系统，就评估主体而言，无外乎就是自评系统和他评系统两大类。

一、自评系统

自我评估是学校督导评估的一个重要手段。近年来，自我评估越来越受到评估者的重视和采用，因为它可以帮助学校校长自主发现学校管理的优点和不足，也有助于校长提升自我评估、自我反思、自我改进的能力；同时，促进了督导目标的达成和效能的提升。在评估过程中，被督学校可以通过自我评估将管理过程进一步优化，将办学经验重新梳理，甚至在过程中可以将一些问题及时矫正，并将其及时消灭在萌芽之中；同时，在经验提炼的过程中，校长可进一步理清学校管理思路，明确未来发展的可行性路径。应该说，在评估过程中引进自我评估会有助于评估系统的进一步完善，同时，通过自我评估对学校及教师、学生都会有很大的帮助和提升。因为在学校进行自我评估的过程中，学校领导、教师、学生都是自我评估的主体。学校领导需要对管理的各环节及其管理效果进行自我分析、自我评估，要引导教师对教学过程及教学效果进行评估。

一些督学和校长也发现，在学校进行自我评估这一环节，选择什么样的自我评估方法和评估工具是非常重要的。一种是校长和教师各自独立完成一个评估程序，校长和教师的评估行为是并行的，然后再进行综合分析处理，经过集体讨论汇总结果；另一种就是将自我评估的主体召集到一起，就几个议题进行讨论并达成共识，这可能要比让各自出两份结果，再将两种结果进行集中讨论要快捷一些，可以说是通过一次更为有效的讨论形式达到预期的目标和效果。但是，后一种却没有给主体充分的时间进行思考，所得出的结论不一定全面，对经验及问题的挖掘不一定深刻。当然，对于学校而言，无论使用哪种形式进行自我评估都是有益的，对于学校管理中主体间的关系也是有相当大的促进作用，因为过程中大家需要相互理解、相互交流、相互扶持，无疑是一个主体间共赢的过程。

学校在进行自我评估的过程中，切不可忽视学生的存在，学生也应参与到自我评估的过程中来。当然，学生的意见算多大权重还需要我们进一步考量，但不应超过教师的权利。主要是因为学生的年龄还小，价值观尚未成熟，其价值判断难免有些偏颇或不够成熟，他们会对一些考核项目给出客观实际的答案，但对一些问题的判断不一定客观、准确，如对教师的评估，认定最受欢迎的教师尚可，但对教师的专业化水平及教师对学生成长的帮助程度恐怕不一定能做出准确的判断，因为他们的知识水平、分析判断能力还是有一定的局限性，他们往往表现出对自己心仪的评估对象的评估要远远好于不心仪的评估对象。学生有权利也必须参与学校的自我评估，但须事先设计好问卷，这样才会对学校管理的改进以及自我评估的结论起到客观的支持作用。

为了充分调动被督学校的积极性，提高其工作效能，必须建立学校自我评估系统。主要流程是：先列出评估标准，针对评估标准制定评估卡；按照评估卡上规定的内容分项列出，然后进行分项对照，自检工作的完成度如何；可以在平台上通过增值系统查看自己的内涵增值度；再梳理一下自己的特色风格，最后进行反思和整改。通过此系统，我们可以进一步明确评估要求，规范学校的自评工作程序，更为有效地促进学校的发展。

二、他评系统

学校内涵发展评估与以往的评估不同，它是要改变过去的一些“伪评估”

现象，以内涵增值度作为核心指标，评估被督对象工作的努力程度或进步幅度，使得评估更趋向于公平、公正和科学，因此，“在评估行为中需要客观地、真实地和有效地收集数据进行分析，才能反映评估的价值，即是去改进一些东西，而不是去证明一些东西。当然，在评估双方需要做判断的时候，产生的数据可以作为参考”（张延明，2008）。因此，为了有效实施督导评估指标体系，需要建立更为科学的他评系统做保证。

一是建立即时性评估系统，即评估过程电子化操作系统。该评估系统主要用于评估过程的电子化管理，这是为了体现学校管理的即时性评估，有效监控学校三年的常态管理，避免学校为了应付检查突击整理迎检材料，做表面文章。督导部门需要建立学校常态管理的电子化平台，在一个总控制台统领下，按照评估指标及标准要求分系列将各个被督学校分成若干个子平台。这样，既可以有效监控各子系统的常态管理，又可以及时汇总一个区域的工作动态。具体来说，作为被督学校需要按照三年规划及学期计划进行过程管理，按照评估方案要求，将与方案相关的学校工作过程纪实资料，通过电子系统即时上报；同时，责任督学将学校上报的材料即时输入系统进行评估，然后做分类归档，并将其纳入终结性评估之中。

二是建立内涵发展增值性评估系统。它是整个评估系统的核心，是对评估指标体系中的 9 个核心增值性指标进行三年的过程跟踪，如学业质量、学生个性发展、教师专业发展、课程资源的整合与利用等指标，并对学校及学生上述 9 个指标的合增值度进行横向及纵向的分析与评判。内涵增值度评估是指经过起始评估与终结评估两个阶段，通过跟踪差异分析得出差值和通过统计处理得到可视性增值数值的评估法。当然，增值可以分为正增值和负增值两类。具体操作方法说明：首先，对被测对象进行前测，得出一个基点成绩，待被测对象自主发展一段时间后，再对它进行中测，中测后就可以进行差异分析，得出这一阶段的内涵增值度；被测对象还可以再继续自主发展，发展一段时间后，再对它进行后测，然后再进行差异分析，得出另一阶段的增值度；可以用后一阶段的增值度减去前一阶段的增值度，就得出某一个体的合增值度；算出每一个体的合增值度后，就可以得出整体的平均增值度；再可以用某一个体的合增值度减去整体的平均增值度，即可得出某一个体的净增值度，可能是正值，也可能是负值。图 8-1 就展示了学校内涵发展个体合增值度的测试流程。

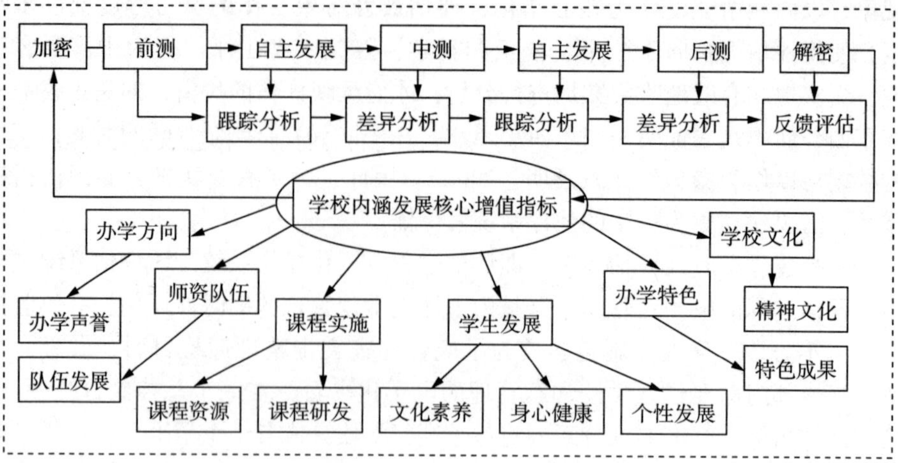

图 8-1 学校内涵发展增值度测试系统示意图

第二节 | 操作程序与方法

一、操作程序

学校内涵发展督导评估体系主要包括价值体系、指标体系、操作体系三大要素，三者是按照既定评估目标的有机构成。在学校内涵发展督导评估价值体系和指标体系确定后，就应该考虑督导评估过程中采取什么样的程序和方法获取评估所需的可靠信息，以利于督学们做出督导评估最后的价值判断。督导评估方法的科学性、恰切性直接影响着督导评估的结果，如英国、美国等一些西方发达国家，其学校督导在长期的实践过程中已经形成较为系统的评估程序和方法，能够以充分的第一手信息资料，以非常高的专业化水平保证评估结论的公正、合理。受他们的启发，对学校进行内涵发展督导评估的实施过程就要较以往的督导评估更加科学化、透明化、效能化。

一般的督导评估操作流程应是：下发方案→学校申报→下发通知→学校自评→综合督导→通报结果→整改复评。具体操作流程为：第一步，上级督导部门根据地区发展的需要综合各方面意见，拟定督导评估方案，并向学校下发督导评估方案，必要时需要针对评估方案进行分层次培训。第二步，学校根据上级督导部门下发的督导方案，结合自己学校实际进行等级申报。第三步，上级督导部门根据学校的申报，并结合学校发展实际下发通知，其中包括评估时间、上报的材料及必要的准备工作。第四步，在接受上级督导部门下发的督导通知后，学校需要对教师进行宣传并开展由下而上的校内自评，将达成一致的内容形成材料，做好档案材料和自评报告，按要求上报部分材料，准备迎检。第五步，督导人员设计督导评估工具，认真审阅学校上报的材料，深入学校进行综合督导评估。第六步，督导后，督导部门召开督导工作会议，下发各校的督导评估结果及整改意见书。第七步，被督学校对照整改意见书，认真逐条整改，可以向督导部门提出申请复评；督导部门应邀或适时跟踪整改。

（一）按照自评、他评划分程序

1. 自评工作程序

• 宣传动员阶段：组织全校教职员工认真学习领会督导评估指标体系精神，积极宣传自评的目的、内容与方法，引领其主动参与自评工作。

• 初级自评阶段：学校根据部门分工，结合评估指标建立相应的专项评估组，采取多种方法、多种渠道收集信息，并对信息资料进行整理、分析、归纳，按要求填写各学年度综合督导评估卡，做好学校管理过程纪要。

• 综合自评阶段：学校自评领导小组汇集有关资料并进行讨论、分析、综合、评定，撰写学校自评报告，由学校校务会议集体讨论审议通过。

2. 他评工作程序

• 他评主体之一：专（兼）职督学、校长、教师、学生及家长。

主要工作：听取校长汇报、现场考察（主要是观摩活动现场及课堂教学）、查阅资料及问卷调查。

• 他评主体之二：专（兼）职督学、学校班子、教师、学生及社区干部。

主要工作：听取各部门汇报，观摩学校特色与学校文化的展示，查阅资料，深入课堂听课，访谈教师、家长、学生、社区领导，等等。

（二）按照督导前、督导中、督导后环节划分程序

教育督导的过程实施一般应分为督导前、督导中、督导后三个环节。三个环节应是一个完整的流程，各环节之间应是紧密相连、环环紧扣、相互支撑的。

1. 准备阶段——督导前

当督导组进入被督单位时，督导就已开始。为了确保督导工作过程的顺利及有效，做好充分的准备工作是必要的保证。督学和被督学校都要做好督导前的准备，要进行广泛的宣传动员和培训，尤其要做好材料的准备工作。

督导部门应做好以下几方面工作：一是建立督导评估小组；二是制定督导评估方案；三是下发督导工作通知；四是组织召开督导准备工作会议；五是督促督前准备工作的落实。主要进行指标体系及标准的培训、评估工具的设计、

访谈提纲的设计及问卷的设计。具体流程是：成立督导工作组—制定督导评估方案—下发督导工作通知—组织召开督导准备会议—督促检查相关资料与督评工具的准备。

督导部门首先要组建评估小组，成员可以由专（兼）职督学、教育行政部门或业务部门部分人员、社区代表组成；依据评估理念、目的、指标体系及发展需求，组织督学们制定督导评估方案，并征求各方面的意见与建议进一步修订完善；督导部门负责下发督导评估方案，一般应提前六个月下发方案，具体到哪个学校必须提前一周通知；组织督导准备会议，督导组成员要认真研究督导评估指标体系及标准，制定自己所承担的评估内容的督导工具、问卷及访谈提纲；与教育行政部门、业务部门沟通，提前搜集有关被督单位的信息，可以查看评估内容相对应的被督单位的主文件，如学校规划、学校的自评报告、学校特色等方面的材料，确定好实地评估所需要验证的内容。

被督学校应做好以下几方面工作：一是组建督导评估迎检小组；二是制定督导评估迎检方案；三是组织召开督导迎检准备会议；四是召开迎检动员会议；五是认真对照方案，撰写自评报告。具体流程是：组建督导评估迎检小组—制定督导评估迎检方案—组织召开督导迎检准备会议—召开迎检动员会议—对照方案，撰写自评报告。在接到通知后，学校要组建督导评估迎检小组（基本上是由学校领导班子成员组成）；制定督导评估迎检方案，确定迎检流程和责任分工；组织召开督导迎检准备会议，认真研究督导评估指标体系及标准，并将具体指标分工到人；召开全校教职员工动员大会，统一认识，做好自检准备；对照方案，由校长负责做好自评工作，主要是撰写自评报告，并广泛征求意见，最好由教师代表大会审核把关；最后，按照督导要求整理并上报相关材料。

2. 实施阶段——督导中

督导中的工作应是整个督导工作的重要环节，因为整个过程的好坏将直接决定督导工作的成败。督学主要是广泛搜集信息、捕捉有用的信息、提出反馈意见及适时分项指导；被督学校，主要是做自评报告，并进行全方位的展示。督学如何在最短的时间内对被督学校的工作给予公正的评估至关重要，这也是对督学们的专业水平的一次考量。因此，督学们一进校园就要时刻牢记自己分担的督导任务。一是督学在参观校园时就要对学校的文化整体有所感知、了解；二是要在听校长自评报告时捕捉学校管理的经验及特色，同时要发现不足与疑惑的地方；三是要在督导中进一步核实和验证既得信息；四是要准确诊断学校管理的现存问题，并针对这些问题提出学校整改意见与建议。

具体的流程是：每到一所学校，一进校园督导工作就已开始。校长带领全体督学集体参观校园，介绍校园环境与物质文化的整体设计，至此所有的督学对校长的办学理念及这所学校所打造的特色及学校文化已有所感受。然后，全体督学坐下来听取校长做自评报告，督学们通过校长的自评报告会对这所学校的办学理念、办学基础、办学举措、办学成效、办学特色、现存问题以及整改措施等有一个完整的了解，并捕捉针对自己负责督评的方面内容的有用信息。然后，督学按照评估细则及评估方案再分组，分头进行验证和重点检查、指导。如办学方向组要直接与校长对话，找教师、社区工作人员、家长进行座谈、问卷调查，验证学校的办学理念是否转化为教师的群体行为，是否为更多的人所认同，是否是客观、科学、可行的；师资队伍组要直接和学校主抓师资队伍建设的领导、教师交流，查看师资队伍建设方案，了解目标及举措的运行及完成情况，了解家长、学生、社会对该校教师师德的满意程度，师资队伍是否得到不同层次的培训，尤其是骨干教师、特色教师比例是否达到要求，青年教师是否得到重视和有效的提升。除此，所有的督学都要参与学校的集体备课，花费至少60%以上的时间在课堂。通过课堂教学观摩来进一步验证学校管理的情况及效果，验证自己所分督的学校工作是否“四脚着地”，其水平如何。如通过听课可以了解教师的专业化水平，学校教学的常规管理，集体备课的有效转化，学生在课堂上的学习态度、学习习惯、学习方法、学习效果以及信息技术与学科深度融合等方面情况，可以进一步了解这所学校的教师文化、课程文化、课堂文化，等等。

另外，督导人员还要根据自己所捕捉的信息，尤其是对于焦点性信息要灵活处理，要多与学校管理人员、教师、学生、家长、社区工作人员沟通与交流，广泛听取不同利益群体的呼声，进而捕捉最真实的信息，进行概括、总结、分析，形成初步的看法和结论；同时，督学要与校长、主任、教研组长及授课教师谈话，对自己所分担的评估工作进行口头反馈，就成绩给予一定的提炼与肯定，就现存问题给予中肯的意见与建议。在督导中，督导组要注意自己的督导态度、督导语言和督导效果，要本着“监督、指导、服务、评价”的工作宗旨，本着“一切为了学校的不断发展而督”的工作理念，要调控好督导全过程，尽量避免督与被督之间出现矛盾，及时将一些矛盾消火在萌芽之中。

3. 总结整改阶段——督导后

在督导结束后，督导人员的任务就是对学校督导工作进行总结。主要对督导中收集到的信息进行筛选、整理和归类，对问卷调查、访谈等所获得的信息进行统计分析，综合各位督学的评估，客观地分析和评估学校的现实状况，在此基础上，全面综合地给予一所学校督导评估报告，并下发整改通知或建议。最好是将被督学校召集在一起，召开一次整体的教育督导报告会，将督导中发现的成绩、问题及下一步的要求向大家报告一下，然后分别下发各校的整改通知，并要求在规定时间内进行整改。这样既有助于督导工作的开展，又有利于保护被督学校发展的积极性、主动性，避免冲突的发生。学校应在督导人员离校后，召集迎检小组成员，将各部门在督导检查过程中各位督学所提出的意见与建议汇总，逐一讨论、分析整理，查找问题的根源，商讨解决对策；并将督导评估的意见与建议在全校教职员工大会上公布，然后立即着手制订操作性强的学校改进计划，任务目标要明确，责任分工要清楚，要有明确的时间节点及具体的改进措施。督导人员与学校就整改时间达成共识，并在此时间节点再次深入学校，督促、检查。

二、操作方法

教育督导方法就是在教育督导实践中所采取和选择的督导手段。学校教育督导方法的选择与使用决定了学校教育督导的效能。选择正确、有效的督导方法有助于督导目标及任务的顺利达成，更有助于提高教育督导的针对性和实效性。学校内涵发展督导评估中采用的方法主要有访谈法、问卷法、观察法、材料查阅法及统计测量法。

（一）访谈法

“没有调查就没有发言权。”无论我们做什么工作，都需要做细致周密的调查工作。“访谈法是质性研究中常采用的研究方法之一，也是了解现状、确立研究问题和建构理论的简便易行的重要方法。”（苏君阳 等，2012）[186-189]访谈法就是督导人员通过与访谈对象之间的沟通交流获取信息的过程或手段。它区别于我们日常的生活交谈，它是一种目的性、指向性特别强的交谈方式，它可以是个别的，也可以是集体的。这种方法在实施前一定要有一个访谈提纲，这个访谈提纲必须具有一定的目的性、计划性和研究性。在学校内涵发展督导评估中，访谈法是非常普遍而且容易掌握的方法，也是可以运用到各个环节的较为有效的方法。但是，我们在使用此法时应注意：首先，要做好充分的准备工作。主要是指在访谈前要对督导对象的现状、问题等方面情况有所了解，明确访谈的目的、问题及访谈的内容，访谈的问题要明确，语言表述要清晰简练，问题设计要有一定的层次性，逻辑要严谨。其次，访谈对象的选择也很关键。再次，一定要选择知情，又愿意提供信息的人，如校级管理人员、教师、学生及家长等。为使所获信息更为真实一些，选择的被访者的比例也要注意到，应占每一个群体中的25%左右。最后，在访谈过程中还要注意技巧，如语言不要生硬，态度要和善，氛围要宽松，追问要适当，遇到矛盾要及时纠正等。

在学校内涵发展督导评估指标体系具体操作时，针对每一个一级指标都可以采取访谈法。例如，在进行师资队伍的督导时访谈提纲可以这样设计：(1) 贵校有多少名教师？多少名骨干教师？多少名青年教师？(2) 贵校领导平时关心教师吗？如果家中有困难愿意跟校长说吗？能够及时得到学校的帮助吗？(3) 您是一名骨干教师吗？贵校注重对骨干教师的培养和考核吗？(4) 您认为贵校的骨干教师作用发挥怎样？较去年是否有所改善？(5) 今年贵校领导给教师做过几次专业培训讲座？您认为领导所做的培训是否有针对性和实效性？您本人有什么收获？(6) 您是一名青年教师，在这所学校里您最大的感受是什么？团队和谐吗？工作中能得到周围同事们的帮助吗？(7) 您有个人职业发展规划吗？是学校帮您制订的，还是自我制订的？针对个人发展规划，您本人有信心吗？为什么？(8) 您认为贵校是一所具有独特文化的学校吗？如果有，其文化特征是什么？(9) 在这所学校工作您感到幸福吗？为什么？等等。

（二）问卷法

问卷法是教育科研的最为常见的一种方法，也是教育督导过程中最为普遍的一种方法。问卷法就是研究者通过问卷的形式针对调查对象的某些方面进行调查的一种方法。问卷法具有目的性、间接性、开放性的特点。在实施的过程中，督学一般要根据督导评估方案设计出可供被调查对象选择或回答的试题，包括问卷的设计、调查对象的选择、问卷的发放和回收过程的控制、问卷提供信息资料的整理和分析，以及形成最终的调查报告等。

此方法用于学校内涵发展督导评估时要注意：问卷设计要巧妙，且忌暗示，措辞要严谨，有关内涵发展的几个要素要全，不能挂一漏万，但也不能啰里啰嗦；问卷调查的过程要严控，尽量让学校领导回避，让答题者不受任何因素干扰；还要保证问卷的有效性，尽量保证问卷如数收回，确保样本的代表性和可信度，最后，还要做好分析，既要有描述性语言，还要有质性的分析，进而获取有用的评估信息和可靠的结论。如对学生关于课程实施、“减负”等规范办学方面的调查问卷可以这样设计：(1) 你们这个年级都开了哪些课程？(2) 你最喜欢上哪门课？为什么？(3) 你一周上几节体育课、音乐课、信息课？有体活课吗？(4) 本学期你上的校本课程是什么？是你自己选的，还是学校定的？哪个老师给你上这门课程？(5) 每一门课老师在课堂上对你们都有评价吗？同学们都知道自己的被评价成绩吗？(6) 每天老师下课时布置家庭作业吗？一般回家需要花费多长时间写完作业？(7) 你认为学习负担重吗？为什么？(8) 你知道自己的成绩在班级排多少名吗？(9) 你认为你是一名好学生吗？为什么？等等。

（三）观察法

观察法也是教育督导中常见的最为直接的方法。它是督导者在现场通过感觉器官或辅助工具观察被督对象的表现而获取有效信息的一种方法。它更多强调的是现场观察，想要获取的信息多是通过一定的督导情境所表现出来的。当然，观察到什么，收集到什么样的信息，这取决于观察者自身以及观察的手段等诸多因素的影响。观察法有目的性、直接性、情境性的特点。在督导的过程中，督学们在深入督导实践中应有观察计划及观察工具，如观察笔记、量表等，及时记录真实情境下被督者的行为表现，以使我们更好地做出分析和判断。目前，很多地方督导的重心下移到课堂，在观摩学科教学和课程开发的课堂表现时这种方法就尤其有用，甚或普遍。

另外，在学生进行晨会、大课间操等活动时也可以采取观察记录的方法（详见表 8–1）。

表 8–1 基于"师生共同参与度"的大课间操等活动观察

维度	分析指标	观察一	观察二	观察三
A 教师 参与	1. 教师主动控制整个活动的组织。 2. 教师反复强调活动的组织要求。 3. 教师直接指导个别学生或纠正个别行为。 4. 教师完全主导学生的活动程序。 5. 活动按照提前预设的计划、步骤有序进行。 6. 整个活动缺少师生协商、互动环节。 7. 教师按照固定的目标、任务监控学生的活动过程。 8. 整个活动缺少教师的情境创设。 9. 在创设的活动情境中师生间缺少相关性。			
小计				
B 学生 参与	1. 学生按照教师提出的固定的组织模式活动。 2. 学生依据老师下达的任务和要求有计划地参与活动。 3. 学生在既定的模式下主动、自觉地参与活动。 4. 学生的活动没有个性化展示的空间。 5. 学生的活动是在没有任何人协助的情况下进行的。 6. 学生不明确所要完成的活动任务。 7. 学生只是被动地接受活动任务。 8. 学生对完成任务的情境资源一点儿都不清楚。 9. 学生不明确教师的指导与帮助范围。			
小计				

（四）材料查阅法

材料查阅法是教育督导中必不可少的方法。在对学校的督导过程中，为进一步了解学校工作现状就必须查看一些文本材料。材料查阅法是督导人员根据督导的目的、任务、内容等对被督对象的档案材料进行筛选、认识和评判的一种方法。这种方法对于督导人员快速了解学校管理过程及发展状况是行之有效的。它具有便捷性、客观性、灵活性的特点。

在开展学校内涵发展督导评估时，督导人员可以查阅文本资料，也可以通过电子平台查阅资料。如果通过电子化的督导评估系统查阅，它的即时性、便捷性就更为显现，还可以达到有效监控的目的。当然，在使用此法的过程中需注意去伪存真，要针对材料进行分类鉴别，防止滥竽充数，以假充真。查阅一定数量的资料对督导者的要求也很高，如何能在最短的时间内获取真实并有利于评判的信息资料需要下真功夫，要尽量杜绝看重复性的材料，要有甄别，要批判性地获取第一手有用的信息材料。当然，这就需要对被督对象上报的材料要有所要求，确定上报有价值的主文件，如学校自评工作报告、学校工作计划、总结、工作方案、工作特色等。那么，在下校验证环节只要就主文件的内容进行过程资料的验证即可。但是，一定要注意引导基层学校有所为有所不为，注重实绩实效，而不是完全以材料来替代平时的工作实绩，更要杜绝为了应付多个部门检查，对一项工作重复记录。

（五）统计测量法

在教育督导过程中统计测量法是较为科学的一种方法，它的专业性很强，需要专业人员来完成。统计测量法就是在教育督导过程中，督导人员就一些无法直接测量的指标，采用一定的软件系统，将督导中搜集到的一些信息数据筛选、整理，并进行数据分析，得出有效结论的方法。

统计测量法将教育督导引向一个更加专业的层面。它需要建立一套电子化操作系统，尤其是在学校内涵发展评估指标体系中的一些增值性评估指标，如对教师教学效益的考核、对学校基础水平的测试、对学生学业增值度的评估，其难度、复杂度是我们常规督导手段无法完成的，必须要有一套科学、快捷的软件系统做保障。实际上，这种方法是努力将计算机技术与教育教学的体验及效果融为一体，可以快捷地了解学生的学习体验及认知情况，更加科学地实施对学校的管理过程及水平的评估，从而更好地促进学生的和谐、持续发展。可以说，它是实施增值性评估的必要保障；同时，测量统计技术也必将带来一场教育督导实践的数字化变革。

当然，在当今大数据统领的信息化时代，这种方法对督导评估的手段及督学的专业化水平要求会更高。在使用此法的过程中，督导人员需要注意信息的筛选与输入，信息要与系统的功能匹配，在得出一些数字结论后，关键是能够运用教育教学理论分析这些数据，从而得出有用的结论，更好地为政府决策或为基层学校发展服务。更为重要的是，要注意这一方法不仅仅应用于督导评估的过程中，更要依靠和应用大量的数据说话，通过数据分析，更好地帮助被督对象明确自身发展的优势、未来发展的方向以及存在的问题，并有针对性地指导被督对象在督导后进行有效调整与整改。

第三节 | 操作的基本要求

一、要有可操作的评估方案

学校内涵发展督导评估指标体系的实施需要有一套科学、可操作的评估方案，因为评估方案的好坏直接决定评估指标体系的实效性以及学校内涵发展督导评估的质量。那么，应该怎样制定切实可行的评估方案呢？一个好的督导评估方案应该具备哪些特点呢？

美国学校管理协会（American Association of School Administration）副常务干事、领导成就学院（The Institute of Leadership Achievement）常务副院长雷德芬（Redfern，1980）在多年实践的基础上提出，一个好的评价方案须具有以下几个特点。

（1）使被评者与评价人更好地合作。

（2）促进各方成员的更好交流。

（3）重点在于鉴别何处需要改进、规划如何达成这种改进以及确定如何评价这一结果。

（4）促进被评者的成长与发展。

（5）强调评价者在评价艺术中的洞察力和技能。

（6）坚持开展评价活动的最低要求，是增加教学、学习和督导工作的效率的信念。

英国开放大学教育学院教育评价与教学效能核定研究项目组主任纳托尔（Nuttall）则认为，一个好的评价方案应具有以下九个特点。

（1）制度化的自我考评与建设性的自我考评，有助于促进考评的发展。

（2）有效的考评方案，不能同时用作形成性与总结性这两种不同的目的。

（3）一个好的评价方案需要把考核结果与考评活动联系起来。

（4）被评人员参与考评的重要性受到注意，在某种层次上，它意味着他们参与任何一个方案的设计，而不只是把一个现成的方案强加给他们；在更深的层次上，它意味着如果处于可信性与可比性考虑，不把自我考评当作评估活动唯一因素的话，那么也要确保自我考评是整个活动中的一个重要组成部分。

（5）一个好的方案应给教师以某种自主权。

（6）各方对考评准则与考评过程的共识是至关重要的，这意味着各方对自己在评价过程中所起的作用有着清晰的理解。

（7）考评活动应聘请超过一个以上的观察或考评人，以保证它的可靠性、有效性以及可信性，尤其当同行及上级主管参与时更应如此。

（8）工业界的研究表明，评价人把被评价者某一方面的表现同他自己另一方面的表现进行比较，以揭示相对优缺点，这种等级评价量表很有价值。

（9）没有充分的培训，考评活动的质量是得不到保证的。培训工作不仅要讲授特殊的评价技能，如观察、访谈及咨询技能等，而且要讲授更一般的管理技能以及讨论价值观和各种假设。（陈玉琨，2005）[108]

综合上述，学校内涵发展督导评估方案就应具有以下特点。

（1）应该有明确的目标、时间、范畴、内容和要求，具有一定的目的性、导向性、可操作性和实效性。

（2）促进督者与被督对象之间关系融洽，相互间能够更好理解交流、合作共赢。

（3）评估的过程应是客观的、有序的、科学的、可信的。

（4）需要对督者与被督对象进行更加充分、具体的专业化培训。

（5）需要向多方人士进行咨询，并请他们积极参与并监督，营造良好的评估环境和氛围。

（6）以校为本，设计好督导评估工作的操作程序。

（7）指标体系在实践运转中能带给被督学校、教师、学生更多的、更大的、更好的发展。

（8）全方位、多角度获得被督对象的真实信息，提供一种能促进其更好发展的最大可能性。

（9）有与指标要素相一致的清晰的、可操作的、恰切的评估标准。

（10）有积极的肯定性评估反馈和允许进行自我整改的专业性建议，并设定整改期限。

二、要有健全的保障机制

为提高学校内涵发展督导评估的质量，建立健全保障机制是十分必要的。

必要的保障机制是评估体系得以有效实施的保证。根据内部动力机制与外部动力机制有机结合的假设，笔者认为应建立以下几种机制。

一是建立自我评估机制。自我评估在整个系统运行中是十分重要的。自我评估不单单是对自己工作过程的客观反思，更是对自身工作成果的充分肯定，是对整个团队的一种正向激励，促使他们不断地褒奖自己，获得更大的自信。同时，明确自身的问题所在，便于他评提出问题时能够有效沟通。当然，自我评估应是定期与随机有机结合，才能更好地及时发现问题、解决问题。如果督导部门能够给出自评的具体要求，并加以专业指导，自我评估的针对性、实效性就会强些。

二是建立自我调整机制。评估的目的就是为了促进被督对象的发展，那么通过自我评估发现的问题，就需要被督对象有足够的勇气积极进行自我调整、自我改进，这才是我们开展自我评估或他评的根本目的。尤其是在督导后，针对专家、督学提出的问题意见与建议，学校更要积极自我反思、自我改进，争取不断进步。当然，过程中督导部门的跟踪监督也是十分必要的。

三是建立同行评估机制。为了促使被督学校能对自身有更为正确的认识，营造有利于学校自我控制的环境和自我发展的动力，督导部门应充分相信学校，在校际采取一定的激励策略。为此，在一些环节可以让同类别的学校参与，如关于学校的办学声誉、办学特色、学校教师发展和课程实施共同体作用发挥等方面。同类别学校参与，不仅是对学校管理的一种激励和自我检视，更是从同行的角度给予更大的支持和更为实用的帮助。在这样的氛围中，会进一步优化评估的过程，营造浓厚的专业发展氛围，更好地激发学校的潜能。

四是建立定期他评机制。从第三者的角度给予学校督导评估，无论是过程性评估，还是终结性评估，都是很强大的外力，将会对学校管理与发展起到很强的推动作用。尤其将督导评估制度化，是对学校管理进一步规范，具有一定的约束力，使得学校在年初的计划环节、年中的实施环节以及年终的总结环节，时时处处用督导评估标准约束自己的日常管理工作，这样，会进一步优化学校的管理，带来更好的管理成效。当然，他评的主体应是督导部门或行政部门。另外，他评的周期可以是一年，也可以是三年。

五是建立政策舆论保障机制。基于教育督导的职能和效能思考，学校内涵发展督导评估离不开政府充分的政策支持和社会良好的舆论氛围。政府应基于区域教育内涵发展制定相关的指导意见和管理办法，评估管理制度改革。最好成立区域教育督导委员会，由主管部门领导牵头，教育相关部门领导组成，定期组织召开联席会议，为学校内涵发展督导提供政策及常态工作的条件保障。同时，加大开展学校内涵发展督导工作重要性和必要性的宣传，大力支持教育督导机构依法开展教育督导工作，及时解决教育督导工作中遇到的困难及学校内涵发展必备的人力、财力、物力问题，为学校内涵发展督导工作有效开展创造良好的环境。

三、要有必要的信息采集

信息采集是做好督导评估工作的重要手段和保证，对学校进行督导评估时必须要做到系统的信息采集。信息采集的系统性需要评估主体全面细致地了解被督对象的情况，而不是只从个人角度或单一层面了解情况。全面系统地采集信息实际上就是对被督对象进行全面了解的途径，也是对其进行初步评估的过程。信息采集的精确、有效取决于之前所确定的评估目的、规划设计、实施过程及方式方法等。任何时候都应该注意它的客观性和针对性，避免出现偏颇，造成不良的影响。

采集信息的时间可以是评估前，也可以是评估中，还可以是评估后。评估前的信息采集是为评估工作的开展做好准备，评估中的信息采集是为了得出评估结论需要的实际论证，评估后的信息采集则是为了能够正确地实施价值判断而进一步补充和论证。为评估做好有准备的评估结论，督导评估者应注意收集较为翔实的信息。

收集翔实的信息是督导评估中的一项重要工作。因为，信息的收集既是督导评估的准备环节，也是评估过程中的一项主要工作，是为了做出较为客观、公正的评估提出论证及依据，更好地为被督对象提供反馈意见及整改建议。我们广泛地收集信息只是为了更好地、全面地了解和评估被督对象，为其提供更为准确的论证。

一般地，我们可以将收集的信息区分为三大类：背景信息、表象信息和目标信息。背景信息是指可以通过任何方式客观表述被督对象的自然信息。这些信息是值得我们信任的，如学校的班级数、学生数、教师数，教师的学历结构、年龄结构、能力结构，学生的学业成绩，学校的发展历史、优势与不足，等等。表象信息是指评估人员以及非评估人员对被督对象的表面了解、感知、意见等。这些信息我们不能完全采纳，需要进行比较、筛选、判断，寻求一种客观性的最大支持，因为有时候表象信息与事实不符，要么高于事实情况，要么低于事实情况，所以，我们不能完全依此做出判断。目标信息是指评估者依据先前所设定的目标收集到的信息。这些信息是我们想要找的信息，也就意味着是可以信任的有效信息。当然，这些信息可以是过程性信息，可以是终结性信息，也可以是整合性信息。不管怎么说，它们都是具有一定的论证功能、调整功能和指导提升功能的。

当然，信息采集需要满足以下三个特征，即信息的恰当性、信息的有效性及信息的可信性。（罗日叶，2011）[44]我们必须尊重信息收集的上述三个特征——恰当性、有效性、可信性，因为它们对于加强督导评估过程的严谨性是十分重要的。事实上，与人们希望的常常相反，评估不是一个完全“客观”的过程。在实际评估中，收集到的信息并不起决定性作用。有时候，还要受一些因素的影响，如标准、评判者的主观性、信息收集的策略、评判的规则等。指标及标准还是非常重要的，收集到的信息也要被作为重要的依据，如果说收集到的信息真实可靠，又被据实采用，那么，这样的评估就不至于盲目乱象，而是比较透明、客观、公正的。当然，信息采集的条件及技术也决定了信息的可靠性、可信性和有效性。

那么，我们需要采取什么样的方式方法才能采集到系统、客观的信息呢？首先，我们应当明确：在日常工作中无论我们多么努力，采取何种科学方法都不会做到完全客观。多数时候调查的设计不是遵循一定的规律和法则，而是凭借自己的感官经验和假设确定的，那就难免被人的主观认识和意志主宰，会影响信息收集的方式选择、群体选择、内容选择、地点选择、工具选择，最终必将影响到信息收集的效果，使得评估结论有所偏颇。因此，在采集信息时，一要明确目的性，突出重点，确定所需信息，预设如何使用；二要做好内容设计，也就是确定信息内容，进一步明确所要调查的问题；三要在现有可用的资源中做好样本的选择，确定提问的对象和维度；四要确定提问的方式，如提问的语气、对特定人员的态度、如何切入主题等；五要进行信息的收集和整理，最好采用统计方法进行分析，拿出可靠的结果和可信的解释支持。

当然，在信息采集之前对所有参与人员需要进行专业培训，过程中的监督也是必需的。为了获取全面的信息，将定性和定量两种方法结合起来效果更佳。

四、要有科学的信息处理

在系统地采集信息之后，科学地处理信息就显得十分重要。具体分以下几个步骤。

（一）责任督学个体处理信息

按照督导评估方案，每个督学都有个人分工的评估任务。在督导过程中，依据自己分工的内容评估标准，采取多种手段收集大量的信息，可以通过电子平台，也可以通过文本资料，或者通过实地观察获得，或者是通过第三方了解。无论怎样，督学个体都要运用评估工具对这些原始信息进行梳理、筛选、加工，按照指标标准进行判断打分。然后，给出反馈意见及整改建议，形成一个初步简报。

（二）责任区集体处理信息

基于每个督学专业或管理的局限性，信息的捕捉或判断难免有所偏颇。因此，同一责任区督学可召开小组讨论，每个人提出自己的意见，大家讨论，取长补短，给出综合意见。这样，可以发挥团队智慧，使价值判断更加准确、科学、公正。

（三）督导室综合处理信息

各个责任区从各层面评估学校的真实状况，为了防止偏差，督导室还要组织各组进行深入细致的讨论，从整体上更加全面地对学校进行价值判断，使全体督学达成共识。

（四）全体督学集体综合审核信息

督导室在综合处理信息之后，需要在规范办学、课程实施、学业质量、师资队伍、办学特色等方面，征求教育行政及业务部门的意见与建议，再进行综合处理。最后，在全体专（兼）职督学会上进行集体讨论通过，形成团队共识的评估结果，并形成综合反馈意见及报告。

第九章

学校内涵发展督导评估体系的总体实施

本章概要

本章主要就学校内涵发展督导评估体系的整体实践操作进行深入阐述。主要从实施方案、实施策略、实施的典型案例几方面加以分析，对整个学校内涵发展督导评估体系的实践性展开进一步验证。实施方案，主要从评估的目的、评估的时间、评估的范围、评估的假设、评估的工具等方面进行阐述；实施策略，主要从总体的实施策略及具体实施策略两方面进行阐述；实施的典型案例，主要通过试点校的试验获取非常有用的可支持性的结论信息，进一步分析本评估体系的优势与不足。

督导评估是一种实践活动，学校内涵发展督导评估应该是一种科学、创新的实践活动，学校内涵发展督导评估体系是将督导的实践性、科学性、创新性有机融合。学校内涵发展督导评估体系的有效运行完全取决于价值体系、指标体系及操作体系如何运行，它们的运行状况决定整个评估体系的运行效果。当然，一个好的评估体系并不仅看它的理论架构有多么完善，更主要的是看它的实践操作效果如何，实践操作更能反映其价值。操作体系是要依托指标体系，同时，它也是指标体系的延伸和补充。当然，它必须依靠较为科学、专业的程序来组织，其评估的价值及效能才能更加彰显。那么，本研究所建构的评估体系在实践运行中如何实施才能有良好的表现和效果呢？依据评估体系的价值追求，制定可操作的实施方案，采取切实可行的实施策略是非常必要的。

第一节　实施方案

督导评估实施方案是教育督导部门在进行督导评估活动之前，根据法律法规、教育发展及督导评估的特点及规律，针对督导时间、督导范围、督导对象、督导程序、督导手段、督导内容、督导标准及要求等做出的规定性文件。应该说，对于整个督导过程及效果而言，实施方案起着非常重要的作用。学校内涵发展督导评估是一种科学的、创新的实践活动，因此，对它而言，制定切合实际、特色鲜明、操作性强的实施方案就显得十分重要。学校内涵发展督导评估实施方案，主要从督导评估的目的、督导评估的时间、督导评估的范围、督导评估的假设、督导评估的内容、督导评估工具等方面进行阐述，实施方案制定的主要依据是：教育管理及教育督导理论；国家、地方的相关政策、法规和上级部门的规划、文件等；地区教育及教育督导的发展现状、未来趋势。总之，实施方案要体现教育发展的正确方向和督导评估的价值导向。

一、明确督导评估目的

无论进行哪类督导评估，督导的目的性要明确，因为督导的目的决定了督导的导向。这是在确定实施方案前首先要确定好的，当然，它需要与价值体系保持一致。具体表现形式就是督导评估目标，也是被督对象进行改进的依据。督导评估目标可以分为总体目标和分解目标。总目标就是该项评估活动的总的方向，为了促进教育的发展和改进，它要为整个评估活动提供依据。那么，学校内涵发展督导评估的总体目标就是要促进学校的内在品质不断提升。分解目标指的就是具体到某个项目评估的目标和重点导向。涉及学校内涵发展督导评估，就应是在引领和促进学校内涵发展这一总体目标的指引下，确定以下具体目标：指导学校科学定位办学方向；促进学校课程实施的有机整合；引领学校尽力打造独具个性的办学特色；引领学校积极营造高品位、和谐向上的学校文化；有效促进教师、学生的全面健康发展；全面实现教育公平和教育质量的持续提升。

二、明确督导评估范围

每一个督导评估体系都有其自身的特点和局限性，适用于特定的督导范围。本督导评估体系适用于中小学校，主要是针对内涵这一属性。具体来讲，范围可以包括城市中学、农村中学、城市小学、农村小学和中小学生素质教育基地等。

三、明确督导评估时间

依据学校内涵发展督导评估体系，本评估应确定三年为一个周期。因为内涵发展督导评估体系主要体现在内涵和发展两个核心。内涵和发展这两个指标都不是一蹴而就的，部分指标要素可以一年获得，而体现发展的增值性评估指标则要通过两到三年的时间才可获得可信的信息。因此，一般来讲，督评时间定在三年为宜。当然，每一年可以开展专项督导，分解部分指标的评估。从实效性角度，可以针对主题开展经常性督导。

四、明确督导评估假设

督导评估的假设实际上就是对评估活动的实施目的、效果等的预判。在此，选取学校内涵发展督导评估指标体系做试验因子，将六大一级指标分别在不同类别的学校试评，先做一级指标试验，再进行六大一级指标的综合试评，然后做试验前状态与实验后状态的比较。试评通过后，方可全面推广。一般地，试评对象比例应占所有中小学校的20%左右。

假设：基于原状态发展水平，设定A、B、C、D、E、F内涵发展不同层次。

将原状态设定为A层次，将自身努力设定发展的不同层次。如果由A层次达到B层次，就算是微增值；达到了C层次，这就应算作有效水平，算有中增值；如果在原有的基础上一跃而为D、E、F层次，这就应算作高效水平，算作高增值。

五、明确督导评估内容

督导评估内容在此主要指的是学校内涵发展督导评估指标体系的 6 个一级指标，即：办学方向、师资队伍、课程实施、学生发展、办学特色、学校文化。具体来讲就应分解为 22 个二级指标、63 个三级指标、9 个核心增值性指标。因在评估指标体系中已非常细致地呈现，在此不作赘述。

六、明确督导评估工具

督导评估工具主要依据自评系统和他评系统选取有用的工具，主要分为自评工具和他评工具两种。

自评工具主要有师生问卷、访谈提纲、督导评估自评卡等。

他评工具主要有师生问卷、访谈提纲、督导评估卡和测评工具等。其中主要的是基于指标要素所制定的测评点，通过测评点采集全面翔实的信息。如关于学生学业成绩增值度及成因评估，主要采用增值性评估系统，通过统计分析处理，得出每所学校的努力程度。

督导评估并不是督导人员根据督导指标体系及标准对被督对象进行单向督评的过程，而是督导人员与督导对象间相互沟通、平等合作、相互促进的共赢过程。为此，实施方案的制定就是要多倾听来自方方面面的声音，搜集整理反馈意见，加以梳理整改，提出多种可能性并加以选择，最终选择可行性强的最为满意的方案。当然，对督导人员都要进行系统的培训，使其具有较高的专业素养、服务意识、指导能力，熟练驾驭实施方案，指导被督对象理解方案，积极配合督导评估，提高教育督导评估的实效性。

第二节　实施策略

一、总体实施要求

依据学校内涵发展的概念及本质属性，对于学校内涵发展的评估应关注学校发展的净增值度，即将学校一段时期内的内涵发展增值度作为学校内涵发展水平的重要标志。由此，这一评估更加需要一些外在的动力保障。总体实施要求如下。

（一）评估主体应多元化、专业化

学校内涵发展督导评估的目的在于进一步改善学校的管理，促进不同层次学校管理更加科学化、优质化。因此，它对评估主体的专业化水平相对以往的评估要求就更高，评估主体的结构应更加合理、多元。

1. 建立多元化的督导工作网络

如果在一个区域开展此项督导评估，必须要建立区级层面、街级层面、校级层面三级教育督导网络，确保区域所有的教育机构都能得到监督、指导、服务和评价，确保自评和他评得到有效落实。为了更好地做到开放性评估，还应吸纳5%的外行人员参与评估。

2. 打造专业化的督导队伍

学校内涵发展督导评估需要一支结构合理、专业化水平高的督学队伍。一方面，要从入口上下功夫，建立督学选拔聘任机制与标准，可以从教育行政、业务部门及基层学校严格选拔聘任督学，还可以向社会公开招聘专家型督学。接下来，要对全体督学实施全方位、全员性、系统化的专业培训。从区域层面，最好将督学队伍培训纳入区域干部教师队伍培训计划，统筹管理与实施。

（二）评估程序应模式化、系统化

1. 建立模式化的督导程序

依据学校内涵发展督导评估指标体系，结合区域教育发展的重点、难点和薄弱环节，确定责任督学督导年度主题，依据主题制订计划，每年对中小学校适时开展经常性督导评估；依据评估指标体系，联合行政、业务部门对中小学校的管理开展1—2次专项督导评估；每三年对全区各中小学校进行1次学校内涵发展综合督导评估，适时发布评估结果。

2. 完善实效型的指导系统

在督导评估学校时，责任督学要加大对校长工作“导”的力度，就办学理念、课程实施、办学特色、学校文化、师生发展、教育发展的热点、难点问题与校长进行切磋与碰撞，提升校长管理的思维层次；按照六大一级指标“分兵把口”，帮助学校挖掘亮点，提炼特色，深入剖析薄弱环节，有针对性地指导整改，通过信息平台下发整改建议。另外，采取应邀式、问题式的督导方式分层次开展指导工作。对新建校，在督导前，督学就应分头进行集体培训，并进行应邀式实地指导；对薄弱校的薄弱环节，应分头进行有针对性的问题式跟踪指导；对发展较好的学校，根据学校发展之需采取专题式服务，调动其示范引领作用。要求每位责任督学依据指标体系分专题进行评估与指导，帮助基层学校做好自评报告，提炼经验，找准问题及突破口，为下一步发展的科学定位、自主内涵发展奠定良好的基础。

（三）评估方式应科学化、现代化

学校内涵发展督导评估的重心应聚焦内涵，通过增值性和持续发展性评估，突出它的科学性。它应是基于教育发展及被督对象的可持续发展而进行的过程跟踪评估，是一个帮助被督对象不断发展优势、积极改进不足、切实提升其办学质量的过程。通过评估这一平台，给学校在常态下的办学提出建设性意见与建议，现场把脉开方，提高督导评估的针对性和有效性。

学校内涵发展督导评估需要转变教育督导方式。在评估工作中，督学们要始终遵循“理念先行、注重内涵、彰显特色、突出增值”的工作原则，坚持基础水平评估与内涵增值性评估并举，由过去注重学校客观环境条件评估的“督”转向淡化硬件、关注软件评估的“导”上来，将督导评估的重心转移到关注教育质量、课堂教学、师生发展、学校文化及办学特色上来，引领学校更好地按照教育规律办学。督学们要坚持以人为本的思想，开展分层次督导，将专项督导、综合督导与经常性督导有机结合，激发被督主体的自主发展意识及潜能，充分调动被督对象的主动性和创造性，帮助不同基础的学校步入自主、内涵、特色发展的快车道。

学校内涵发展督导评估需要建立现代化的信息评估系统。一是建立督导信息系统，将督与被督双方的自然信息按照一定的组织体系划分，便于双方沟通了解。二是建立区域督导评估平台。这一平台主要用于信息上报、即时评估和自我评估。由于这一评估系统进一步优化了评估过程和评估手段，故而实现了高效能。通过信息平台来增进督与被督双方之间的沟通交流，能够使被督对象信息上报更加即时、快捷，督导评估者实施督导评估更为及时、准确。

（四）评估过程应公平化、动态化

学校内涵发展督导评估的应然状态，就是在真实的评估情境中实现评估者与被督对象的平等对话，它是在学校办学常态下的去办学基础的公平评估。整个评估工作应在不影响学校正常教育教学秩序的“常态”下进行，现场评估不需要学校额外准备任何书面材料，教师、学生也不需要提前准备公开课。被督对象只需将日常教育教学工作及各种信息材料通过电子平台即时上报，评估者根据上报信息即时给出一些评估意见。另外，评估者还要现场收集与评估指标相对应的原始资料，并按照课程表随机抽取部分教师的课堂听课，观摩学校的一些教育教学常态活动，从而全面了解学校的教育教学情况，如课程开发、师资建设、设备应用、办学质量等。评价对质量的考核应是动态的，是基于多次增量关注的综合评估。

具体操作时必须遵循以下几点。

一是评估重点要始终突出内涵这一要素。每一个阶段都要关注质量这一目标，将内在品质的提升作为最为重要的质量指标；同时，每一系列指标的落实都要做到有的放矢，把握好过程的动态变化，获取较为准确的信息。这需要督导部门针对内涵发展设计指标，并进行基线测试，得到每一所学校的基准成绩。

二是评估要突出发展这一宗旨。发展主要是指学校管理要有阶段性突破。每隔半年或一年就上次测评的原始指标进行再测，并进行分析，制定下次再测的目标或给予下次测评的重点进行定位。

三是评估要突出公平、科学的理念。首先要有基础测试，再在前次测试的基础上进行两次或三次测试，进行测试后，要针对几次测评的数据进行增值度及其成因分析，这种去基础的多次测试得出的评判结论才是公平、科学的。

（五）评估结果应公开化、效用化

一是评估结果应公开透明。综合督导后，督导部门要综合多主体的意见，结合学校三年的评估数据进行综合分析，给出学校督导评估的反馈意见，并提出整改建议，给出限期整改通知。必要时，可以在一定范围内公开学校督导评估结果，使之具有一定的效力，并接受社会监督，促其提升和进步。每次区域性督导评估之后，督导室要形成督导报告，报送区委、区政府，为政府进行教育决策提供可靠的依据；定期召开政府教育督导工作会议，进行年度教育督导工作报告，向社会公布教育督导评估结果。

二是评估结果应跟踪整改和有效使用。被督对象要认真研究每次督导后下发的整改意见，形成落实整改意见的工作机制，在指定期限内自查整改。责任督学适时跟踪指导，督导部门定期组织相关人员进行复查，检验其整改效果，要将限期整改的进度和成效作为被督对象及其主要负责人考核奖惩的重要依据。坚持“客观、公正、科学”的评估原则，对学校进行评估，将每次对学校督导评估的结果纳入中小学校长的年度绩效考核，并作为校长任职期间考核问责及实行奖惩的重要依据。

三是评估要突出指导和提升的根本目的。教育督导评估的最终目的是促进学校的改进和发展，这也是评估效能的有力体现。评估者依据评估指标及标准对被督对象进行深入细致的常态考察，针对各个维度进行检查评估，对经验特色进行提炼，对问题进行归类和分析，并在现场与学校领导、教师进行沟通、交流，以帮助其及时纠正过程中存在的错误，强化其优势。通过过程的诊断与评估，有效促进学校的改进与发展，提升学校参与评估的积极性、自觉性，真正实现“我要评”的自觉行为。

二、具体实施策略

为了更加明确该评估指标体系的可操作性，现将指标体系的每一项一级指标从自评和他评两个系统进行具体的操作办法说明。当然，这只是对学校内涵发展的一次性评估。如果看增值情况，那就要针对下列指标进行至少 2—3 次评估，尤其是针对 9 个核心增值性指标更要做重点对比评估，方可测得学校某项工作的努力程度。

（一）办学方向

办学方向是学校内涵发展过程中其他各项工作开展的灵魂和准绳。督导时应引导学校坚持社会主义核心价值观，坚持依法办学、科学发展、内涵发展、特色发展，全面提升教育质量，为学生全面、健康、个性化发展服务。办学方向的重点要看办学理念的科学性、前瞻性和创新性，发展愿景的全员性、一致性和可操作性，办学声誉的认同性和影响力。

1. 办学理念

学校的办学理念是学校文化要素的高度凝练，也是学校整体文化的核心导向。那么，在使用学校内涵发展评估指标体系时，学校如何自评办学理念，督学如何现场督导学校的办学理念呢？

（1）自评策略。

- 是否有确立的政策理论依据。
- 是否在原有基础上有继承和创新。
- 结合学校的现状和未来发展，认真分析办学理念在日常工作中的贯彻落实，必要时可以找专家把关论证。
- 在广大教师中展开调查，让教师实事求是地评价学校办学理念的科学性与现实性，指出目前存在的问题。
- 召开部分家长座谈会，听取家长的意见与建议。
- 在学生中展开调查，看教师日常教育教学的贯彻落实情况。找出问题，进行整改。

（2）他评策略。

- 听取校长的汇报，了解该校的办学理念是否以校为本，思路是否清晰，对办学理念的内涵界定是否科学、准确、清楚，学校的各方面工作是否贯彻了办学理念。
- 对部分教师进行问卷调查，看教师对学校的办学理念是否理解，是否了解其在日常教学中怎样贯彻落实。

• 随机询问学生，看教师在课堂教学和日常教育中怎样体现办学理念，学生的满意度如何。

基本路线：管理与组织中是否体现理念—教育教学中看是否落实理念—学校特色定位是否支撑理念—教育教学行为表现是否贯彻理念—学校办学效益及成果是否回馈理念。每个学校的侧重点不同，理念呈现的内涵及路径就不同，表现的形式与成果就会有所不同。

2. 办学愿景

愿景是人们永远为之奋斗并希望达到的共同目标，它概括了未来目标、使命及核心价值，是哲学中最核心的内容。发展愿景是办学理念的具体化设想。发展目标是个人、部门或整个组织所期望达成的成果。以往督导只是看学校的规划、计划和总结中是否体现办学愿景比较而言，对学校办学愿景的督导不同的是不仅仅强调有愿景，还要有共识，有策略，并按预期目标如期有效达成。那么，对于办学愿景所采取的督导策略是什么呢？

（1）自评策略。

• 依据理念，自查学校三年或五年发展规划、学校年度工作计划、各部门分解的工作计划，反思目标是否得到有效的分解，落实措施是否得当有力。

• 做教师问卷，看教师是否了解、认可学校的发展愿景。

• 自查课堂教学、德育等方面工作，反思落实是否具体、到位。

（2）他评策略。

• 听取校长汇报，了解学校的发展目标、学生的培养目标。

• 看学校的发展规划及其分解目标，看目标是否明确，分解是否合理，落实措施是否得当。

• 与学校领导班子成员交流，看他们对办学目标的理解与贯彻落实情况。

• 对30%教师进行问卷调查，看教师对学校的发展愿景的认同度，针对愿景有何意见与建议。

3. 办学声誉

办学声誉实际上就是学校办学效果的呈现，主要体现在社会一定范围内的学校办学影响力和核心竞争力。

（1）自评策略。

• 校长、教师在总结中要自我反思，总结理念目标落实是否具有自觉性和目的性。

• 召开家长委员会成员会议，进行座谈，了解家长对学校办学的意见、建议。

• 利用家长会等形式，针对学校办学满意度、教师队伍满意度对家长进行无记名调查。

（2）他评策略。

• 访谈校长、教师，了解理念、愿景形成的过程。

• 进行教师、家长、学生调查问卷，了解学校工作目标达成度及认可度，是否有所增值。

• 走访社区，进行访谈，了解社会对该学校的满意度。

（二）师资队伍

师资队伍是学校内涵发展的关键因素，是学校内涵发展实施的主体和生力军，也是学校内涵发展的一个重要核心要素。以往督导时，更多强调的是队伍建设情况，按照骨干教师队伍、班主任队伍、青年教师队伍培养举措进行分类督导，而本评估指标体系所关注的这一指标重点是看师资队伍建设的机制、队伍发展的目标层次性及专业化发展水平，更加强调其专业化。具体督导策略如下。

1. 队伍结构

（1）自评策略。

• 学校领导班子要认真反思，结合学校的现状和未来发展，认真分析队伍结构的均衡在日常工作中的贯彻落实，老、中、青专业教师合理搭配，老年教师不宜超过 20%，35 周岁以下青年教师不宜超过 50%。

• 关注自己的学科教师比例分配是否均衡，工作安排是否科学合理。

• 自查教师学历是否达标。

• 党组结构和能力结构是否不断优化，党员教师和骨干教师的比例是否达标，并逐年提升。

（2）他评策略。

• 听取校长关于队伍结构均衡发展的汇报，了解队伍结构建设是否以校为本，查阅资料来评估学校教师的年龄结构、学科结构、学历结构、能力结构的比例安排是否合理。

• 通过听取汇报、访谈来了解学校的党员教师和骨干教师比例是否合理，每年是否有新的增长点。

2. 队伍建设

（1）自评策略。

• 学校要对照队伍建设规划，反思目标是否得到有效的分解，落实措施是否得当有效。

• 是否有健全的管理机制并能落实到位。

• 自查校本研修、师资队伍建设的贯彻落实，反思落实是否具体、细致。

• 可做教师、家长、学生问卷，了解本校教师是否热爱本职工作，师生关系是否和谐融洽，群众对教师师德的满意度是否达标。

（2）他评策略。

• 听取校长汇报，了解学校队伍建设的发展目标、学生的培养目标，是否有科学合理的队伍建设规划。

• 学校是否有健全的管理保障机制，并能有效落实。

• 通过听取汇报、访谈，看学校是否有师德建设的措施，了解师德活动开展情况。

• 听汇报或访谈，了解学校是否给予教师专业发展规划指导，以及拥有自我专业规划的教师比例。

• 查阅资料，了解教师专题研究情况。

• 观摩课堂教学，了解教师能力水平及师生关系情况。

3. 队伍发展

（1）自评策略。

• 学校是否按照队伍建设规划认真定期进行分层次培训。

• 是否聘请专家定期对教师进行指导，有效提高教师的专业素养。

• 是否有健全的管理机制并能落实到位。

• 可做教师、家长、学生问卷，了解本校教师班级管理、课堂教学等专业水平，群众对教师专业化的满意度。

• 自查教师专业化发展水平是否达标，是否有提升。

（2）他评策略。

• 查阅资料，考核学校是否有校本培训的计划，计划是否科学可操作。

• 通过听取汇报、访谈教师和调查问卷等方式来考察学校是否做好教师队伍的梯队建设工作，是否发挥学校干部和骨干教师的帮带作用。

• 是否定期组织教师进行各种专业培训，是否有专家的引领，并定期开展交流培训活动。

• 学校是否有具有激励作用的教师评估体系，能够体现发展性评估。

（三）课程实施

课程实施是学校内涵发展的有效途径和核心内容，较以往评估指标更加全面，注重课程体系的完整性及在课程实施过程中的自主创新。因此，督导时重点看课程实施的规范性、融合性、实效性以及校本课程开发的自主性、多样性、独特性。

1. 课程规划

(1) 自评策略。

• 自查是否贯彻了国家、省、市课程实施文件精神，有较为完善的课程实施规划。

• 自查年度分解计划实施是否规范。

(2) 他评策略。

• 听校长汇报，查看课程实施总体方案。

• 查看年度分解计划是否具有可操作性和融合性。

• 查看学校常规检查反馈情况是否扎实有效。

2. 课程执行

(1) 自评策略。

• 对照国家、省、市文件，自查计划、“三表”（课程表、人事安排表、作息时间表）是否规范。

• 自查检查反馈是否跟踪及时到位。

• 课改理念是否得到有效落实。

(2) 他评策略。

• 查看“三表”，验证课程实施过程是否规范。

• 是否有常规环节考核机制及课堂教学评价标准。

• 访谈学生，了解课程执行情况及其效果。

• 访谈教师，观摩课堂，深入了解课程改革实施情况。

3. 课程资源

(1) 自评策略。

• 自查校园网络资源和教学资源库的建设情况。

• 自我评估学校资源、社区资源是否得到开发与利用。

• 自查校本资源是否达到 1000G，学科教学资源及时更新补充率是否达到 15%。

(2) 他评策略。

• 学校是否有课程资源建设领导小组。

• 通过访谈、实地考察、检查校园网络资源和教学资源库的建设是否达标，学校资源、社区资源的开发与利用如何。

• 观摩课堂教学中信息技术与教育教学是否得到深度融合，教师是否会制作课件，并使用多媒体上课。

• 查阅资料，访谈师生关于校园网、资源库及“班班通”利用的情况。

4. 课程研发

(1) 自评策略。

• 自查校本课程开发方案的可操作性，是否与学校的办学理念、办学特色有机结合。

• 课程研发是否满足学生自主选择空间的需求。

• 课程研发中师生评价是否落实到位，反馈是否及时。

• 问卷调查家长、学生的满意度。

(2) 他评策略。

• 查看学校自主研发课程方案及师生评价方案。

• 是否形成富有个性的校本课程体系。

• 学校是否有自主研发的校本教材及特色课程。

• 了解校本课程建设过程中师生的参与度。

• 了解师生评价是否得到有效落实。

• 开发的特色课程是否体现办学理念及办学特色，并在区域内是否有一定的影响力。

(四) 学生发展

学生发展是学校内涵发展的主旨和核心要素，指学生的主动、健康、和谐发展。关于学校教育的价值在于“以培养人的健康、主动发展的意识与能力为本”。学生的发展应是一种开放的生成性的动态过程，不只是外烁的，也不只是内发的。任何人的发展，只有在人的各种“关系”与各种“活动”的交互作用中才能实现。(叶澜，2006)[5] 因此，学生发展重点要看课程实施中及课外活动中学生是否得到全面、自主、个性化的发展，并且过程中形成一种和谐的人际关系，包括师生或生生之间的关系。

1. 品德素养

(1) 自评策略。

• 自查学校是否建立富有层次性的学生德育培养目标及评价标准。

• 自查学生评价手册是否有效使用。

• 自查学生养成性教育的贯彻落实情况。

• 自查学校、社会、家庭“三位一体”教育体系的有效落实情况。

• 自查学校学生的违法犯罪率、辍学率、学生思想品德达标率是否符合标准。

(2) 他评策略。

• 查阅学校德育工作计划，是否建立富有层次性的学生德育培养目标及评价标准。

• 查阅资料，观摩课堂，评估学校养成性教育的实效性。

• 查阅家长学校的系列材料。

• 查看青少年违法犯罪率、辍学率、学生思想品德达标率是否达到规定标准。

2. **文化素养**

（1）自评策略。

• 自查对学生进行自我学习习惯及自我学习方法的指导，学校的专题培训讲座每学期不少于 2 次。

• 依据学校课堂教学评价标准自查课堂教学质量达标率。

• 自查是否关注每一个学生的学业成绩及每一个学生的发展度。

（2）他评策略。

• 了解学校是否定期对学生进行自我学习的习惯及自我学习的方法的指导。

• 查阅班子讲座记录及教师课题研究记录。

• 观摩课堂是否有 80%以上的学生养成良好的学习习惯，掌握 1—2 种学习方法，学科教学的合格率是否达标。

• 通过增值性评估操作系统查看学生的学业成绩是否稳中有升，主要查看学校学业成绩的净增值度。

3. **身心素养**

（1）自评策略。

• 自查学生的“两课”（体育课、心理健康课）、“两操”（大课间操、眼保健操）的落实情况。

• 自查学校学生每天户外体育活动 1 小时的落实情况。

• 自查学生“六病”防治工作的落实情况。

• 自查学生体质健康、近视眼新发病率等方面是否达标。

（2）他评策略。

• 听取汇报，了解学生每天户外体育活动 1 小时是否得到保证。

• 查阅资料，了解学生的“两课”“两操”的落实情况。

• 学生“六病”防治工作落实情况，尤其是“防近”工作情况，近视眼新发病率是否得到有效控制。

• 访谈教师、学生，查看学生心理咨询室的应用情况，特殊学生的需求是否得到满足。

4. 艺术素养

（1）自评策略。

• 自查课程表，音乐、美术课程课时计划是否得到规范落实。

• 自查学校的校园环境艺术化建设工作。

• 自查学校学生的艺术活动及课外小组活动的参与度。

• 自查学校学生的艺术素养是否有所提升。

（2）他评策略。

• 听取汇报，了解学校艺术教育的途径。

• 查阅课程表、人事安排表，学校音乐、美术课程是否得到很好落实，课堂合格率是否达到95%以上。

• 查阅艺术课外活动小组、校本课程及艺术节的过程资料。

• 访谈学生，了解学生艺术活动的参与面及发展情况是否达标。

5. 实践素养

（1）自评策略。

• 自查学校是否对学生进行劳动态度及劳动技能方面的教育。

• 自查班主任教师组织学生研究性学习的情况。

（2）他评策略。

• 学校是否积极组织学生参加中小学生素质教育基地的学习，研究性学习是否有效落实，大多数学生是否养成热爱劳动的习惯，掌握一定的劳动技能，参看中小学生素质教育实践基地给各校及学生的评价。

• 对家长、学生进行问卷，了解学生良好的劳动意识及劳动能力水平如何。

6. 个性素养

（1）自评策略。

• 自查学校工作计划是否关注学生的个性发展。

• 自查学生人生阶段目标手册的使用及反馈情况。

• 自查学生的个性特长培养的途径及效果如何。

（2）他评策略。

• 学校是否注重学生的个性培养，有无关于此方面的培训讲座。

• 查看学校是否有学生人生阶段目标手册，使用中是否得到教师很好的指导。

• 查阅学校特长生培养记录，特长生比例是否逐年提升。

（五）学校文化

学校文化是学校内涵发展的特质，指学校的物质文化、制度文化和精神文化。物质文化是由学校师生在教育实践过程中创造的各种物质设施，通过学校标志、学校环境、学校文化设施等物质表现出来；制度文化是学校文化的重要组成部分，是精神文化的产物；精神文化是学校文化的深层次表现形式，侧重于学校的价值观、团队精神及风貌。区别于传统的学校评估，学校文化是内涵发展督导评估的一个重要的创新指标。督导时，重点要看三种文化的整体性及一致性。

1. **物质文化**

（1）自评策略。

• 自查校园文化设施是否符合学生身心发展特点和教育发展规律。

• 自查校园内外环境设计是否有主题，有品位，具有较高的艺术性。

• 自查校园内是否有标志性建筑物，具有一定的教育性。

（2）他评策略。

• 观察环境设计是否符合学生身心发展特点和教育发展规律，是否科学合理、美观艺术，富有一定的层次性和艺术性。

• 听取校长或主管领导汇报，检查学校物质文化设计主题是否鲜明有个性，与学校的办学理念及特色是否有机融合。

• 查阅学校环境文化设计的方案及过程资料。

• 观察学校是否有固定的形象设计标志，是否充分体现教育性，并向教师、学生进行宣传讲解。

2. **制度文化**

（1）自评策略。

• 学校自查是否有校本管理制度。

• 学校自查校务公开情况。

• 做教师问卷调查，了解其对学校管理机制的满意度。

（2）他评策略。

• 学校是否有校本管理制度集。

• 访谈教师校务公开情况，学校管理是否民主化。

• 做教师问卷调查，了解教师是否认同并认真执行正在实施的校本管理制度。

3. **精神文化**

（1）自评策略。

• 自查学校教师是否知晓办学理念、办学目标、校风、校训、教风、学风。

• 分层次做社区、家长、学生问卷，了解其对学校办学的整体认识。

（2）他评策略。

- 查看学校是否形成积极向上、团结和谐的团队文化。
- 问卷调查教师、学生对学校精神是否了解，并能说出自己的理解。
- 访谈教师、学生，了解领导与教师、教师与学生之间的关系如何。
- 了解学校文化是否形成一定的知名度和影响力。

（六）办学特色

办学特色是学校自主内涵发展的有效途径。它的评估指标要素包括特色定位、特色建设、特色成果。督导时重点看定位是否准确，特色创建途径是否立足校本，是否可操作且富有实效。特色成果是否稳定，在一定范围内是否具有一定的影响力和示范性。

1. 特色定位

（1）自评策略。

- 自查学校特色建设方案及其实施进展情况。
- 了解教师、学生对特色建设的想法，尤其是特色目标及途径设计的认同度。

（2）他评策略。

- 听取校长自评汇报，获取相关信息。
- 查看学校的特色建设方案，是否与学校的办学理念、发展规划一致。
- 问卷调查师生是否认同，认同率是否有提升。

2. 特色建设

（1）自评策略。

- 自查特色组织机构是否健全。
- 自查特色队伍建设的计划及其实施成效。

（2）他评策略。

- 查看学校是否有组织机构，并有明确的职责分工。
- 查看学校的特色队伍建设情况及其比例。
- 问卷调查了解特色创建的途径。

3. 特色成果

（1）自评策略。

- 自我提炼学校办学的特色成果文字资料。
- 自查教师、家长及社会对学校特色的认同度。

（2）他评策略。

- 听取校长汇报特色成果，并加以验证。
- 问卷调查教师、家长对学校特色的知晓率及认同率。
- 访谈社区及家长，了解学校特色的影响力。

第三节 实施的典型案例

现将大连市甘井子区作为试评对象进行案例研究。

一、实施方案

依据学校内涵发展督导评估体系的特点及实施策略，现制定学校内涵发展督导评估试验实施方案如下。

（一）实施目的

主要目的是验证学校内涵发展督导评估体系的科学性、可靠性和可操作性，通过试评对所提炼的理论（指标体系、操作体系）进行验证并做进一步调整优化，就其实践性做进一步调整，使其更加科学完善。

（二）实施时间

评估指标体系一部分的指标要素一年即可获得，而增值性评估指标则要通过两到三年的试评时间才可获得最为可信的信息。因此，综合起来将试评时间初中定为三年，小学定为两年。具体为：2011 年 9 月—2014 年 8 月，在 4 所中学试验；2012 年 9 月—2014 年 8 月，在 9 所小学试验。

（三）实施范围

本评估指标体系适用于区域内所有中小学校及素质教育基地（中小学生科技中心、中小学生劳技中心、中小学生艺术教育中心、中小学生特殊教育中心）。具体来讲，范围包括城市中学、农村中学、城市小学、农村小学和中小学生素质教育基地。现抽取参与实验的对象是大连市甘井子区 13 所中小学校，其中 4 所中学（城市中学、农村中学各 2 所）、9 所小学（城市小学 5 所、农村小学 4 所）。

（四）评估试验工具

试验工具主要依据自评系统和他评系统选取有用的工具，主要分为自评工具和他评工具两种。

自评工具主要有师生问卷（见附录）、访谈提纲（见附录）、自评报告、督导评估自评卡等。

他评工具主要有师生问卷（见附录）、访谈提纲（见附录）、督导评估卡和测评工具等。其中关于学生学业成绩增值度及成因评估，主要采用增值性评估系统，主要考察每一所学校的努力程度，从增值的角度客观公正地评估学校的管理效能。

（五）试验假设

选取学校内涵发展督导评估指标体系做试验因子，将六大一级指标分别在不同类别的中小学校试评。先将 13 所试点校分成 6 组做单项一级指标试验，取得一致意见后，再对个体进行六大一级指标的综合试评，做试验前状态与实验后状态的比较，观察其在学校发展过程中的变化。

试验假设：基于原状态发展水平，共有 4 个发展层次。

如果原状态是 A 层次，根据原有基础水平，自然状态下学校的发展通过督学督导和自身努力仍保持在 A 层次，则说明是无效水平。

如果原状态是 A 层次，通过督学督导和自身努力超越原有水平达到 B 层次，这就应算作微效水平，算有微增值。

如果原状态是 A 层次，通过一定的指导因子作用，加上学校的努力，当然要比原有基础会节省更多时间、精力和劳力，达到了 C 层次，这就应算作有效水平。从 A 到 C 就应该算有中增值。

如果原状态是 A、B 层次，通过一定的指导因子作用，加上学校自主内涵发展，会达到短时高效，在原有的基础上进一大步，一跃而为 D、E、F 层次，这就应算作高效水平。从 A、B 层次到 D、E、F 层次就应该算作增值幅度大，算作高增值。

二、实施效果

（一）学校内涵发展督导评估与以往评估的效果比较

现以大连市甘井子区 13 所试点校（中学 4 所：六十六中学、六十八中学、七十六中学、八十中学，小学 9 所：实验小学、六一小学、周水子小学、新甘井子小学、后革小学、蓝城小学、营城子中心小学、红旗中心小学、金南路小学）为例，就内涵发展个别指标维度进行试验前和试验后的效果比较（详见表 9-1）。

表 9-1　办学方向的评估结果对比

维度 学校编码	办学理念 过去—现在	发展愿景 过去—现在	办学声誉 过去—现在	增值 过去—现在	状态
01	A→B	B→B	A→B	—	无效
02	B→B	A→B	A→C	↑	中增值

续表

维度 学校编码	办学理念 过去—现在	发展愿景 过去—现在	办学声誉 过去—现在	增值 过去—现在	状态
03	B→C	B→C	B→E	↑	高增值
04	B→C	A→A	A→C	↑	中增值
05	B→B	A→A	A→B	↑	微增值
06	B→B	A→B	B→B	—	无效
07	A→C	B→C	B→E	↑	高增值
08	A→A	A→A	A→A	—	无效
09	B→B	B→B	C→B	↓	负增值
10	B→A	A→B	B→B	—	无效
11	B→C	B→B	C→B	↓	负增值
12	A→A	A→A	A→A	—	无效
13	A→A	A→A	A→A	—	无效

总体上看，在办学方向的督导评估试验中，从内涵发展角度分析办学方向指标评估，整体上呈上升趋势，绝大多数学校处于平稳和提升状态，有 2 所学校呈下降趋势。学校内涵发展督导评估使得各校对办学理念尤为重视，明显感觉从定位、认同上较以往增强。过去的很多学校，尤其是城市后发展学校和大多数农村学校的办学理念模糊不够准确，校长的现代教育意识不强，未能基于学校发展的实际去科学定位，更不用说全体师生达成共识并能够准确表述了，有的学校甚至根本就没有办学理念，连校长都不清楚办学理念。而今通过评估的引导，所有试验学校都有办学理念，多数校长能够认真思考和科学定位学校的办学理念，且办学理念前瞻有创新，认同率和转化率有所增强，再加上发展愿景的和谐统一，整体上表现在办学方向方面普遍稳中有增值。

我们发现，在区域学校内涵发展督导评估的引领下，加之教育行政这一阶段的工作重点是队伍建设，队伍发展工作得到各校前所未有的高度重视，实施效果也非常好，区域师资队伍指标的均衡差异系数缩小。表现在：各校的队伍建设规划及方案设计、过程实施等方面得到很好的落实。虽然各校的师资队伍结构基础很不均衡，其中有发展基础很好的窗口学校，也有具有代表性的农村薄弱学校，但各校均能积极以此项工作为重点，建立健全管理与培训机制，着力抓好队伍建设的过程管理，区域整体上通过分层流动、校本研修、课堂教学、课程开发等共同体发展举措，有力地提升域内不同层次教师的专业化水平。通过表格中几个维度的比较可以看出，队伍发展的整体水平是呈上升趋势的，13 所学校中有 7 所学校的此项工作呈正增值状态，4 所学校呈稳定状态，2 所学校呈负增值状态。总体上看，此项评估指标设计还是比较科学的，能够客观地反映现实水平（详见表 9-2）。

表 9-2　师资队伍的评估结果对比

维度 / 学校编码	队伍结构 过去—现在	队伍建设 过去—现在	队伍发展 过去—现在	增值 过去—现在	状态
01	A→A	B→B	A→A	—	无效
02	B→B	A→B	A→C	↑	中增值
03	C→C	B→C	A→C	↑	中增值
04	C→C	A→C	A→C	↑	中增值
05	A→B	A→A	A→B	↑	中增值
06	B→E	A→B	A→E	↑	高增值
07	A→B	A→A	A→C	↑	中增值
08	A→A	B→B	A→B	↑	微增值
09	B→A	B→B	C→B	↓	负增值
10	B→B	C→C	B→B	—	无效
11	C→B	B→B	C→B	↓	负增值
12	B→B	A→A	A→A	—	无效
13	B→B	A→A	A→A	—	无效

（二）学生发展中的学科素养增值情况举隅

现以大连市甘井子区中学为例，全区参加基线测试的学校共有 21 所，其中有 4 所学校参与学校内涵发展督导评估实验，它们是六十六中学、六十八中学、七十六中学、八十中学。在这些学校中每次所测试的学生人数基本上不低于 160 人，最多的不超过 800 人，主要针对学生基本认知能力和部分学科知识素养。通过基线测试反映学生入学时的能力水平，将此作为学生发展的基础起点，对学生以后每一阶段的学习进行预测和跟踪测试，并根据基线测试结果和学生实际考试成绩进行增值分析。

仅以全区各校语文、数学、外语增值情况为例进行分析：在参与基线测试的21所学校中，全区有8所学校的语文学科成绩的增值为正，而参与试验的4所试点校中，3所学校的增值为正，高于全区的平均增值，只有1所学校的增值低于全区的平均增值，为-0.17；数学学科，全区有8所学校的增值为正，而参与试验的4所学校中有3所学校的增值为正，高于全区的平均增值，只有1所学校的增值低于全区的平均增值，为-0.47；英语学科，全区仅有6所学校增值为正，参与试验的4所学校均为正增值，高于全区的平均增值。综合来看，参与试验的学校与未参与试验的学校比，学生的学科素养普遍得到提升。同时，就其自身而言，参与试验的学校试验前与试验后比较也是有所改善的。

（三）访谈实施反馈情况

1. 访谈一：试评调查

经过两年的关于学校内涵发展督导评估体系的实施研究，针对部分专家、督学、行政领导、学校的管理层以及一线教师进行了试评调查。

（1）结合自己的实践经验，您是怎样理解教师内涵发展的？

A：我认为教师队伍内涵发展就是指在教师思想上、专业知识、专业能力等方面要不断完善，注重教师自我内在修养的形成，尤其是专业化水平的自我提升。

B：我觉得教师队伍的内涵发展应该是教师内在的、本质的提升，是一种内隐表现形式。例如：我校开展的“五角色教育”就是一种提升教师队伍内涵发展的载体。教师是自我引领的学习者，就是强调教师要终身学习，而终身学习又是教师内涵发展的必备条件；教师是注重合作的工作者，强调了工作中合作的重要性，而团队精神又是教师内涵发展的重要内容；教师是心系他人的奉献者，强调教师敬业精神又是教师内涵发展不可或缺的因素。同时，教师的职业反思、教师的教育理念的转变等方面都是教师队伍内涵发展不可或缺的重要内容。

C：本人认为教师内涵发展就是指教师的师德修养、专业知识、专业能力的发展，尤其是要突出教师的专业化水平。

D：我个人认为教师内涵发展就是坚持以学生为本，注重学生思维教育的培养。注重自身的职业道德，以人为本，教书育人。我认为师德和爱心应该是教师内涵发展的一项重要的构成要素。

E：本人认为，教师内涵发展就应是教师素质的发展。主要是指教师的专业技能以及专业知识，教师能在自己的工作岗位上游刃有余，同时在坚守固有的教育教学基础上还能有所创新。

F：我认为它应是指教师的道德素养以及业务水平的提高。具体来讲，教师的内涵发展主要是指教师的师德、爱心、敬业精神等素养的提升，以及教师的教育教学、教育科研水平的提升。

G：我所理解的教师内涵发展就是教师内在素质的自我提升，主要是指教师在学校教育这一软环境中的健康和谐主动的发展。

从以上教师访谈结果来看，对于教师的内涵发展，笔者认为基本上应是师德、团队建设、终身学习、职业规划与反思、专业知识、专业技能等方面的发展内容。

（2）实施学校内涵发展督导评估，您认为学校在哪些方面有所进步？您对此又有何感受和建议？

A：本人感觉学校的办学理念比以往更加前瞻、科学。近年来，学校领导能够站在一定的高度上规划学校、办学校，尤其是注重了学校中人的发展，关注我们教师和学生的健康发展。

B：每一年校长都结合工作计划对全校教师进行培训，虽然校长以通俗易懂的形式进行解读，但我们是被动地接受。通过此次评估，校长更注重教师对办学理念的认同，指导帮助教师比较清楚地了解办学理念，有时还能采纳我们的意见与建议呢。还有比较好的一点就是学校领导能够积极主动帮助我们科学、合理地制订自我专业发展规划。

办学理念有一定深度，教师很难在短时间内理解和悟化，它需要不断地强化、理解、实践、再内化，这一循环反复的过程不能一蹴而就，需要一定的时间。

C：通过每一次领导的解读，使我对学校办学理念的发展有了更深刻的认识，明确了学校未来发展的方向，从而也认识到自己未来前进的目标和方向，愿意与学校一同走下去。

D：以往我根本就不关心学校的办学理念，我想多数教师也和我一样，认为那是校长的事，和我们无关。现在不同了，通过学习我认识到自己是学校的主人，我也有这个义务和责任参与学校管理，实现自我主动提升。通过校长对办学理念的解读，我对学校的理念更加明晰，并且学校能将办学理念渗透在日常管理工作的每一个环节之中，令我能够始终对照着去做。

E：学校内涵发展督导评估，使得学校更进一步从精神力、形象力、执行力以及研究力等方面更加深化过程管理，而且是系统化管理，有理有据地把人的发展包含其中，更有利于促进每一位管理者及教育对象的成长。

F：这套评估指标体系引领学校的办学理念更具科学性、创新性、客观性，与学校办学特色、文化结合，尤其是特别关注学生的发展，约束教师的教育教学行为始终围绕着有利于学生未来发展的目的。这一点比较好。

G：这套评估体系更加体现人文性，突出人的教育和发展。注重教师、学生的发展，尤其是关注学生的全面、和谐发展，为其终身发展奠定良好的基础。通过评估，我感到学校的管理整体提升了一个档次。我校是个村级小学，硬件基础一般，而内涵发展评估恰恰淡化硬件条件，比的是软件发展，引导我们凝心聚力抓队伍、抓课程、抓质量，挖掘我们自身的办学优势抓自信教育特色，赢得从未有过的评估认可和社会声誉，使得我们这类学校也更有自信了。

H：我是一名老督学了，我比较认同本评估指标体系，更觉得自身责任的重大和水平的不足。学校内涵发展评估指标体系不同以往的评估指标体系，它不仅仅针对学校提出高位的发展要求，同时它对督学提出更高的督导专业化要求。如对督学的学校管理能力、评估的专业化水平及技术指导等方面能力要求相当高，尤其是对信息化平台建设和应用能力的要求，不是一般督学能够驾驭得了的，它需要督学们拥有高超的专业化水平才能确保整个评估指标体系的有效运行，需要督学不断地学习和提升自身的专业素养，才能更好地胜任这项工作。

I：总体感受，我认为学校的办学理念比较前沿。这一评估注重人的长远发展，不仅仅是能力上的，更注重人的情商发展。在教师队伍的发展上，注重以人为本，自主发展，最大限度地发挥教师的潜能，让教师的优势不断放大。我校更加坚定用自己的办学理念和办学特色不断地激活学校的发展潜能，同时注重为学生的终身发展服务，尤其是让良好的思维习惯伴随着学生的成长，受益还是很大的。

（3）您认为关于学校特色发展评估体系的结构框架是否清楚？您还有怎样的建议？

A：我认为关于学校特色发展评估体系的逻辑结构合理、清晰、可操作。本人没有其他的想法。

B：本评估指标体系框架比较清楚。很好，没什么想法。

C：我认为该评估指标框架清楚。但我认为容量有些过大，实施中会出现参差不齐的情况，因为各校发展现状是有差异的，可能理解内化的程度不同。

D：我校学校特色是五角色思维——十六种思维的习惯教育，而思维习惯对于学生的终身发展有益，适合长期坚持。那么，短期内本评估指标体系对于学生的习惯能否考量？

E：清楚。恐怕还是有些难度。希望学校领导继续带领我们开展学校特色活动，通过以领导带老师、以老师带学生的工作方式，相信我们的内涵发展、特色发展一定会踏上一个新的台阶。

F：比较清楚。我的想法是：特色发展的隐性东西还是需要时间的，需要学校不断地培训使之浸润于教师的心中。特色需要长期积淀，应该让学校分层次申报，并分层次进行自我评估。

G：感觉学校管理的四大系统将学校的特色、工作内容等划分得很清楚，教师对评估标准也很清晰。如果每一位老师都能针对评估指标体系，用心真正地去理解"四大系统"，那么，学校的工作就都会融入教师自身的精神和言行中。

H：指标体系的实施使得学校办学更加系统化、简约化，感觉这几个系统的提出更为清晰，引领学校的办学有思路、过程更扎实、效果更鲜明。尤其是即时性评估系统的使用，使得评估更加关注常态，不像以往评估时需要各校在迎检时准备大量材料，那么累，大家又不心甘情愿。

I：整体感觉很好。参与调查的人员都觉得这一系统将学校的方方面面都进行了融合，指导性、操作性比较强。大家都比较清楚学校特色发展的结构框架。说明学校领导在阐述办学理念中思路清晰，比较系统，实施中落实比较到位。每一个系统下面又会有许多的分支，使得教师能清楚地理解学校的工作思路、办学方向以及特色建设。但有时在执行中有交叉、有冲突，从另一侧面影响其效果。

J：清楚。我认为本评估指标体系绝大多数要素是科学的、普适的、可操作的。但是，就拿我区来说吧，城乡接合部的地域特点决定各中小学校的背景及现实的发展水平不均衡，也就是说，层次差异较大。我的顾虑是，我区目前现有条件是否具备实施学校内涵发展评估体系。那么，什么样的地区可以实施这套评估体系？如果实施的话，我认为，首先，要做好顶层设计，制定好科学严谨的评估方案；其次，需要做足培训这一功课，让所有参与者，即督导者、被督者，甚至包括行政部门、业务部门都应深刻领悟本评估体系实施的目的，达成认识上的一致性，营造一个良好的实施环境氛围，提高对本评估指标体系的理解力、支持力和执行力；最后，要加强过程管理，尤其是现代化、即时性的操作平台使用培训要跟上，才能确保评估的技术含量和可信度。我想，这也是这套评估体系的专业性所需。

2. 访谈二：校长、教师系列感想

主要针对下列问题对校长、教师进行访谈。

（1）您对学校内涵发展的督导评估有何看法？

（2）您是如何看待学校内涵发展督导评估指标体系的？

（3）请结合学生发展的维度及日常的观察，谈谈您是如何看待指标中的学生评估的？

（4）您如何看待学校内涵发展评估中的教师评估？——结合对教师评估活动的一些观察，谈谈对教师评估的策略，如何调控？如何达到有效？评估应从哪几个维度着手更为真实？

（5）请结合实际，谈谈您或您所在学校的收获。

校长甲：2010 年 7 月—2012 年 7 月，我校参与了国家级教育督导课题“义务教育阶段学校内涵发展督导评估指标体系及标准的研究”，开展了为期两年的研究。2013 年又参加这一评估指标体系的试评，为学校、管理者、教师、学生带来了思维和工作质量上的改变。从学校的角度看，我校立足指标中的逻辑结构建构，对办学理念的内涵、特色发展结构框架和阶段目标进行了认定、分解，从五个角色、四大系统对学校发展规划进行了重新构建，力争每名教师都能纲举目张地解读学校的办学理念、办学特色。如今，在教师对学校发展思路认同的基础上，逐年深入，改变态度，转化行为，深化情感，坚强意志。学生能从“五角色”思维的角度进行思考，尤其是能从自我认知的角度来进行设计，分析自我活动的行为取向，并能对活动的过程和结果进行对比，从发展性角度分析自身的行为表现。尤其是在试评实施过程中，由于我们是以双重身份出现，不仅仅参与评估指标体系的制定和试用，同时参与评估指标体系的具体实践和调整，所以，我们能够更好地把握学校内涵发展的评估标准，并以此标准来规范提升我校的管理流程和管理成效，准确挖掘提高学校内涵发展增值度的切入点，实现最大化的发展。因此，我认为我校受益更大。通过参与这一套评估指标体系的建构及试评，我校师生的精神面貌发生很大变化，在原有的基础上办学质量逐年攀升，办学特色及文化日益彰显，在省、市、区的影响力及示范性也更强了。

校长乙：我认为在实践中这套评估指标体系有其真实性和可操作性。作为校长，我更看重学校的办学方向指标，办学理念的定位非常重要，决定了办学的理性和高度。学校的规划、计划是校本管理的总框架，它既要通过描绘出学校未来的发展前景，让教师振奋、向往，又要基于现实、科学谋划，确保努力后才能够实现。其中最重要的是教师的认可和参与，为此，我在落实的过程中一是与教师进行平等交流，了解教师的需求及对学校的意见、建议；二是综合教师们的意见、建议，结合本校的“发展愿景”“办学理念”和自己的认识，进行专题性讨论；三是请专家、顾问帮我们把脉定向；四是交由教师大会讨论，征求意见与建议，最后达成集体共识。经历这样的一个过程，既尊重了教师的意见，使他们的主体地位得到认可，同时也让教师充分领会学校的办学方向定位及他们在这其中扮演的角色，为以后的落实奠定了良好的基础。应该说，在实践中我校是受益的，使得我们这所农村薄弱学校看到了希望，也使得我校的教师们能挺起腰杆，在教育教学中信心倍增，积极努力地寻求本人及学生的自主发展路径，获取最大成功的可能性。由此，我的管理也轻松了许多。

校长丙：现阶段的教育有其自身独有的特点。在政府的大力推动下，通过辽宁省“双高普九”“基础教育强区创建”与“国家义务教育均衡发展基本达标区创建”等工作举措，各校办学条件得到空前的改善，随之而来的就应是与之相一致的软件管理的提升。此时，开展学校内涵发展督导评估实为必然，有其现实意义。同时，从六大维度建构的评估指标体系为学校发展提供一定的导向，使得学校内涵发展有所遵循，从而达到非常好的效果。另外，在学校督导评估的六大指标中，突出学生发展评估指标，评估要素基本上与培养目标一致，比较全面。只是操作起来个别指标恐怕有些烦琐，不好确定。

教师甲：自我校参加实验以来，结合学校的四级校本研修深入开展各项工作。作为一名教师，我更多的感受是在不断成长。假期中的学习、开学后的学习、教师集中学习以及借助网络实现研究的“滚动推进”，让研究转化为效益，让我们在整个参与过程中可以及时获得别人学习研究的新成果，并有效地应用到自己的教学实践中，受益很大。另外，学校帮助我们制订个人成长规划，并不同程度地得到专业指导，分阶段完成自己的专业发展目标，使得自己的成长紧紧地与学校的发展联系起来。

教师乙：参加这个实验，我们感觉工作的流程更清晰、更科学了。在我自己的计划制订过程中就有这样的感受。我结合学校的计划设计专项培训，与领导沟通协商定好目标（基于现实、求得发展），想好步骤（科学、可行），选好措施（沟通前的“备课”），再次与领导沟通，形成定稿。通过这一过程，我逐渐体会到了领导的良苦用心，感受到领导确实是在为教师们的发展着想，同时，也都有了切实可行的目标，自主发展的劲头就更足了。

教师丙：参加实验我感觉受益最大的是评估的人性化管理流程，让我们的教师更能安心工作了。我们学校评估的定位是“纠偏扶正”，在管理上主要是对事不对人；在操作上做到了“提前通知→跟进指导→共同检查→及时评价”，关注的是全过程服务；检查后，对于做得好的教师，能够及时肯定，并积极搭建平台，提供展示的机会；对于实践中发现的问题，领导能够先如实告知，再共同分析病因，寻找整改对策，并积极协助整改。这些都让我们感受到管理的人性化、科学化。这样的检查考核，教师普遍都能理解，心理上没有抵触情绪。最终的效果是：做得好的更有干劲，扶了正气；先前有问题的也借此得到提高，纠了偏误，出现的问题在评估中能及时、适时地得到解决。这样的管理我们认同，因为我们得到了尊重，得到了发展，我们真是心甘情愿跟着干，这样的评估我们是欣赏和拥护的。

三、实施结论

基于13所试点校的学校内涵发展督导评估体系的试验，我们发现，该评估体系有其自身的优势价值，但同时仍存在一些不足，需要进一步修订和完善。

（一）优势

与传统的学校督导评估体系相比，学校内涵发展督导评估体系表现出以下几点优势特点。

1. 本督导评估体系实现了理念上的突破

学校内涵发展督导评估体系以促进不同层次学校发展为目的。它是在一种核心价值体系的支配下，引导学校关注内涵发展，关注自身发展的过程，关注自我诊断，关注学校评估的客观真实性和科学准确性。它注重以更为科学的统计系统软件和过程即时性电子化操作系统的应用，科学得出学校内涵发展的增值度。数据的可视性成功地引领不同层次学校不断进步。更重要的是，它能进一步完善学校督导评估的过程，提高评估的质量和效能。

2. 本督导评估指标体系及操作体系更为公平、可信

学校内涵发展督导评估体系注重加强对学校效能的评估，它关注的是被督学校每一个阶段的变化，是不是呈正态发展，将增值度的大小作为学校管理效能的成就，是一种去基础或背景的纯发展度。而且，它不是一次性给出定论评价，而是较为灵活地通过至少两次或几年的表现成绩来进行连续的跟踪差异分析，用差异分析得出的结果来进行横向或纵向的比较，有的差异分析还要经历几次，使得评估的过程及结论更加严谨、科学、稳定、可信。

3. 本督导评估指标体系及操作体系更加专业

学校内涵发展督导评估体系在建构时需要有一定专业水准的人员参与，尤其是在指标体系的建构及操作标准的定位方面都极具专业性。与以往评估体系所不同的是，关于学校内涵发展增值度的检测专业化更强，因为它是采用较为复杂的统计软件系统，尤其是，核心指标操作系统具有较强的专业性，需要经过几次差异分析，写出分析报告，给被督学校以专业方面的整改指导，这些都需要督导人员具有较强的专业化知识和能力。同时，被督学校人员也要有一定的专业知识和能力驾驭信息化平台，通过即时性过程监评系统及时上报管理过程资料，与督导者互相沟通交流，还可以通过自我评估和软件系统查看自己的努力过程。

4. 本督导评估指标体系及操作体系覆盖面广、针对性强

学校内涵发展督导评估指标体系要素全面，尤其是六大一级指标基本上囊括了学校内涵发展的重要指标要素，具有一定的导向性和可操作性。与以往增值性评价所不同的是，它摒弃过去只是以学生学业成绩为主要的增值性评价弊端，它的指标直指学校管理的综合效能，是与时俱进的，不单单是学生学业成就评价或对教师专业化等某一方面的评价，而是直指组织内部，关注人的发展及组织效能的提升，因此增值性指标宽泛、合理。操作体系包括自评系统和他评系统，具有很强的可操作性、融合性，有效地促进学校办学水平的不断提升。

（二）不足

1. 本督导评估体系有些庞大、繁杂

主要是本评估指标体系的二级、三级指标有些繁杂。实施中发现，74.8%的指标是可行的，而有的指标操作起来过于细致，有些难度，还应该再简洁些，便于实际操作。另外，一些指标是不是具有一定的覆盖性和对应性，是否能真实反映出学校的内涵增值情况，也就是说，通过本评估指标体系拿出的增值结果，是否与内涵发展的真实情况契合，恐怕还有待于进一步研究、调整和完善。

2. 操作系统的技术水平要求高

本评估体系的价值所在是将学校的内涵增值度作为核心评估指标，而内涵增值性指标多是要通过科学严谨的测量和统计加以分析才能得出结论，对督导人员的配备及专业化水平要求很高，单凭目前我国督导人员这支队伍现有的专业水平恐怕还是难以胜任的，它需要借助专业力量或第三方的参与方可实现。有些指标也是需要通过观察或质性评估，如若实行起来，也是有一定复杂性的。

因此，对于我们来说，不论是在何种复杂情境下，学校内涵发展督导评估体系的理论性及实践性已是很清楚了。不管复杂的情境持续多久，本评估体系在某种程度上都还是能解决一些现实问题的。毋庸置疑，它能促进学校积极正态发展。我们的目的就是在思考理论的同时，针对督导评估及其对象的需求，努力设计一些科学而具体的评估策略与方法，以改变那些约定俗成的评估做法及不良效果。期盼新的督导评估体系让所有的学校及师生都能有所进步，追求最大化的效益。尤其是通过一些评估指标及操作技术，使一些原本落后的学校、学生获取更大的成功和自信，这才是本评估体系最为公平、最有价值的体现，也是推进教育后均衡化时代的最为有效的载体。

结论

随着《国家中长期教育改革和发展规划纲要（2010—2020年）》的颁布以及全国教育工作会议精神在各地的贯彻落实，我国教育改革与发展面临着前所未有的机遇和挑战。教育面临的新形势和新要求决定了教育督导监督保障作用的日益强大，决定了教育督导工作重心必然转移到促进学校内涵发展上来。

走内涵发展之路是教育发展的必然要求，更是满足社会及人民群众教育需求的最佳选择。走内涵发展之路必须切实转变教育观念，尽力缩小城乡、区域和校际间的教育差距，提升每一所学校的办学质量，促进区域间教育真正意义上的均衡发展；必须建立有效的督导评估保障机制，科学地评估，合理地使用评估结果；必须端正督导理念，提高督学的专业化水平和督导评估技术，建立系统、科学的督导评估指标体系和恰切的督导评估标准；必须遵循教育发展和人的发展规律，通过理念的科学定位、现代教育制度的建立、人文的管理、办学特色及校园文化的精心打造等手段实现学校教学质量的提升。总之，学校内涵发展目标的达成离不开教育督导评估的保障作用，教育督导评估要引领教育转型，尤其是学校管理的转型，只有这样才能有效地提升学校内涵发展水平。

那么，如何才能更好地促进学校内涵发展督导评估工作呢？本研究希望推动教育督导工作从主要对教育数量和规模的评估转到主要对教育质量和效益的评估上来，引导学校校长和教师真正把工作的关注点转到提高教育效能和学生的综合发展上来；促进督者和被督者共同参与研究制定评估指标体系及标准，从而使评估指标体系及标准更加科学、公平，建立起新型和谐的伙伴关系，为督导评估创设更为有利的良好环境。尤其重要的是，本研究使得教育督导工作更加科学有效，督学既要依据评估标准，又不唯评估标准是从；既要评估学校的管理工作，又要注重对学校工作富有针对性的指导；既要体现教育督导的重要性，又要唤醒学校积极参与自我评估的主动性；既要注重从全系统推进教育督导工作，又要力求每一个个体发展的增值度，实现以数据的话语权来促进自我发展的大突破。应该说，这套评估体系是在积极践行学校教育整体评估观，评估始终关注背景（即学校发展的背景、教师发展的背景、学生发展的背景），是基于发展背景基础之上的增值性评估探索，其最大的创新点是不但在学校内涵发展的指向下建构了指标体系，而且建构了与之配套的价值体系和操作体系，建构了一个完整、系统的评估体系。这是很多传统评估体系所没能做到的。而且，这套评估体系尽最大努力地限制不公平，尽最大努力提高办学质量。而如何成功地获得最大限度的公平和最大限度地提高办学质量，应该说这是世界性难题，其理论意义及实践意义由此可见，这对于我国义务教育后均衡化时代的学校发展具有较强的推动作用。

当然，要想达到真正意义上的内涵发展需要一些保障条件。首先，政府的政策支持是必需的。能否做到所有学校的教育资源的均衡配置？如何面对不同利益群体的利益博弈？我们希望传递给人民的是什么样的教育思想和灵魂？什么样的孩子才能获取成功？是全体孩子，还是部分孩子？在教育资源有限的情况下，优先分配资源给哪些学校、哪些学生？这时候，我们不得不把目光聚焦到评估指标体系上，认真审视评估指标体系指向哪里？评估导向和对学校的教育目标是如何定位的？其次，就是评估体系的运作过程。也就是说，政府的政策明确了方向，教育督导就要顺着这一方向引航。现在、未来，督导能否正确、科学地引航教育？我们都在期待更为科学、可信的督导评估方式来实现这一目的。当然，这种科学有效的督导评估方式是需要经过一定的复杂情境进行检验的，需要通过积极的信息公开和良好的社会舆论监督，需要政府职能的有效发挥及学校效能的最大化实现，需要教育的管办评有效分离，以及社会中介机构积极参与的第三方评估逐步完善。如果能够顺利自如地应付这些复杂的情境，那么，整个评估体系的运作过程就是成功的，这种变革所付出的代价就是值得的。

教育理论源于实践，并不断地在实践中获得检验、矫正、完善和发展，在传统与进步、保守与革新的相互对立、消长转化的过程中迂回曲折地螺旋式前进。学校内涵发展理论及其督导评估体系也需要经历这样一个过程才能逐步提升和完善。因此，笔者想说的是，此项研究还只是一个粗浅的认识，尚需要深入的研究和探索以期进一步完善。但是，任何一个理论都不可能是完美无缺、一成不变的，它会引来更多人对它的好奇与新的认识；任何一个研究领域都不可能终止后来人更新的探究和推进。真理是永无止境的，我们只能努力逼近真理。但愿这一研究抛砖引玉，能给钟情于此领域的后来研究者以小小的启迪，也不枉费笔者为所挚爱的教育督导事业所付出的心血和努力。笔者相信并期待这项研究能够给基础教育及教育督导带来一次小小的震撼，助推我国的基础教育督导事业快速与世界接轨。

教育家杜威说得好："教育本质上是无止境的圆形或螺旋形的东西，教育是一种包括科学在内的活动。正是在教育过程中，提出了更多的问题以便更进一步研究，这些问题又反映到教育过程中去，进一步改变教育的过程，因此又要求更多的思想，更多的科学，循环往复以至无穷。"但不管怎么说，如果此项研究能让千千万万所学校，千千万万名儿童、青少年在公平的教育情境中获得有尊严的发展和最大的成功，那将是对笔者莫大的安慰！

| 参考文献 |

Drucker P F, 1966. The effective executive [M]. New York: Harper and Row.

MacBeath J, Schratz M, et al, 2000. Self-evaluation in European schools: a story of change [M]. London and New York: Rout LedgeFalmer.

Tekwe C D, et al, 2004. An empirical comparision of statistical models for value-added assessment of school performance [J]. Journal of Educational and Behavioral Statistics, 29 (1): 11-36.

The EFA Global Monitoring Report Team, 2004. EFA Global Monitoring Report 2005: The Quality Imperative [R]. Geneva: UNESCO.

Redfern G B, Evaluating Teachers and Administrators: A Performance Approach [M]. Colorado: Westview Press 1980. Wiles J, Bondi J, 1986. Supervision: A Guide to Practice [M], Second Edition. Columbus OH: Charles E. Merrill Publishing Company: 3.

安桂清，2007. 整体课程论 [M]. 上海：华东师范大学出版社 .

芭比，2009. 社会研究方法 [M]. 11 版 . 北京：华夏出版社 .

布卢姆，等，1987. 教育评价 [M]. 上海：华东师范大学出版社 .

陈一壮，2007. 埃德加·莫兰复杂性思想述评 [M]. 长沙：中南大学出版社 .

陈永明，等，2009. 问题与探析：当代教育督导研究 [M]. 天津：天津教育出版社 .

陈玉琨，2005. 教育评价学 [M]. 北京：人民教育出版社 .

邓小平，1993. 邓小平文选：第二卷 [M]. 北京：人民出版社 .

杜鹏程，赵曙明，2009. 德鲁克经典管理思想解读 [J]. 外国经济与管理 (11): 1.

厄本恩，等，2004. 校长论：有效学校的创新性领导 [M]. 4 版 . 重庆：重庆大学出版社 .

龚春燕，等，2007. 重庆：特色学校建设 [M]. 北京：首都师范大学出版社 .

龚孝华，2007. 变：学校教育评价观探索之旅 [M]. 北京：教育科学出版社 .

顾明远，2007. 因材施教与教育公平 [J]. 现代大学教育 . 中国出版 (6): 3.

顾志跃，2005. 转型中的教育评价 [M]. 上海：上海科技教育出版社 .

汉纳，等，2008. 课程的情境适应性评价 [M]. 杭州：浙江教育出版社 .

侯立华，2006. 俄罗斯普通学校鉴定与国家认证制度述评 [J]. 外国教育研究 (10) .

候光文，1996. 教育评价概论 [M]. 石家庄：河北教育出版社 .

胡中锋，2006. 教育测量与评价 [M]. 2 版 . 广州：广东高等教育出版社 .

黄崴，2011. 教育督导学 [M]. 北京：中国人民大学出版社 .

克里希那穆提，2010. 教育就是解放心灵 [M]. 北京：九州出版社 .

李凌艳，等，2010. 基础教育阶段学校评估的国际比较 [J]. 北京师范大学学报（社会科学版)(2):11-13.
李永生，2008. 基础教育内涵发展的哲学思考与实践探索［EB/OL］．（2008-11-15）［2015-09-21］. http://www.bx24zx.com/kysc/ShowArticle.asp? ArticleID=184.
林少杰，2003. 什么是发展性评价［J］．现代教育丛论. 2003：6.
刘永和，2009. 英国教育督导的再认和启示［J］．比较与借鉴教育测量与评价（3）：54.
卢立涛，2008. 国外发展性学校评价研究综述［J］．外国教育研究（10）：20-25.
卢立涛，2007. 学校评价理论的发展历程与趋势［J］．教育理论与实践（6）：25.
罗日叶，2011. 学校与评估　为了评估学生能力的情境［M］．上海：华东师范大学出版社.
马晓强，2006. 尝试以学校增值评价推进教育公平［N］．中国教育报. 2006-11-25（3）.
马晓强，2012. 增值评价：学校评价的新视角［M］．北京：北京师范大学出版社.
苗东升，1998. 系统科学精要［M］．北京：中国人民大学出版社.
莫兰，2006. 复杂性理论与教育问题［M］．北京：北京大学出版社.
莫兰，2008. 复杂性思想导论［M］．上海：华东师范大学出版社.
庞威，2009. 美国中小学增值性教师评价研究［D］．重庆：西南大学：23.
钱一呈，2008. 外国教育督导与评价制度研究［M］．北京：中央广播电视大学出版社.
萨丽，2005. 运用“增值”评量指标评估学校表现［J］．教育研究（9）：20-27.
沈玉顺，2002. 现代教育评价［M］．上海：华东师范大学出版社.
史晓燕，2003. 发展性教育评价的理论与实践［M］．石家庄：河北教育出版社.
宋晓云，王忠明，2004. 新加坡优秀学校评价模型［J］．全球教育展望（8）：42-44.
苏君阳，等，2012. 教育督导学［M］．北京：北京师范大学出版社.
孙和川，等，2009. 英国教育督导评价指标体系解析［J］．教育发展研究（12）：21-25.
孙河川，等，2011. 英国最新教育督导评价指标述评［J］．比较教育研究（3）：55-59.
孙孔懿，2007. 学校特色论［M］. 2 版. 北京：人民教育出版社.
孙晓丛，2011. 复杂科学理论视域下的教育督导工作［J］．当代教育论坛（9）：81.
陶西平，1998. 教育评价辞典［M］．北京：北京师范大学出版社.
王定华，2012. 把立德树人作为基础教育的根本任务［J］．人民教育（24）：2.
王坤庆，2006. 教育哲学：一种哲学价值论视角的研究［M］．武汉：华东师范大学出版社.
王立仁，2004. 德育价值论［M］．北京：中国社会科学出版社.
王璐，2010. 英国教育督导与评价［M］．太原：山西教育出版社.
王璐，1999. 九十年代初英国教育督导制度的改革：背景、思路和问题［J］．比较教育研究（4）：12-15.
王晓妹，2012. 义务教育阶段学校内涵发展督导评估指标体系的研究［J］．教育科学（6）：1-6.
王一军，2011. 教育质量的悖论［J］．教育发展研究（4）：13.
王玉梁，1999. 20 年来我国价值哲学的研究［J］．中国社会科学（4）：158-168.
吴晓玲，等，2012a. 自我的认同与发展：学校特色的生成之路［J］．教育发展研究（2）：16-19.

吴晓玲，2012b. 区域联动式学校内涵发展的整体探索：以南京市栖霞区 U-A-S 合作研究为个案［J］. 教育发展研究（24）：58.
谢维和，2014. 中国教育改革发展新阶段及其主要特征［N］. 中国教育报 . 2014-05-16（6）.
徐淀芳，2012. 学业质量绿色指标实践研究［J］. 教育发展研究（1）：16.
许苏，李霞，2008. 教育领导案例及评析［M］. 北京：北京大学出版社 .
雅卡尔，等，2001. 献给非哲学家的小哲学［M］. 桂林：广西师范大学出版 .
严玉萍，2005. 中美教师评价标准比较研究［M］. 南京：南京师范大学出版社 .
杨新颖，2006. 复杂科学给我国基础教育改革的启示［J］. 当代教育论坛（3）：28.
叶澜，2006.“新基础教育”论：关于当代中国学校变革的探究与认识［M］. 北京：教育科学出版社 .
叶澜，1999. 教育研究方法论初探［M］. 上海：上海教育出版社 .
尹后庆，2012. 改革学业质量评价，推动基础教育转型［J］. 教育发展研究（22）：15-16.
于慧，2009. 我国教育督导工作专业化探析［J］. 教育发展研究（22）：15-16.
袁贵仁，2010. 继续解放思想、坚持改革创新、努力开创教育事业科学发展新局面［J］. 中国高等教育（5）：4-8.
岳建军，2012. 高等教育资源共享问题研究［D］. 大连：辽宁师范大学：26.
曾广容，2005. 系统开放性原理［J］. 系统辩证学学报，13（3）：43-46.
张向众，2009. 中国基础教育评价的积弊与更新［M］. 北京：教育科学出版社 .
张延明，2008. 建设卓越学校［M］. 北京：北京大学出版社 .
张玉田，等，1987. 学校教育评价［M］. 北京：中央民族学院出版社 .
赵中建，2004. 学校文化［M］. 上海：华东师范大学出版社 .
郑金洲，2007. 学校内涵发展：意蕴与实施［J］. 教育科学研究（10）：24.
钟启泉，2002. 知识社会与学校文化的重塑［J］. 教育发展研究（1）：5-9.
周文叶，2012. 共同的核心、明确的高期望：美国 CCSS 对我国基础教育质量标准研制的启示［J］. 教育发展与研究 . 24：19.
祝宪丁，2008. 学校内涵式发展呼唤校长转型［J］. 上海教育科研（6）：67-68.

附　录

附录一："中小学校内涵发展督导评估体系研究"课题系列问卷

"中小学校内涵发展督导评估体系研究"课题校长调查问卷（一）

尊敬的校长：

您好！

本项调查是教育督导课题"中小学校内涵发展督导评估体系研究"组成部分之一，不含行政性要求，采取无记名方式。请您谈谈目前您所面临的学校督导评估的真实情况及看法。

谢谢您的支持！

问卷时间__________

关于义务教育阶段学校督导评估现状的调查问卷

、单项选择题．请选择最符合您的情况或看法的一项，并将该序号填入括号内。

（　　）1. 贵校属于：

A. 城市小学　B. 农村小学　C. 城市中学　D. 农村中学

（　　）2. 贵校所在地：

A. 大城市　B. 中等城市　C. 小城镇　D. 边远农村

（　　）3. 贵校办学条件属于：

A. 超一流现代化　B. 双高水平　C. 标准化　D. 落后水平

（　　）4. 贵校办学水平属于：

A. 省重点　B. 市、区重点　C. 一般性质学校　D. 薄弱学校

（　　）5. 上级政府督导室对贵校的督导评估是：

A. 每学期一次　B. 一年一次　C. 两年一次　D. 三年一次

(　　) 6. 上级政府督导室对贵校督导评估时：

A. 按照本地区统一的督导方案进行督导

B. 有针对学校实际制定专门的督导方案

C. 倾听学校意见，对原统一的督导方案稍做调整

D. 没有具体方案，只是随意视察检查

(　　) 7. 上级政府督导室对学校进行督导，对于学校：

A. 既督又导，有效地促进学校的发展

B. 只督不导，对行政督察有帮助，对基层学校帮助不大

C. 无意义

D. 无帮助，且是一种负担

(　　) 8. 上级政府对学校进行督导，您认为适宜的周期是：

A. 一学期一次　B. 一学年一次　C. 三年一次　D. 随机

(　　) 9. 对于上级政府督导室对贵校的督导评估，您内心的看法是：

A. 非常欢迎　B. 比较欢迎　C. 无奈　D. 讨厌

(　　) 10. 您希望上级政府督导室对学校的督导评估标准：

A. 有层次　B. 无层次　C. 突出个性化　D. 没有想过

(　　) 11. 在接受政府督导室对学校进行督导时，贵校的情况是：

A. 总是处于被动地位　B. 大多是被评，偶尔也能作为主体参与评估

C. 大多作为主体参与评估　D. 不清楚

(　　) 12. 在您的实际工作中，您最看重的是：

A. 政府督导评估　B. 行政检查评估　C. 社会评估　D. 学校自我评估

(　　) 13. 您希望上级政府督导室对学校进行督导评估时，侧重哪个方面督导：

A. 办学方向　B. 办学条件　C. 办学质量　D. 办学特色

(　　) 14. 针对本校实际，结合未来发展方向，您认为督导评估更应关注：

A. 内涵发展　B. 均衡发展　C. 特色发展　D. 规范发展

(　　) 15. 贵校对于上级政府督导室制定的督导评估指标体系和标准：

A. 非常清楚　B. 比较清楚　C. 模糊　D. 根本就不清楚

(　　) 16. 您认为上级政府督导室对贵校督导时采用的评估指标体系和标准：

A. 科学，关注不同层次学校发展　B. 规范，是统一的标准

C. 既不规范，也不公平　D. 模糊，不清楚

(　　) 17. 您认为上级政府督导室督导时采用的评估指标体系对学校发展的作用：

A. 一般　B. 很大　C. 没起作用　D. 不清楚

(　　) 18. 您对上级政府督导室督导时现采用的评估指标体系：

A. 非常满意　B. 满意　C. 不满意　D. 非常不满意

(　　) 19. 您认为上级政府督导室督导评估的结果是：

A. 非常公平　B. 公平　C. 不公平　D. 非常不公平

(　　) 20. 您对上级政府督导室督导时采用的自主发展性评估指标体系：

A. 非常满意　　B. 满意　　C. 不满意　　D. 非常不满意

二、多项选择题

下列各题有若干选项，请根据实际及自己的看法，选择相关选项，并将其填入括号内，如有补充，请填于空白处。

(　　) 1. 据您所知，贵校上级政府对学校督导的宗旨是：

A. 检查学校工作的实绩实效　　B. 注重学校发展的整个过程

C. 为学校发展指明方向　　D. 赢得被督学校的支持

E. ______________________________

(　　) 2. 据您所知，贵校上级政府对学校督导的主要内容是：

A. 办学方向　　B. 队伍建设　　C. 德育工作　　D. 教学工作

E. ______________________________

(　　) 3. 据您所知，贵校上级政府对学校督导的主要形式是：

A. 综合督导　　B. 专项督导　　C. 随机督导　　D. 联合督导

E. ______________________________

(　　) 4. 据您所知，贵校上级政府对学校督导评估的主要目的是：

A. 提高学校办学水平

B. 确定学校等级，颁发牌匾

C. 检查布置的工作任务的落实情况和实际效果

D. 指导并促进学校的发展

E. ______________________________

(　　) 5. 据您所知，贵校上级政府督导室的职能是：

A. 监督/调研/评价　　B. 监督/指导/帮助/评价

C. 检查/评价/指导　　D. 指导/评价/引领/问责

E. ______________________________

(　　) 6. 据您所知，贵校上级政府督导部门督导评估的主体是：

A. 专（兼）职督学　B. 社区代表　　C. 学校　　D. 家长

E. ______________________________

三、简答题

1. 对于目前义务教育阶段学校的督导评估，您有何看法和评价？

2. 对于深化和改革学校督导评估体系，您有何建议？

“中小学校内涵发展督导评估体系研究”课题校长调查问卷（二）

各位校长好！

非常感谢您一直以来对本课题研究工作的支持和厚爱！

为了进一步深化学校内涵发展督导评估体系的研究，更好地开展教育督导评估工作，特制定系列化问卷。请您协助并认真回答下列问题。

学校__________ 时间__________

1. 什么是内涵发展？您是如何理解学校内涵发展的？

2. 您认为制约学校内涵发展的因素有哪些？并加以说明。

3. 您认为学校内涵发展督导评估指标应包括哪些？最核心指标是什么？为什么？

4. 您认为学校内涵发展督导评估指标体系是统一标准还是分不同层次标准？

5. 您认为什么样的学校内涵发展督导评估体系是最科学、可信的？

6. 您认为学校内涵发展督导评估的周期是一年好还是三年好，为什么？

“中小学校内涵发展督导评估体系研究”课题教师调查问卷

尊敬的各位老师：

您好！

这份问卷提供给您，以期了解您对学校内涵发展督导评估的看法。请认真填写此问卷。您的问卷仅有研究小组可见。

非常感谢您的参与和支持！

教师类别（骨干/青年教师/班主任）__________　　时间__________

1. 什么是内涵发展？您是如何理解学校内涵发展的？

2. 您认为学校内涵发展督导评估最核心的指标是什么？为什么？

3. 您是否赞同学生发展是学校内涵发展督导评估最核心指标？请给出您的理由。

4. 您认为一个有内涵的教师的标准是什么？

5. 在教师专业发展方面，您希望学校提供哪些帮助？

6. 贵校的教师年度考核指标都有哪些？您认同吗？

7. 您认为贵校对教师的考核标准存在的问题是什么？应如何改进？

8. 您认为学校对教师的考核个性化指标如何体现？

9. 您有自己的专业发展规划吗？您的专业发展规划是否得到了学校领导的指导和帮助？

10. 相对于以往的督导评估，您认为学校内涵发展督导评估更应突出什么？

“中小学校内涵发展督导评估体系的研究”课题学生调查问卷

亲爱的同学：

你好！

这份问卷提供给你，以期了解你对你校的看法。请认真填写此问卷。你的问卷仅有研究小组可见。

非常感谢你的参与和支持！

学生类别（中学/小学）__________　　　　　　　　　　时间__________

一、请你根据实际情况选择恰当的答案，并填在前面的括号内。

非常同意，选 A；基本同意，选 B；基本不同意，选 C；一点不同意，选 D。

(　　) 1. 你愿意成为本校的一名学生吗？

(　　) 2. 当你在学校有困难时，随时有一个可信任的成人可求助。

(　　) 3. 你认为老师能公平地对待每一位学生，并尊重每一位学生。

(　　) 4. 你班老师注意培养学生良好的学习习惯。

(　　) 5. 你班大多数同学在体育、卫生方面有良好的习惯。

(　　) 6. 你班同学兴趣爱好广泛，审美意识和能力强。

(　　) 7. 在学校，你的个性特长得到了很好的培养。

(　　) 8. 你班同学非常讲文明，懂礼貌。

(　　) 9. 你班大多数老师注意指导学生的学法。

(　　) 10. 学校老师无体罚和变相体罚学生行为。

(　　) 11. 你班学习困难的学生经常会得到老师的关爱和帮助。

(　　) 12. 你班大多数老师师德高尚，并且教学水平高。

(　　) 13. 课堂上大多数学生的需求都能得到满足。

(　　) 14. 你班课表上的所有课程都能按时上。

(　　) 15. 你能从学业评价中获得帮助，并享受学习的快乐。

(　　) 16. 你班老师布置作业时能关注不同层次学生。

(　　) 17. 你班大多数学生喜欢参加社会实践活动，有自己的研究专题，并得到老师很好的指导。

(　　) 18. 你班绝大多数同学目前心理健康，并时常得到学校的指导。

(　　) 19. 你班大多数同学认同学校的办学理念。

(　　) 20. 你班大多数同学认同学校的办学特色。

(　　) 21. 你班大多数同学学业成绩有进步。

(　　) 22. 你班大多数同学有一项艺术或体育特长。

(　　) 23. 你班大多数同学认同学校的特色课程。

(　　) 24. 你班绝大多数同学喜欢上校本课程。

(　　) 25. 你班绝大多数同学在学校能够得到老师公正的评价，喜欢上学。

二、简答题：

1. 你最喜欢学校的哪个方面？为什么？

2. 你希望在学校里能得到哪些方面的提升？

附录二："中小学校内涵发展督导评估体系研究"课题访谈提纲

访谈提纲一：主要针对被督单位

1. 您是如何看待现有的督导评估体系的？

2. 在最近的一次被督导评估过程中，您与督导者的关系如何？

3. 说说您收到的督导评估结果对您改进工作有无作用？您认为怎样做才更有效？

4. 说说您最近一次接受督导评估的标准，哪些评估要素较为科学？哪些评估要素尚需改进？

5. 您认为学校内涵发展督导评估指标体系的核心指标是什么？为什么？

6. 您认为师资队伍的专项督导评估体系应包括哪些要素？

7. 您认为学校内涵发展督导评估指标体系中应包括哪些增值性指标要素？

8. 您希望学校内涵发展督导评估体系中自评系统应突出什么？

访谈提纲二：主要针对督导部门、教育行政部门工作人员

1. 您如何看待现阶段的督导评估？其优点是什么？弊端是什么？

2. 在督导评估过程中，您认为督导者与被督导者的关系很重要吗？为什么？

3. 您认为督导部门的工作职能是什么？如何做才能更加有效？

4. 您所在单位现在使用的督导评估标准是谁制定的？您认为被督者是否有必要参与制定标准？

5. 您认为现今在用的评估指标体系中的哪些要素较为科学？哪些要素尚需改进？

6. 您认为学校内涵发展督导评估指标体系的核心指标应是什么？为什么？

7. 有人说，现今教育督导将面临一场数字革命时代，信息化将主导教育督导方式。您是如何看的？

8. 您认为学校内涵发展督导评估体系的显著特征是什么？

9. 面对学校内涵发展督导评估指标体系的实施，您目前最大的困惑是什么？

附录三：中小学校内涵发展综合督导系列问卷

调查问卷（教师）

尊敬的老师：

您好！

为了更加准确地了解贵校的办学情况，我们设计了这份调查问卷。请您根据自己的了解和判断据实填写。您的意见将作为我们科学评估学校、改进工作的重要参考，本次调查不记名，答案无正误之分。请您在答题卡上将所选项目涂黑即可。

谢谢您的支持！

学校__________　　　　　　　　　　　　　　　　　　时间__________

1. 您对学校办学理念和发展目标的了解情况：

A. 非常了解　　B. 有些了解　　C. 不太了解　　D. 根本就不知道

2. 您对学校领导班子工作的满意程度：

A. 非常满意　　B. 基本满意　　C. 不满意　　D. 一点也不满意

3. 您认为学校管理机制的建设与执行情况是：

A. 很好　　B. 一般　　C. 不好　　D. 说不清

4. 学校给教师个人、教研组或班级下达升学指标吗？

A. 下达　　B. 不下达

C. 不下达，但考得好有奖励　　D. 不清楚

5. 学校是否就学生心理健康教育经常与教师沟通？

A. 非常关注，经常对教师进行这方面的培训并有考核

B. 比较关注，有时涉及此类问题

C. 几乎没有此类沟通

D. 非常不重视

6. 校长在教职工代表大会上公布经费收支情况了吗？

A. 公布，有比较详细的报告　　B. 公布，但比较笼统

C. 从未公布　　D. 不清楚

7. 您认为学校的德育工作情况更接近以下哪种描述：

A. 非常重视，注重实效

B. 还算重视，但有时顾不上

C. 不重视，基本没什么活动，稀里糊涂

D. 非常不重视，根本就没人管

8. 学校重视学生的全面发展情况：

A. 非常重视，课上课下有机结合，学生发展效果很好

B. 比较重视，有时开展一些课外活动，但没有始终坚持

C. 基本不重视，还是以考试成绩为主

D. 一点也不重视，几乎没有做

9. 学校开设心理健康教育课程情况：

A. 有专职教师，课程列入课程计划，定期上课和辅导

B. 根据学校的整体安排，有时假期进行一些集体的辅导

C. 几乎没有开展，流于形式

D. 一次课也没上

10. 学校课程开设的实际情况是：

A. 严格按照国家课程方案要求，开齐了全部课程，也开足了所有课时

B. 开齐了全部课程，但由于种种原因，有的校本课程课时没有开足

C. 由于种种原因，个别课程没能开课

D. 不清楚

11. 您认为学校关于学生的学业成就监测工作：

A. 很好　　B. 一般　　C. 不好　　D. 不清楚

12. 您认为学校的科研课题对促进教师的教育教学：

A. 有积极的作用，具有指向性　　B. 作用一般

C. 简直就是浪费时间，意义不大　　D. 说不好

13. 您在最近一年内上过的各类公开课的数量：

A. 经常上，很多次　　B. 2—4 次　　C. 1 次　　D. 没有

14. 您认为学校开展的校本教研活动：

A. 按计划开展活动，有专题，质量很高

B. 有帮助，但有时活动不能按计划正常开展

C. 活动开展不好，目标不清晰，没多大用

D. 说不好

15. 您对学校教师的专业化培训工作：

A. 非常满意，符合自身及学校的发展需要

B. 基本满意，但培训工作没什么新意

C. 不太满意，偶尔搞，还没有专题

D. 非常不满意，效果太差了

16. 您对学校的年度教师考核工作开展情况：

A. 非常满意　　B. 基本满意　　C. 不满意　　D. 特别不满意

17. 您认同学校的特色发展定位吗？

A. 准确可行，认同　　B. 还行，但感觉有些虚

C. 不认同，有些偏颇　　　　D. 不了解，说不好

18. 您认为自己是否具备开发校本课程的能力？

A. 具备，非常自信，可以设计方案、标准及教材

B. 一般吧，别人设计好，跟着干，还行

C. 有点儿担心，还不具备

D. 根本就不行

19. 您认为现在的高中生的思想道德水准：

A. 很好　　　　B. 一般，需要我们做很多工作

C. 不好，对一部分学生担忧　　　　D. 特差

20. 您所了解的学校校本等课程的开展情况：

A. 很好，符合新课程的要求，执行得也很到位

B. 一般，形式化的东西太多，有的课程开了，但未坚持

C. 几乎没有开展

D. 说不清楚

调查问卷（学生）

亲爱的同学：

你好！

为了更加准确地了解学校的办学情况，我们设计了这份调查问卷。请你根据自己的了解和判断据实填写，你的意见将作为我们科学评估学校、改进工作的重要参考，本次调查不记名，答案无正误之分。请你在答题卡上将所选项目涂黑即可。

谢谢你的支持！

学校__________ 时间__________

1. 你对学校的办学特色情况：

A. 非常了解 B. 有些了解 C. 不了解 D. 从未听说过

2. 你对你校的校训：

A. 时刻铭记，深知其意 B. 知道一些内容

C. 一点不知道 D. 从未听说过

3. 你认为学校组织大型集体活动时对安全措施的重视程度：

A. 非常重视 B. 一般 C. 不重视 D. 特别不重视

4. 一学期，你参加过几次学校组织的体育、艺术展演活动？

A. 每月一次 B. 2 次或以上 C. 1 次 D. 从未组织过

5. 你认为学校图书室、阅览室、实验室等有关设施设备向学生开放的状况是：

A. 充分开放，使用率很高

B. 开放，但图书数量还不够，有些不适合我们

C. 几乎没开放

D. 从未开放过

6. 你对校园网的满意程度：

A. 非常满意 B. 基本满意 C. 不满意 D. 太差了

7. 你对学校德育工作的评价是：

A. 学校非常重视，德育工作开展得好，实效性强

B. 学校还算重视，开展了一些活动，但有点儿流于形式

C. 学校不重视，几乎没开展过什么活动

D. 学校特别不重视，无人管

8. 你班级课程表上的国家课程、地方课程、校本课程等课程的开设情况是：

A. 都按课表开设并执行得很好

B. 课表上开设，但个别课程执行得一般

C. 有的开有的没开，有点儿乱

D. 很不清楚

9. 你觉得自己所在的班级班风学风建设情况：

A. 很好　B. 较好　C. 差　D. 太差了

10. 当你遇到思想、心理上的困惑和问题，你经常找谁倾诉或寻求帮助？

A. 老师　B. 同学、朋友　C. 家人　D. 独自解决

11. 你对学校校本课程的开设情况：

A. 很满意　B. 基本满意　C. 不满意　D. 一点也不满意

12. 你每天自己课业情况是：

A. 3 小时以上，太重了　B. 1—2 小时，但感觉还好

C. 不到 1 小时，挺轻松的　D. 说不好

13. 你认为学生间的差异情况在课堂教学过程中得到老师们的关注：

A. 都能关注到　B. 部分被关注到　C. 根本就没关注　D. 说不好

14. 你认为学校对学生个性特长培养的重视：

A. 很好　B. 一般　C. 差　D. 相当差

15. 你参与了几个校内外的社团组织？

A. 3 个以上　B. 2 个　C. 1 个　D. 没有，没意义

16. 你认同学校对学生的学业增值评价吗？

A. 非常认同　B. 基本认同　C. 不认同　D. 根本就没有意义

17. 你认为学校教师的师德状况为：

A. 很好　B. 一般　C. 不好　D. 太差了

18. 你知道学校的特色是什么吗？

A. 非常清楚　B. 基本清楚　C. 知道一点　D. 一点也不知道

19. 你对参加社会实践和社区服务等活动：

A. 踊跃参加，收获很大　B. 兴趣一般，只是服从分配

C. 不喜欢，感觉没意义　D. 不好说

20. 你认为你与学校教师们的关系属于以下哪种情况：

A. 和谐亲密　B. 一般化

C. 关系紧张，经常冲突　D. 说不好

调查问卷（家长）

尊敬的家长：

您好！

为了更加准确地了解学校的办学情况，我们设计了这份调查问卷。请您根据自己的了解和判断据实填写，您的意见将作为我们科学评估学校、改进工作的重要参考！本次调查不记名，答案无正误之分，请您在答题卡上将所选项目涂黑即可。

谢谢您的参与和支持！

学校__________　　　　　　　　　　　　　　时间__________

1. 您对学校的办学理念和发展目标的了解情况：

A. 非常了解　　B. 大概了解　　C. 了解一点点　　D. 一点不了解

2. 您对学校办学质量的满意程度：

A. 非常满意　　B. 基本满意　　C. 不满意　　D. 特别不满意

3. 您认为学校对学生升学成绩的要求及宣传：

A. 很合适　　B. 比较合适　　C. 不够充分　　D. 有些过头

4. 您认为学校对组织大型集体活动的重视程度：

A. 非常重视　　B. 一般　　C. 不太重视　　D. 根本就没有

5. 您对学校的课程实施情况及效果：

A. 非常满意　　B. 基本满意　　C. 不满意　　D. 特别不满意

6. 您对学校管理情况的满意程度：

A. 非常满意　　B. 基本满意　　C. 不满意　　D. 特别不满意

7. 您认为学校对学生的德育教育：

A. 非常重视，注重实效

B. 还算重视，但有时候忙起来就有点儿顾不上

C. 不重视，流于形式

D. 根本不关心孩子的思想道德状况

8. 您认为学校开设心理健康教育课的必要性：

A. 太有必要　　B. 必要　　C. 可有可无　　D. 没必要

9. 你对学生参与校内外的社团组织的看法：

A. 非常支持　　B. 还行，尊重学生的意愿

C. 不支持　　D. 坚决不支持，太耽误学习

10. 您了解学校的文化吗？

A. 非常了解　　B. 了解一些　　C. 不知道　　D. 没必要

11. 作为家长，您了解自己孩子的学业成绩吗？

A. 非常了解　　B. 基本了解

C. 知道一点　　D. 不知道，学习是他（她）自己的事

12. 您对学校教师的师德满意程度：

A. 非常满意　　B. 还算满意　　C. 不满意　　D. 太差了

13. 您对孩子的老师教育教学情况的看法：

A. 非常满意　　B. 还算满意　　C. 不满意　　D. 太差了

14. 您知道学校的特色发展定位吗？

A. 很清楚　　B. 知道一些　　C. 知道一点　　D. 一点也不知道

15. 您认为现在的学生的思想道德水准：

A. 很好

B. 一般，需要我们做很多工作

C. 不好，对部分学生有些担忧

D. 太差了，需要引起社会及学校的广泛关注

16. 您对孩子参加课外体育活动的态度：

A. 坚决支持，认为有必要

B. 知道有必要，但又怕耽误时间影响学习，挺矛盾的

C. 没办法，如果他（她）愿意参加就参加吧

D. 浪费时间、影响学习，坚决反对

17. 您对您孩子行为习惯的评价是：

A. 很好，非常满意

B. 一般，基本满意

C. 还好，但有时感到苦恼

D. 太差了，非常苦恼和担心

18. 您觉得孩子在与人交往方面：

A. 乐于与人交往，与周围人关系很好

B. 和周围人有交往，但冲突较多

C. 不愿意与人交往，缺少朋友

D. 总是独来独往，几乎没有朋友

19. 您和您孩子之间的关系：

A. 和谐愉快

B. 关系一般

C. 沟通困难，关系紧张

D. 关系太差，经常冲突

20. 您认为您孩子的综合素质：

A. 很强，全面发展

B. 还可以，基本上能管理好自己的事情

C. 除了学习不行，其他方面都行

D. 较差，没有父母的帮助，事情会搞得一团糟

附录四：辽宁省义务教育学校办学标准（试行）

辽宁省义务教育学校办学标准（试行）

第一章 总则

第一条 为进一步促进义务教育均衡发展，推进义务教育学校建设的科学化、规范化，满足人民日益增长的对优质教育资源的需求，不断改善学校的办学条件，加强建设管理，提高投资效益，提升办学水平，根据国家有关规定，结合我省实际，特制定本标准。

第二条 本标准是辽宁省各级政府规划、设置和管理九年义务教育学校的重要依据，适用于城乡完全小学、普通中学的规划和建设，改建、扩建的学校建设和一校两址的九年一贯制学校建设可参照执行。

第三条 义务教育学校的建设，必须遵循安全、适用、经济、美观的原则，先规划设计后建设，严格执行国家《工程建设标准强制性条文》的规定，结合本地区的实际情况，根据需要与可能，正确处理好近期与远期结合的关系，充分利用已有设施和设备，保证50年的使用效益。

第四条 学校建设按现行的住房和城乡建设部、国家发展和改革委员会批准的《农村普通中小学校建设标准》（建标［2008］109号），建设部、国家发展计划委员会、教育部批准的《城市普通中小学校校舍建设标准》（建标［2002］102号）执行。

第五条 内部设施设备按辽宁省教育厅制定的《辽宁省义务教育学校教育技术装备标准》执行。

第二章 队伍建设标准

第六条 干部队伍建设

1. 校长的任职条件。校长应身心健康，具备良好的政治素质和思想品德，热爱教育事业，为人师表，遵纪守法，廉洁自律，具有奉献精神和团结合作意识、创新意识及民主作风；具备比较扎实的教育学、心理学和管理学等学科知识，了解和掌握教育法规、政策和现代教育观念、教育规律及信息技术，具有贯彻执行教育方针政策、推进课程改革、实施素质教育、开展科学研究、依法管理学校的能力和水平；应具有教师资格，具有本科及以上学历，具有中学一级以上职称，具有从事5年以上教育教学工作的经历，接受校长岗位培训，并获得“岗位培训合格证书”。

2. 学校实行校长负责制、全员聘任制、岗位责任制；班子成员每3年进行一次岗位培训，在教育教学或管理上有特长，学术上和管理实践上有所长进。

第七条 教师队伍建设

1. 教职工编制。教职工编制由各级机构编制部门按我省相关机构编制标准严格核定。

九年一贯制学校应增加配备相应的卫生专业技术人员。

2. 教师资格、学历。教师应具备相应的教师资格，专任教师学历达标率为100%，其中，普通小学和九年一贯制学校1—6年级教师专科学历达90%以上，普通初中和九年一贯制学校7—9年级教师本科学历达80%以上。

3. 教师结构和素质。学校严格按照教育教学所需配备学科教师，学科分布结构合理，有专职的音乐、美术、体育、计算机、外语和综合实践课教师；教师队伍的年龄结构合理，35岁以下的年轻教师占教师总数三分之一以上。教师能够胜任课程改革要求。

第三章　学校管理与质量

第八条　教育教学管理

1. 总体要求。全面贯彻落实国家和省定的课程方案、课程计划，严格按照规定开齐课程、开足课时，全面落实国家教育教学基本要求，努力提高教育教学质量。

2. 建立健全管理组织。建立健全由校长领导下的教务处、德育处、总务处、教研组等组成的教育教学管理组织系统，并且明确各部门的职责分工。

3. 德育管理。坚持德育为首，建立和完善德育机构及工作网络，德育工作符合学生的身心特点，有计划、有目标、有措施、有实效；德育贯穿于学校教育全过程，各学科教学有机渗透德育内容；推进家庭教育，加强家长学校和家庭教育指导队伍建设，构建学校、家庭、社会三位一体的未成年人思想道德教育体系。加强班主任队伍和班集体建设以及团队的管理；贯彻执行《小学生守则》《中学生守则》《小学生日常行为规范》《中学生日常行为规范》，学生日常行为规范合格率为100%；强化法制教育和生命教育，培养学生良好的心理素质和行为习惯。

4. 教学管理。严格执行国家《课程标准》，落实《课程计划》，开全开足规定课程。对教师的教学计划、总结、备课、上课、辅导、作业批改、考试考核、理科教学中的演示实验、分组实验等常规工作和教师听课、评课均有明确要求，并有检查落实和考评办法。

5. 设备管理。图书、仪器、电教设备和艺、体、卫器材有明细账目，分类编目，存放科学，保管完善；建立使用登记账簿，充分发挥图书、仪器、电教设备及生物标本、文体器材的使用效益。

6. 学籍管理。完善电子化学籍管理，学籍档案管理规范，学生变动手续齐全。

7. 教育科研管理。24个班以上的学校设立教科室；建立以校为本的教研和培训制度，教科研活动经常、规范、有序，有较强的针对性和实效性；有50%以上教师参与教研教改或课题研究，并获得一定成果。

第九条　行政管理

1. 后勤服务。后勤管理制度健全，坚持为教学、为师生服务；食堂管理规范，食品、饮水安全、卫生，进行营养配餐；从业人员健康证等齐全，遵守操作规程。

2. 宿舍管理。学生宿舍实行统一管理，按学生比例设立生活管理员，坚持舍务教师值班值宿；建立严格的作息制度和管理制度，并坚持执行；针对学生身心发展特点进行基本生活知识、技能和身心健康的指导。

3. 安全管理。加强校园及周边环境的安全管理，维护校园安全。制度健全，设施齐备并完好，措施得力，经常对学生进行安全知识教育，学校无重大安全、责任事故。

第十条　教育质量

1. 教育教学质量。学生有浓厚的学习兴趣和良好的学习习惯，小学各年级学生学科质量评价合格率达100%。初中各年级全科合格率在97%以上；毕业班学生成绩合格，按时毕业率达到100%；毕业生升入高中阶段的升学率达到95%以上。

2. 体、艺、卫工作。坚持“两课”“两操”，开展“阳光体育”运动，保证学生每天锻炼一小时，开齐开全艺术课程，开展课外和校外文体活动、科技活动，学生生活丰富，多数学生有明显的个人兴趣、爱好；学生具有良好的身体状况，体质健康达标率不低于95%；每学年组织一次校运会和一届艺术节；开展学生心理、生理健康教育，保证健康教育课时，定期为学生体检，学生常见病、多发病、近视眼防治措施得力；常见病发病率低于2%，近视眼新发病率低于4%。

3. 普及程度。小学在校生无辍学现象，初中在校生年辍学率在1%以下，残疾儿童在校生年辍学率控制在2%以下；九年义务教育完成率达到95%以上。

第四章　学校财务管理

第十一条　财务管理制度健全，无乱收费现象，学校经费收支合理，定期审计并公布结果。

第十二条　学校主要领导和主管领导要参加财务管理及相关法律知识培训，使学校财务管理逐步走上科学化、规范化轨道。教育行政部门应加强对财务人员的教育和培训工作。定期组织、选派财务人员参加专业及相关法律知识培训，提高职业素质。

第十三条　义务教育学校要认真执行各项财务规章制度，科学合理编制部门预算；依法筹措事业资金；严格实行“收支两条线”管理；加强会计核算，强化资金管理，提高资金使用效益；加强资产管理，优化资源配置；建立健全财务规章制度；对学校经济活动进行财务控制和监督；定期进行财务分析，如实反映学校财务状况。

第十四条　义务教育学校要严格执行国家及地方各级政府规定的开支范围及标准，各项支出应按实际发生数列支，不得虚列虚报，不得以白条作为报销凭证。严禁私设“小金库”，严禁公款私存，严禁设立账外账，严禁坐收坐支。

第十五条　要建立健全民主理财制度，对于大额资金的使用，要由校领导集体讨论审定后，上报同级教育部门审批。

第十六条　加强资产日常管理工作，定期进行资产清查。明确责任，严格管理。

附录五：上海市绿色学校评价指标与标准

一、学校管理（25）

1. 建立绿色学校创建领导小组（5）

由校长、有关处、团队、学科教师、学生代表等组成，有分工和职责

2. 有创建计划（5）

有近期规划和学期落实计划

3. 有研究落实制度（5）

每学期召开 2—3 次环境教育会议，有定期研究、检查、总结等制度

4. 有一定经费（3）

对创建与环境教育等有经费保证

5. 档案资料（3）

有相关的书面计划、总结等，有相关会议记录与工作检查情况记录、有各项相关成果的记录

6. 参加培训（4）

校长、教导主任、有关教师参加市、区县或本校的专题培训

二、教育活动过程（25）

1. 专题教育（5）

学校开设有齐全的相关专题教育，全体学生均接受环境等专题教育

2. 必修课（8）

各学科均注意渗透环境教育、主渠道学科有渗透教育的计划、教案及有关的资料积累

3. 选修课（4）

开设有关保护环境的选修课，有教材和教案，有 15%学生参加（中学）

4. 活动课（4）

有两个以上一定规模的环境类兴趣小组，教师、学生、活动内容落实，组织学生开展综合性社会环境考察等实践活动

5. 教研活动（4）

有环境教育等综合性教研组织，能定期开展有关教研活动；主渠道学科有专题性教研活动安排

三、绿色宣传（15）

1. 主题活动（5）

围绕世界环境日等主题每学期举办讲座，组织参观等活动参与者多，有多次全校性的绿色宣传教育活动

2. 科普宣传（5）

每学期出绿色主题校报 2—3 期，有一定量班报响应，有绿色主题广播

3. 社区活动（5）

组织师生参加市、区（县）、街道的环保绿色活动；自觉向居民宣传环保知识；监督社区污染并有一定的效果

四、校园环境（15）

1. 校园绿化（5）

学校可绿化地均得到绿化，学生参加护绿率达 100%

2. 环境整洁（5）

校园洁净，教室整洁，食堂卫生达标，厕所干净无臭味，卫生无死角；垃圾能分类统一处理

3. 污染控制（5）

对学校自身产生的污染源已有效控制，学生能参加校内有关环境监测

五、教育成果（20）

1. 环境保护意识（5）

校级领导都明确绿色学校有关要求，主动宣传；教师有一定的论文、经验；学生解答有关问卷效果好

2. 有关获奖成果（5）

积极参加市、区（县）有关环境类竞赛，获团体前五名或个人前三名

3. 环境教育特色学校历史（5）

获市或区（县）的“环境教育特色学校”，至今有一定的示范性和影响力

4. 环保行为（5）

师生遵守“七不”规范；学校符合“无烟学校”条件；学校保护环境、爱护资源、节约用水用电蔚然成风

六、特色加分（5）

附录六：香港学校表现指标 2008

2002 年，中国香港地区首次提出《香港学校表现指标》，2008 年修订后使用至今。《香港学校表现指标 2008》由三层组织架构组成，包括范畴、范围及表现指标。主要涵盖学校工作的四个主要范畴："管理与组织""学与教""校风及学生支持""学生表现"。各范畴按类别递进到"范围"和"表现指标"。四个范畴中，前三个范畴的表现指标统称为过程指标，用以评价学校能否提供适合的学校环境以发展优质教育；第四个范畴"学生表现"中的表现指标则称为产出指标，用于反映学校教育的成效。在评价学校表现时，四个范畴是相互关联、相互影响的，并与其他背景因素，如社会、家庭等密切相关。

表现指标的四个范畴之下又分八个范围，八个范围之下共有 23 个表现指标（详见表 F-1）。

表 F-1　香港学校表现指标 2008

范畴	范围	表现指标	要点问题
Ⅰ.管理与组织	1. 学校管理	1.1 策划	· 学校管理是否具有透明度及问责性？
			· 学校能否按照办学宗旨、学生需要及参考学校自评结果，制定适切的发展优次？
			· 学校如何根据发展优次，制订清晰具体的推行策略，包括人力及资源调配等，以促进学校的发展？
		1.2 推行	· 学校能否有效统筹及监察所确定的重点发展工作？
			· 学校能否促进科组的沟通和协作，使学校计划得以顺利推行？
			· 学校能否有效运用资源，推行重点发展工作，以提升学生学习和成长支援的成效，促进管理的效能？
			· 学校能否适当处理各项影响学生学习及安全的突发事情？
		1.3 评估	· 学校是否已建立自评机制？自评机制能否有效运作？
			· 学校如何衡量重点发展工作的推行成效？
			· 学校如何运用评估的结果以回馈策划工作？
			· 学校如何让持分者得知学校的表现？
			· 学校能否推动自评文化？

续表

范畴	范围	表现指标	要点问题
Ⅰ.管理与组织	2. 专业领导	2.1 领导与监察	·领导层如何带领教职员就学校发展方向建立共同愿景？
			·领导层如何以学生学习成效和全人发展为中心，提升学校的效能？
			·领导层和中层管理人员是否具备足够的专业知识？能否掌握教育发展趋势，与时俱进？
			·领导层和中层管理人员是否具承担精神，并以推动学校持续进步为己任？
			·领导层和中层管理人员能否发挥策划、统筹和监察的职能？
		2.2 协作与支援	·领导层和中层管理人员的工作关系如何？能否促进教职员的沟通和协作，以及提升士气的团队精神？
			·领导层和中层管理人员如何为基层教师提供有效的支援？
		2.3 专业发展	·领导层能否知人善任，发挥教职员的专长？
			·学校如何制订和安排适当的专业发展计划，以提升学生学习和成长支援的效能？
			·领导层如何带动专业交流的风气，以确保学校迈向学习型组织？
			·学校如何运用考绩，识别教职员的强弱项和培训需要，以持续提升他们的工作表现？
Ⅱ.学与教	3. 课程和评估	3.1 课程组织	·学校的课程能否配合教育发展趋势、校本发展目标及学生的学习需要而规划？
			·学校如何组织均衡而宽广的课程架构，以丰富学生的学习经历？
			·学校如何调适学习内容和制订学与教策略，以照顾学生的学习需要？
		3.2 课程实施	·学校如何有策略地落实校本课程？
			·各学习领域能否透过沟通和协作，推动校本课程的实施？
			·学校能否有效监察校本课程的实施？
		3.3 学习评估	·学校如何有策略地落实评估政策？
			·学校能否掌握促进学习评估的概念？能否有效运用不同的学习评估方式评鉴学生在知识、技能和态度方面的表现？
		3.4 课程评价	·学校有何机制评鉴课程实施的成效？
			·学校如何运用课程评鉴结果回馈课程策划？

续表

范畴	范围	表现指标	要点问题
Ⅱ.学与教	4. 学生学习和教学	4.1 学习过程	·学生是否具备良好的学习态度、学习动机及学习兴趣？
			·学生能否有效运用学习策略和资源进行学习，以达成学习目标？
			·学生能否基于回馈改善学习？
		4.2 学习表现	·学生能否掌握和应用所学的知识和技能？
			·学生在学习活动和课业的表现如何？
			·学生的共通能力表现如何？
			·学生的阅读习惯如何？
		4.3 教学组织	·教师如何配合教学目标及学生的能力去设计教学内容及采取适切的教学策略？
		4.4 教学过程	·教师能否有效运用传意技巧，让学生掌握所学？
			·教师如何根据学生的学习需要，调节教学进度及教学策略，以促进学生学习？
			·教师能否为学生营造良好的课堂学习环境？课堂管理是否有效？
			·教师能否提供不同的参与机会，让学生分享和交流经验，以促进课堂互动，提升学习效能？
			·教师是否具备专业知识和良好的教学态度？是否对学生抱有适切的期望？
		4.5 回馈跟进	·教师能否有效给予学生适切的回馈，让学生知所改善？
			·教师能否跟进学生的学习进展，并提供机会让学生延展学习？
Ⅲ.校风及学生支援	5. 学生支援	5.1 学生成长支援	·学校如何识别学生在成长支援上的各项需要？
			·学校能否有效策划校本学生支援服务？
			·学校如何为学生安排切合他们个人成长需要的学习经历，以培养学生的自我管理能力和制订个人的学习目标？
			·学校如何为学生安排切合他们群体发展需要的支援策略，以帮助学生建立正面的价值观和积极的态度，提升学生的人际关系和社会责任感？
			·学校能否为有特殊教育需要的学生提供适切的支援，使他们融入校园生活，得到平等的教育机会？
			·学校如何评鉴学生成长支援服务的成效？

续表

范畴	范围	表现指标	要点问题
Ⅲ. 校风及学生支援	5. 学生支援	5.2 学校气氛	·教职员、师生和学生间的人际关系如何？
			·学校按其办学宗旨和目标建立了怎样的校园生活特质？
			·学校的校园生活特质如何影响学校的文化和发展？
	6. 学校伙伴	6.1 家校合作	·学校提供的家长教育怎样配合学生成长的需要？
			·学校如何发动家长支援学校？
			·学校如何协助家教会发挥家校桥梁的角色？
			·学校是否有适切的渠道让家长表达意见？学校如何回应及跟进家长的意见？
		6.2 对外关系	·学校是否能按发展需要与外界建立适切的联系？
			·学校能否透过与外界的联系和协作，支援学生学习及学校的重点发展工作？
			·学校如何善用校友网络以支援学校发展？
Ⅳ. 学生表现	7. 态度和行为	7.1 情意发展和态度	·学生对自我的观感如何？
			·学生对学习的态度如何？
			·学生的品德如何？他们在社会和谐、公民义务、国民身份认同等方面的价值观如何？
			·学生能否掌握自我管理的技巧，如培养健康的生活习惯、保持情绪稳定和处理压力等？
		7.2 群性发展	·学生在社交技巧、人际关系和领导才能的表现如何？
			·学生的行为及自律情况如何？
	8. 参与和成就	8.1 学业表现	·学生在校内评估的表现如何？
			·学生在全港性系统评估的表现如何？
			·学生在公开考试的表现和增值表现如何？（中学适用）
			·学生在其他与学业有关方面的表现和成就如何？
		8.2 学业以外表现	·学生在校内课外活动的参与情况和取得的成就如何？
			·学生在校际活动及公开/国际比赛的参与情况和取得的成就如何？
			·学生在体能方面的发展如何？

附录七：欧洲学校教育质量指标

为了从学校层面监测并促进教育质量的改善和提高，欧盟于 2000 年 5 月发布了《欧盟学校教育质量报告——16 项质量指标》。该指标不仅是监控其成员国学校教育发展状况的重要依据，也是欧盟各国教育行政部门制定政策的有效参考。该指标体系主要分为四大领域、十六项指标（详见表 F-2）。

表 F-2　欧洲学校教育质量指标

领域序号	质量领域	指标序号	质量指标
1	成就	1.1	数学
		1.2	阅读
		1.3	科学
		1.4	信息通信技术（ICT）
		1.5	外语
		1.6	学会学习
		1.7	公民
2	成功与转移	2.1	学校留生率
		2.2	高中教育完成率
		2.3	高等教育参与率
3	学校教育监测	3.1	学校教育的评估与指导
		3.2	家长的参与
4	资源与结果	4.1	生均教育开支
		4.2	教师教育与培训
		4.3	小学前教育参与率
		4.4	平均每台计算机的使用学生数

资料来源：袁益民．教育评估的体制创新［M］．南京：江苏科学技术出版社，2007：209.

附录八：英国的学校督导评估指标体系

英国的学校评估主要是依靠国家教育标准局制定的学校督导体系完成的。多年来，一直在不断修订和完善。现以 2007 年中小学教育督导评价指标与标准为例（详见表 F-3）。

表 F-3　2007 年中小学教育督导评价指标与标准

核心指标	内涵	标准
1. 总体效能	学校教育和相关服务在满足所有学生需求方面的成效和效率，学校需要采取何种措施改善教育质量。	教育的总体成效，包括所有特色教育和延展服务，学校的主要优缺点； 进一步改进的能力； 自上次督导以来学校改进措施的成效； 为促进学生发展与其他机构合作的成效； 基础学段的成效； 第六学级的成效。
2. 成绩和标准	评价学生在达到挑战性目标，包括资格与学习目标方面所取得的成功，随着时间的推移学生表现出的兴趣倾向，以及不同学生群体所表现出的显著差异。	学生作业的水准； 学生相对于他们先前的成绩与潜能所取得的进步，不同学生群体表现出的显著差异； 学生喜欢他们学习与任务的程度； 职业技能的获得； 有助于学生社会与经济能力提高的技能发展情况； 学生的情感发展，学生的行为，出勤率； 学生养成安全的行为习惯和健康的生活方式的程度； 学生的精神、道德、社会和文化发展； 学生是否对社区做出积极的贡献。
3. 教育质量	教学、培训和学习的成效。	教学或培训以及资源在促进学生的学习、满足所有学生的需求以及达到课程或研究计划要求方面的成效和程度如何； 在制订计划和监督学生的进步方面，考核的适宜性和严格程度如何； 对于额外学习需求的认定和满足； 家长和监护人参与孩子的学习与发展程度。

续表

核心指标	内涵	标准
3. 教育质量	计划与行动满足学生的需求和兴趣的成效。	在学生先前的成绩与经验的基础上，计划或活动满足学生需求、志向以及潜能的程度； 计划或课程满足外部需求的程度以及对当地情况做出回应的程度； 丰富的活动和（或）课外辅导有助于学生的兴趣和成绩提高的程度； 教育在多大程度上有利于学生的个人发展和福祉，例如他们保持安全和健康的能力，以及他们在精神、道德、社会和文化修养方面的发展。
	学生获得指导和支持的成效。	为了保障学生的福祉，促进个人发展以及达到高标准所提供的看护、忠告、指导和其他支持的成效； 向学生提供的有关课程与计划以及生涯规划方面的信息、咨询和指导的质量和可获取性。
4. 领导和管理	在提高成绩和支持所有学生方面的成效。	将自评用于学校改进的成效如何； 将挑战性的目标用于提高所有学生水准的成效如何； 学校各个层次的领导者和管理者通过高质量的看护、教育和培训、领导学校的改进以及促进学生发展方面的成效如何； 为了使所有学生的潜能得到发展，学校在促进机会均等和消除歧视方面的成效如何； 教师队伍的质量如何，包括招聘和遴选教师的程序在确保学生获得良好的教学和保护方面的成效如何； 特殊设备、学习资源以及校舍的满意度和适宜度如何； 为了达到价值最大化，在资源的分配与使用上的有效性与效率如何； 为了促进学生的学习和发展，与其他教育机构、服务机构、雇主和其他组织在整合看护、教育和课外活动方面的合作成效如何，董事会和其他监督委员会行使职责的成效如何。

资料来源：王璐．英国教育督导与评价［M］．太原：山西教育出版社，1992：45-99.

后 记

本书是我在导师傅维利教授的鼓励与指导下根据自己的博士论文改写而成的。

选择此题，主要源于我作为一名督学对教育督导事业的热爱与责任。在日常督导工作中，相当多的人只是凭着经验推着干，大多处于一种被动接受的工作状态，而对于其所从事的工作到底应是一种什么状态、到底应做什么样的价值定位、真正的价值又是什么、选取什么样的路径来实现其价值，愿意探索的并不多。因此，为了能让自己对所从事的教育督导工作进一步清晰了解，为了能引起从事教育督导工作的同仁对督导理念、督导方式、督导技术等方面有更深刻的思考，在督导实践中能够让“为了教育的一切发展而督”的理念和“监督、指导、服务、评价”的宗旨发挥应有的作用，为了能让我们的被督对象——学校更好地与时俱进、内涵发展，我在总结自己二十几年学校管理工作及教育督导工作经验基础上，结合自己所学，赋以理性思考，并在实践中反复回炉、矫正，提炼出具有一定理论及实践价值的研究成果。当然，由于我水平及能力有限，这一研究成果仍存在诸多不足，尤其是如何应对社会转型期教育督导工作的复杂性还需要深入研究，逐步完善。

回顾自己的求学和研究生涯，真是万千思绪，百感交集。想说的话真是太多太多……

首先，我要感谢我的导师傅维利教授。从硕士到博士，师从恩师七年，他的学术造诣是我最为欣赏和佩服的。他的讲课风格可谓独树一帜，从不照本宣科，总是以喝茶谈话聊天的方式给我们授课，总是通过生活中的一个小事物自然渗透教育的原理、做人的真谛，引领我们感悟教育的规律。恩师总是在循循善诱中给我以方法上的引导和启迪。交给他的论文，他总是不厌其烦地帮助我分析、比较，让我找到更深层次的东西，教给我方法，使我在工作中真正感受到恩师授之以渔的良苦用心。先生的孜孜以求、严谨务实、追求卓越的学术境界，也是我最为敬佩的。先生常说：“当前我们实践中的许多问题没有解决，很大程度上是因为理论问题没有想明白，没有被很好地解决，你们应该致力于理论问题的研究，尤其是真实的问题研究，不要浮于表面。”导师的每一个研究都致力于解决某一个真实而具体的教育问题，如诚信问题、高考改革问题、利他行为问题、教育发展的均衡问题、学校规模问题、学校特色发展问题等。受先生的影响，我也想在解决实际教育现象或教育问题方面做一些研究，本书就是我的一次粗浅尝试。从选题到开题，从研究内容到研究方法，从研究结论到框架结构，无不凝聚着先生的大量心血和智慧。

本书的顺利完成还得到许多前辈、同学的关心和帮助。南京师范大学杨启亮教授、东北师范大学柳海民教授在我博士论文开题及答辩过程中给予我中肯的批评与建议。辽宁师范大学教育学院杨晓教授、朱宁波教授、张桂春教授、李德显教授、陈大超教授、蔡敏教授在授课、论文开题及研究过程中给予我细致的指导和帮助。他们严谨的学术态度、深厚的理论底蕴和朴实谦逊的人格魅力都深深影响着我，使我受益匪浅！还有我的同门张冬娇博士、马治国博士、庞国斌博士、吴志华博士、刘磊博士、王卓博士、刘伟博士、岳建军博士、王东博士、邹巍博士、田铁杰博士、张淼博士、于开文博士、王士铎博士等，我的同窗史仁民博士、李松涛博士、李海芳博士、杨婕博士、杨超博士、王玮等，感谢他们在我求学期间的一路相伴和提携！在读书期间能够遇到这么多学养深厚的师长、同学，并得到他们无私的帮助，实为人生幸事！

另外，感谢我的领导艾华副区长、李伟局长、吴文章主任，为我提供学习的时间和条件，感谢诸位在我求学期间和研究过程中给予我的莫大支持、关心和帮助，使我有信心在求学和研究的道路上勇往直前，顺利完成本书。

值此，请允许我将深深的敬意献给我的家人。这么多年的求学生涯，你们一直在背后默默地支持，承担了大量的家务和照顾老人的责任，让我心无旁骛地潜心学习和研究。感谢你们在漫漫求学路上给予我的一路理解和支持，没有你们做坚强的后盾，我难以收获今天的成果！

同时，这本专著有幸得到大连市政府资助出版。在出版过程中得到教育科学出版社刘灿主任、闫景编辑的指导，感谢二位为本书的出版所付出的艰辛和汗水。

最后，我想说这本学术专著的出版只是我学术研究生涯的小小一站。正如德国哲学家雅斯贝尔斯所说："教育须有信仰，没有信仰就不成其为教育。教育，不能没有虔诚之心。"路漫漫其修远兮，吾将上下而求索。

王晓妹

2016 年 6 月 30 日于大连

出 版 人　李　东
责任编辑　闫　景
版式设计　郝晓红
责任校对　贾静芳
责任印制　叶小峰

图书在版编目（CIP）数据

中小学校内涵发展督导评估体系 / 王晓妹著. —北京：教育科学出版社，2016. 9（2019. 11 重印）
ISBN 978-7-5191-0801-4

Ⅰ. ①中…　Ⅱ. ①王…　Ⅲ. ①中小学—学校管理—教育督导—研究 ②中小学—学校管理—教育评估—研究 Ⅳ. ①G637

中国版本图书馆 CIP 数据核字（2016）第 215916 号

中小学校内涵发展督导评估体系
ZHONGXIAO XUEXIAO NEIHAN FAZHAN DUDAO PINGGU TIXI

出版发行	教育科学出版社		
社　址	北京·朝阳区安慧北里安园甲 9 号	**市场部电话**	010-64989009
邮　编	100101	**编辑部电话**	010-64989593
传　真	010-64891796	**网　址**	http://www.esph.com.cn
经　销	各地新华书店		
制　作	北京金奥都图文制作中心		
印　刷	北京玺诚印务有限公司		
开　本	720 毫米×1020 毫米　1/16	**版　次**	2016 年 9 月第 1 版
印　张	17. 25	**印　次**	2019 年 11 月第 3 次印刷
字　数	310 千	**定　价**	39. 80 元